Demokratie gestalten

Gemeinschaftskunde für berufliche Schulen
in Baden-Württemberg

Bartmann · Ludwig · Maurer · Musold · Roder

3. Auflage

VERLAG EUROPA-LEHRMITTEL
Nourney, Vollmer GmbH & Co. KG
Düsselberger Straße 23
42781 Haan-Gruiten

Europa-Nr.: 67805

Autoren:

Franz Bartmann, Ehingen
Fred Ludwig, Aalen
Dr. Rainer Maurer, Buchloe
Alexander Musold, Absgmünd
Björn Roder, Ellwangen/Castrop-Rauxel

Arbeitskreisleitung:
Björn Roder

Verlagslektorat:
Dr. Rainer Maurer

3. Auflage 2019

Druck 5 4 3 2 1

Alle Drucke derselben Auflage sind parallel einsetzbar, da bis auf die Behebung von Druckfehlern untereinander unverändert.

ISBN 978-3-8085-6793-7

© 2019 by Verlag Europa-Lehrmittel, Nourney, Vollmer GmbH & Co. KG, 42781 Haan-Gruiten
http://www.europa-lehrmittel.de

Umschlag und Satz: Punkt für Punkt GmbH · Mediendesign, 40549 Düsseldorf
Umschlagkonzept: tiff.any GmbH, 10999 Berlin
Umschlagmotiv: © M. Schoenfeld – Fotolia.com
Druck: RCOM Print GmbH, 97222 Würzburg-Rimpar

Das Lehr- und Arbeitsbuch „Demokratie gestalten" ist ein modernes, handlungsorientiertes Lehrwerk für das Fach **„Gemeinschaftskunde"** an baden-württembergischen beruflichen Schulen. Es ist bestimmt für:

- **Technisch-gewerbliche und sozialpflegerische Ausbildungsberufe**
- **Kaufmännische Ausbildungsberufe**
- **Berufsfachschulen**

Die **technologischen und ökonomischen Weiterentwicklungen** der Berufs- und Arbeitswelt erfordern eine kontinuierliche, qualifizierte Aus- und Fortbildung.

Das didaktische Konzept der **Handlungsorientierung** soll dem Unterricht zugrunde liegen. Deshalb wird bei der Arbeit mit diesem Buch die **Handlungskompetenz** gefördert und vertieft.

Neben dem grundlegenden Erwerb von Fachwissen ist es wichtig, die gewonnenen Kenntnisse und Fähigkeiten in **Handeln** umsetzen zu können. So ist es möglich, aktiv am politischen Entscheidungsprozess **mitzuwirken**.

Es ist wichtig zu wissen, woran man **verfassungsfeindliche Parteien** erkennen kann. Man sollte aber auch wissen, wie man sich bei Bedarf **aktiv gegen** solche Parteien **engagieren** kann.

„Demokratie gestalten" wurde nach dem **Bildungsplan für die Berufsschule 2016** verfasst und so gegliedert, dass die **neun Module des Bildungsplans Gemeinschaftskunde** abgebildet sind.

Damit ermöglicht das Buch eine **fundierte, problemorientierte Auseinandersetzung mit politischen, wirtschaftlichen, sozialen und kulturellen Themen.** So entwickelt sich eine **gesellschaftliche Handlungskompetenz**, die anregen soll, **Demokratie zu gestalten**.

Gemeinschaftskunde ist ein sehr **schnelllebiges Fach**. Dem wurde in diesem Lehr- und Arbeitsbuch Rechnung getragen: Sie erhalten das notwendige – meist nur geringen und langsamen Veränderungen ausgesetzte – Grundwissen im Text vermittelt. **Dort, wo Veränderungen schneller zu erwarten sind, werden digitale Medien direkt integriert oder Sie werden über Fragen dorthin geleitet.** Dies geschieht häufig mit Hilfe von **QR-Codes**.

So sieht **crossmediales Lernen** aus: Das eine verwirklichen, ohne das andere zu vernachlässigen, um **die Vorteile beider Medien (print und digital) zu nutzen.** Neben dem **Gewinn an Aktualität** kann das Lehrbuch dadurch viel kompakter und **übersichtlicher** werden.

Dadurch sind Sie, mit guten Kenntnissen ausgestattet, immer auf der **Höhe der Zeit**.

„Demokratie gestalten" will Sie ermutigen, sich – mit diesem Wissen gerüstet – in die **Gestaltung des politischen Umfeldes einzubringen**.

Die **Mobilität in Europa** nimmt zu. Die Bürger der **EU-Mitgliedstaaten** haben das Recht, in jedem Land der Europäischen Union eine Beschäftigung auszuüben und sich zu diesem Zweck dort aufzuhalten.

Immer mehr Schülerinnen und Schüler verbringen einen Teil ihrer **Schulzeit im Ausland**. Auszubildende haben die Möglichkeit, einen Teil ihrer **betrieblichen Ausbildung in anderen Ländern** zu durchlaufen. Zugleich führen die Unterschiede der historisch gewachsenen Bildungssysteme dazu, dass Bildungsabschlüsse nicht europaweit übereinstimmen.

www.dqr.de

Der **DQR** (Deutscher Qualifikationsrahmen für lebenslanges Lernen) dient dazu, die in Deutschland existierenden Qualifikationen in Relation zu den **acht Niveaus** des **EQR** (Europäischer Qualifikationsrahmen für lebenslanges Lernen) zu setzen, um sie **in Europa besser verständlich zu machen**.

Die Kompetenzkategorien des DQR wurden in diesem Buch übernommen und mit den Kompetenzbezeichnungen des neuen Bildungsplans verknüpft.

Hinweise für die Arbeit mit diesem Buch:

Vor jedem Modul (Kapitel) steht ein **Kompetenzraster**. Darin sind wichtige Kompetenzen (Fähigkeiten) aufgeführt, die Sie in den Modulen erwerben. Ein Beispiel:

Politische Handlungskompetenz			
Fachkompetenz		**Personale Kompetenz**	
Wissen	**Fertigkeiten** *(u. a. Analysekompetenz/ Methodenkompetenz)*	**Sozialkompetenz** *(u. a. Kommunikative Kompetenz, Teamfähigkeit, Einfühlungsvermögen, Konfliktfähigkeit)*	**Selbstständigkeit** *(u. a. Politische Urteilskompetenz, Lernkompetenz)*
Ich kennen die gesellschaftlichen Rahmenbedingungen und Strukturen der Arbeitswelt.	Ich erkenne und durchschaue Probleme, die in der Gesellschaft und am Arbeitsplatz entstehen könnten.	Ich übernehme die gemeinschaftlichen Regeln am Arbeitsplatz und fördere so den Zusammenhalt.	Ich kann meinen Übergang in die Arbeitswelt beschreiben und finde mich in dieser zurecht.

Die **Fragestellungen** sind je nach Schwierigkeitsgrad differenziert. Hier wird gefordert, sich zu einem Thema Gedanken zu machen, die Problematik zu hinterfragen, um sich eine eigene Meinung zu bilden und diese auch zu vertreten.

Zusammenfassung

Im „**Zusammenfassung**" stehen – knapp und präzise – die wichtigsten Inhalte des jeweiligen Kapitels. Diese Inhalte sollten gründlich gelernt werden.

Wissens-Check

Im „**Wissens-Check**" kann überprüft werden, ob das Gelernte auch beherrscht wird. Wer diese Fragen beantworten kann, hat sich ein solides Wissen erarbeitet.

KOM (Kompetenztraining): Hier finden Sie **kleine, kapitelbezogene Lehr-Lern-Situationen**. Diese Vorschläge sollen in besonderer Weise zu einem **handlungsorientierten Unterricht** beitragen und helfen, erworbene **Kompetenzen anzuwenden**. Sie bieten gleichzeitig die Möglichkeit, **sozialwissenschaftliche Arbeitsmethoden** einzuüben.

Weiteres Arbeitsmaterial zu diesem Buch finden Sie unter
www.sowibrd.eu

Ihr Feedback ist uns wichtig
Wenn Sie mithelfen möchten, dieses Buch für die kommenden Auflagen zu verbessern, schreiben Sie uns unter *lektorat@europa-lehrmittel.de*. Ihre Hinweise und Verbesserungsvorschläge nehmen wir gerne auf.

Haan-Gruiten, Sommer 2019
Autoren und Verlag

Auzubildende und ihre Lebenswelt

Strukturwandel der Gesellschaft

Medien und Mediennutzung

Partizipation und politischer Entscheidungsprozess

Entwicklung der Demokratie in Deutschland und ihre Gefährdungen

Grund- und Menschenrechte

Europa im 20. und 21. Jahrhundert

Globalisierung

Friedenssicherung und Entwicklungszusammenarbeit

Modul 1: Auszubildende und ihre Lebenswelt

© Ulf Kläning

Modul 1

Kompetenzen, die Sie u. a. in diesem Modul erwerben:

Fachkompetenz		Personale Kompetenz	
Wissen	Fertigkeiten	Sozialkompetenz	Selbstständigkeit
	(u. a. Analysekompetenz/ Methodenkompetenz)	*(u. a. Kommunikative Kompetenz, Teamfähigkeit, Einfühlungsvermögen, Konfliktfähigkeit)*	*(u. a. Politische Urteilskompetenz, Lernkompetenz)*
Ich kenne unterschiedliche Rollen sowie Lebens- und Familienformen in der Gesellschaft.	Ich kann Merkmale einer familienfreundlichen Politik herausarbeiten und Rollenkonflikte in Betrieb und Gesellschaft erkennen.	Ich kenne Mittel, um auf Konflikte, die in Familie, Betrieb und Gesellschaft entstehen, positiv einzuwirken.	Ich kann meine Positionen zu Rollen, Familie und Arbeitswelt entwickeln und begründen.

Fron:
Mühevolle, quälende Arbeit

1 Rollen: Ausbildung, Familie und Gesellschaft

Der Start in die Arbeitswelt stellt einen bedeutenden Einschnitt im Leben eines Jugendlichen dar. Dabei ist es nicht selbstverständlich, den Ausbildungsplatz für seinen Traumberuf zu finden. Die Suche nach einem Beruf beginnt bereits in der Schulzeit und ist häufig auch mit Enttäuschungen verbunden. Deshalb ist es notwendig, sich über seine Erwartungen an die Berufswelt Klarheit zu verschaffen. Dabei spielen Veränderungen in Wirtschaft und Gesellschaft eine wichtige Rolle.

PRESSESCHAU

Arbeitswelt der Zukunft:
Neue Anforderungen in einem neuen Arbeitsmarkt

Geht der Arbeitsgesellschaft die Arbeit aus? Mitnichten – aber Arbeit wird sich grundlegend ändern. Und weil Arbeit mehr als nur Einnahmequelle ist, wird dieser Wandel unsere gesamte Gesellschaft berühren. In unseren Köpfen steckt noch das Bild der industriellen Arbeitskultur … Eine neue Arbeitskultur wird sich verbreiten, deren wichtigster Rohstoff Kreativität ist.

Was bedeutet uns Arbeit eigentlich?

Für die meisten Menschen geht es um weit mehr als um die tägliche **Fron**, mit der wir uns die monatliche Gehaltsüberweisung verdienen. Wenn auch viel gejammert und geklagt wird über den Job, liefert dieser doch den meisten Menschen ein Stück Lebenssinn. Arbeit sorgt immerhin für Status, eine klar umrissene Identität im gesellschaftlichen Gefüge und nicht zuletzt für geregelte soziale Kontakte. Darüber hinaus strukturiert sie Tages- und Lebenszeit und dient manchen sogar zur Selbstverwirklichung.

Während die meisten dieser Funktionen oft unbewusst bleiben und Arbeit bloß als Mittel zum Geldverdienen gesehen wird, wird die Bedeutung der aufgezählten Funktionen schnell klar, wenn Menschen aus dem System herausfallen. Der Traum vom freien, unbeschwerten Leben zerplatzt für viele Menschen plötzlich wie eine Seifenblase, sobald das schützende Korsett des Vollzeitarbeitsplatzes wegfällt und sie sich selbst organisieren müssen.

Quelle: Wirtschaftsmagazin perspektive: http://www.perspektive-blau.de/artikel/0706b/0706b.htm Zugriff 03.03.2016

1. Fassen Sie kurz zusammen, welche Bedeutung Arbeit und Beruf für Sie haben.
2. Diskutieren Sie die zukünftige Bedeutung der „Arbeit".

KOM – Partnerinterview zum Berufsstart

Das Partnerinterview ist dadurch gekennzeichnet, dass sich zwei Personen gegenseitig zu einem Thema befragen. Es gibt eine klare zeitliche Beschränkung, nach der die Partner ihre Rolle wechseln. Die gewonnenen Aussagen werden am Ende schriftlich festgehalten. Besonders geeignet ist diese Methode zum gegenseitigen Kennenlernen.
Führen Sie ein Partnerinterview zu folgender Fragestellung durch:
Wie haben Sie sich auf den Start in das Berufsleben vorbereitet?

1. Skizzieren Sie die Erfahrungen, die Sie bei Ihrer Berufswahl gemacht haben.
2. Stellen Sie Ihre Erkenntnisse über Ihren Interviewpartner der Klasse vor.
4. Vergleichen Sie die Ergebnisse in der Klasse mit der Shell-Jugendstudie 2015. (Internetrecherche, nebenstehender QR-Code)

http://tinyurl.com/pddkseo

1.1   Rollen und Rollenerwartungen

Das Leben wäre eintönig, wenn die Menschen jeweils nur einer Gruppe angehörten. Die Verschiedenartigkeit der Anforderungen an den Einzelnen in den unterschiedlichen Situationen hat ihren besonderen Reiz und stellt besondere Anforderungen.

Modul 1

© MEV Verlag GmbH; fotolia.com

Katharina gehört mehreren Gruppen an.

1. Vergleichen Sie das unterschiedliche Verhalten von Katharina in den jeweiligen Gruppen (Familie, Sportverein ...).
2. Stellen Sie dar, welchen Gruppen Sie angehören.

1.2 Rollenvielfalt

Die Menschen sind Mitglieder verschiedener Gruppen. Dort haben sie bestimmte Aufgaben zu erfüllen und es werden unterschiedliche Erwartungen daran geknüpft. Der Soziologe spricht von Rollen, die in den Gruppen übernommen werden. Auch in der Familie gibt es unterschiedliche Rollen zu erfüllen.

Die Rollen von Vater und Mutter haben sich im Laufe der Zeit immer mehr angeglichen. Das liegt zum großen Teil daran, dass die Rolle der materiellen Versorgung immer häufiger auf beide Elternteile übergegangen ist. Hat in früheren Zeiten der Mann die bestimmende Rolle in der Familie gehabt, so ist dies heutzutage zumeist einem partnerschaftlichen Rollenverständnis gewichen.

1.3 Rollenerwartungen

Je nach der persönlichen Stellung in einer Gruppe (Gruppenposition) sind die Erwartungen an die Gruppenmitglieder unterschiedlich. Die Aufgaben eines Vereinspräsidenten sind andere als die eines einfachen Mitgliedes. Dementsprechend werden auch andere Erwartungen an die unterschiedlichen Rolleninhaber gestellt. Je nach Intensität/Stärke der Erwartung unterscheidet man zwischen

- **Muss-Erwartungen:** Sie sind rechtlich vorgeschrieben. Der Arzt ist verpflichtet Unfallhilfe zu leisten.
- **Soll-Erwartungen:** Sie beruhen auf üblichen Verhaltensweisen. Es gibt Ärzte, die in normaler Kleidung ihre Sprechstunden halten. Andere Ärzte tragen einen weißen Arzt-Kittel, weil das so üblich ist.

- **Kann-Erwartungen:** Weil ein bekannter Arzt viel Geld verdienen kann, geht man davon aus, dass er in einem luxuriösen Haus wohnt und in seiner Freizeit gut gekleidet ist.

Nennen Sie Erwartungen, die Sie an Ihre Familienmitglieder haben.

1.4 Rollenkonflikte

Die Gruppen erwarten von ihren Mitgliedern, dass sie ihren Rollen gerecht werden. Verstößt ein Mitglied dagegen, muss es mit **Sanktionen** rechnen. Es können Mitglieder aus einer Gruppe ausgeschlossen, Präsidenten abgesetzt oder Schüler mit einem Verweis bestraft werden. Da der Mensch mehreren Gruppen angehört, kann es zu Rollenkonflikten kommen.

Sanktion: Zwangsmaßnahme, Strafmaßnahme

Zwischen zwei Konfliktarten wird unterschieden:
- **Interrollenkonflikt** und
- **Intrarollenkonflikt**.

Interrollenkonflikt

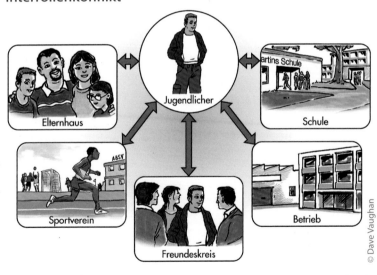

© Dave Vaughan

Die Erwartungen an ein Gruppenmitglied können sehr unterschiedlich sein.

Im Elternhaus wird vom Jugendlichen erwartet, dass er sich nach den Wünschen der Eltern richtet.

Als Schülersprecher soll er mit Nachdruck die Interessen seiner Mitschüler gegenüber den Lehrkräften und der Schulleitung vertreten.

Diese aus verschiedenen Rollen entstehenden Erwartungen können sich widersprechen. Die Soziologen sprechen in diesem Fall von einem Interrollenkonflikt.

Intrarollenkonflikt

© Dave Vaughan

Wenn von einem Rolleninhaber unterschiedliches Verhalten in einer bestimmten Rolle erwartet wird, kann es ebenfalls zu Konflikten kommen.

Ein Auszubildender erwartet von seinem Ausbilder etwas anderes als der Geschäftsinhaber. Während der Auszubildende Hilfe und Verständnis in vielen Situationen erwartet, kann der Geschäftsführer Wert auf äußerste Disziplin legen. Der Ausbilder soll beiden Interessen gerecht werden, was nicht immer möglich ist.

Bei den unterschiedlichen Erwartungen an seine Rolle als Ausbilder muss er eine Entscheidung treffen, um den Konflikt zu lösen. Solche Konflikte, die in der Rolle begründet liegen, heißen Intrarollenkonflikte.

1. Beschreiben Sie Rollenkonflikte, die sich an Ihrem Arbeitsplatz ergeben haben.
2. Erläutern Sie, ob es sich bei diesen Konflikten um „Interrollenkonflikte" oder „Intrarollenkonflikte" handelte.
3. Erläutern Sie, wie Sie die Probleme gelöst haben.

1.5 Rollenkonflikte und Gewalt

Mobbing:
Ausgrenzung und Herabsetzung einer Person.

Rollenkonflikte führen nicht selten zu gewaltsamen Taten, sei es direkte Gewaltanwendung oder psychische Gewalt, z. B. **Mobbing**. Das Internet dient dabei häufig als Instrument dieser Gewaltanwendung. Jugendliche wie Erwachsene sind dabei Täter und Opfer.

www.schueler-gegen-mobbing.de

1. Beschreiben Sie das Schaubild.
2. Informieren Sie sich, wie man sich gegen Mobbing wehren kann (Internetrecherche, nebenstehender QR-Code).

Modul 1

1.6   Anforderungen an die Auszubildenden

Jeder Jugendliche, der in die Berufs- und Arbeitswelt eintritt, muss sich auf lebenslanges Lernen einstellen. Erlernte Fähigkeiten müssen weiter entwickelt und neue Qualifikationen erworben werden. Für manchen bedeutet das sogar, einen weiteren Beruf zu erlernen. Das Sprichwort „Wer rastet, der rostet" hat Gültigkeit.

Das bedeutet, dass Menschen sich immer wieder auf neue Anforderungen einstellen müssen, weil die berufliche Ausbildung dem Strukturwandel der Wirtschaft folgt. So entstehen neue Ausbildungsgänge mit neuen Profilen, neue Kompetenzen müssen erworben werden. Eine wichtige Bedeutung kommt der **sozialen Kompetenz** zu.

Soziale Kompetenz:
Dies ist die Fähigkeit, auf andere Menschen zugehen zu können, Kontakte zu knüpfen und diese aufrecht zu erhalten.
Weitere Merkmale sind: Teamfähigkeit, Kooperationsbereitschaft etc.

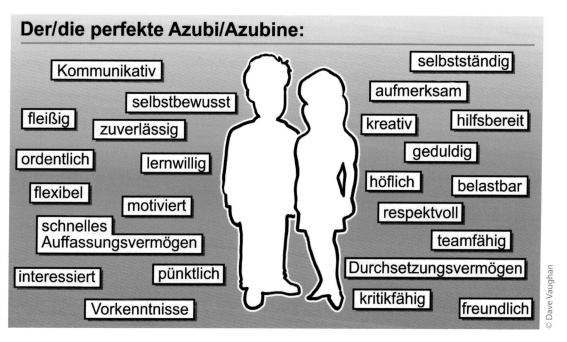

© Dave Vaughan

 Diskutieren Sie, welche Eigenschaften Ihrer Meinung nach besonders wichtig sind, um in Zukunft in der Arbeitswelt zu bestehen.

1.7   Benachteiligung der Frauen in der Arbeitswelt

Obwohl im Grundgesetz der Bundesrepublik Deutschland die Gleichberechtigung von Mann und Frau festgeschrieben ist, lässt sich im Berufsleben – insbesondere bei der Entlohnung und der Besetzung von Führungspositionen – eine Ungleichbehandlung der Frauen feststellen. Die Bundesrepublik liegt hier im EU-Vergleich auf Platz 19 der 27 EU-Länder. Vor allem bei der Besetzung von Führungspositionen

Modul 1

hinkt die Bundesrepublik weit hinterher, obwohl mehr junge Frauen ein Hochschulstudium abschließen als junge Männer. Ursache für diese „Gläserne Decke" ist sowohl aktive wie passive Diskriminierung. Der Bundestag hat sich zu Beginn des Jahres 2009 in einem Hearing mit dem Problem der Ungleichbehandlung, insbesondere der ungleichen Bezahlung der Frauen, befasst.

Art. 3 GG

(1) Alle Menschen sind vor dem Gesetz gleich.

(2) Männer und Frauen sind gleichberechtigt. Der Staat fördert die tatsächliche Durchsetzung der Gleichberechtigung von Frauen und Männern und wirkt auf die Beseitigung bestehender Nachteile hin.

„Solange wir einen Frauentag feiern müssen, bedeutet das, dass wir keine Gleichberechtigung haben."

Viviane Reding, ehemalige EU-Kommissarin für Informationsgesellschaft und Medien

1. Diskutieren Sie Möglichkeiten, wie der Staat die Gleichberechtigung durchsetzen könnte.
2. Nehmen Sie Stellung zu der Aussage von Viviane Reding.

PRESSESCHAU

Männer wollen das doch auch

Die Vereinbarkeit von Familie und Beruf scheitert nicht an der Bereitschaft von Vätern und Müttern, sondern an der unterschiedlichen Bezahlung von Mann und Frau. VON DAGMAR ROSENFELD

Am 19. März ist „Equal Pay Day". Bis zu diesem Tag hätten Frauen hierzulande über den Jahreswechsel hinaus arbeiten müssen, um das Jahresgehalt ihrer männlichen Kollegen zu bekommen. Bei der Bezahlung von Mann und Frau geht es nicht nur um Gerechtigkeit. Mit ihr steht und fällt auch das Lebensmodell, für das sich unsere Gesellschaft entschieden hat – die Vereinbarkeit von Familie und Beruf ... Ohne eine geschlechterunabhängige Gehaltspolitik aber ist die Vereinbarkeit von Familie und Beruf nicht lebenstauglich.

Damit kein Missverständnis entsteht: Vereinbarkeit bedeutet nicht zwangsläufig, dass beide Elternteile gleich viel Zeit für Karriere und Kind aufwenden. Vielmehr geht es darum, wählen zu können, wer welchen Part zu welchem Anteil in der Familie übernehmen will. Und diese Wahl darf keine Frage des Geldes sein.

Das Argument, Frauen seien an dieser finanziellen Schieflage selbst schuld, weil sie sich Jobs suchten, in denen die Löhne niedrig sind, zieht nicht.

Modul 1

Ja, Frauen sind in der Dienstleistungsbranche deutlich stärker vertreten als Männer, zum Beispiel in der Pflege oder in Kindergärten. Doch nicht sie müssen ihre Berufswahl ändern, sondern der Wert der Arbeit in diesen Branchen muss neu diskutiert werden. Schließlich sind gerade Erziehung und Pflege diejenigen Berufe, mit deren Ausstattung wir darüber entscheiden, wie wir die Kleinsten und Schwächsten behandeln wollen. Anstatt also alles daran zu setzen, Frauen in naturwissenschaftliche und technische Berufe zu bringen, sollte die Bezahlung in ihren „typischen" Jobs zum Thema werden.

Der Equal Pay Day ist also nicht nur eine Erinnerung an die unterschiedliche Bezahlung von Mann und Frau. Er erinnert auch daran, dass der Gehalt von Familienpolitik von Gehältern abhängt.

Quelle: Die Zeit, 13/2016

1. Fassen Sie den Inhalt des Textes mit eigenen Worten zusammen.
2. Erläutern Sie die Notwendigkeit einer geschlechterunabhängigen Entlohnung für die Vereinbarkeit von Beruf und Familie.

In den meisten EU-Ländern werden Frauen schlechter bezahlt als Männer.

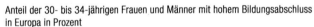

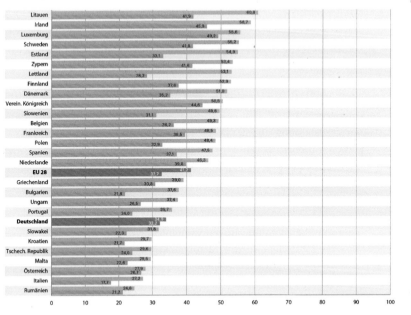

Anteil der 30- bis 34-jährigen Frauen und Männer mit hohem Bildungsabschluss in Europa in Prozent

Datenquelle: Eurostat, Labour Force Survey (EU-LFS)   Bearbeitung: WSI GenderDatenPortal 2015   WSI Hans Böckler Stiftung

© Hans Böckler Stiftung

1. Beschreiben Sie das Schaubild.
2. Interpretieren Sie das Schaubild.
3. Nennen Sie mögliche Gründe für die Diskrepanz zwischen den Bildungsabschlüssen und der geringeren Entlohnung der Frauen.

Modul 1

© Plaßmann

1. Beschreiben Sie die Karikatur.

2. Interpretieren Sie die Karikatur.

3. Sammeln Sie in der Klasse Vorschläge, wie zukünftig der Einkommensungleichheit entgegengewirkt werden kann.

http://jugend.dgb.de/ausbildung/
beratung

Zusammenfassung

Berufswahl und Ausbildung

Mit der Berufswahl werden wichtige Weichen für das spätere Leben als Erwachsener gestellt.

Die Berufswahl ist wegen des schnellen wirtschaftlichen und gesellschaftlichen Wandels schwieriger und erfordert ständige Weiterbildung.

Lebenslanges Lernen wird immer wichtiger. Der erlernte Beruf reicht oft nur für bestimmte Lebensphasen. Weiterqualifizierung oder Berufswechsel werden immer notwendiger. Eine qualifizierte Schul- und Berufsausbildung sind der beste Schutz vor dem Verlust eines Arbeitsplatzes. Arbeitsplätze sind oft der globalen Konkurrenz ausgesetzt.

Nach Art. 3 GG sind Frauen und Männer gleichberechtigt. Im täglichen Leben gibt es aber bei der Umsetzung Probleme: Frauen liegen bei der Entlohnung im Schnitt 15 % hinter den Männern. Führungspositionen werden eher mit Männern besetzt. Unter den gesellschaftlichen und ökonomischen Veränderungen wandelt sich die traditionelle Rollenverteilung. Familienarbeit wird aufgeteilt, wenn auch noch sehr an den konventionellen Mustern orientiert.

Wissens-Check

1. Diskutieren Sie die Bedeutung der Arbeit für den Menschen.

2. Nennen Sie Qualifikationen, die ein Auszubildender mitbringen sollte.

3. Begründen Sie die Notwendigkeit für lebenslanges Lernen, um beruflich erfolgreich zu sein.

4. Bewerten Sie die These, die Gleichstellung der Frau im Berufsleben sei erreicht.

2 Familie als Lebensgemeinschaft

Die Familie unterliegt wie viele andere gesellschaftliche Institutionen einer ständigen Veränderung. Das Erscheinungsbild der Familie hat sich in den letzten 200 Jahren grundlegend verändert. Die klassische Familie mit dem Mann als Ernährer hat zwar nicht ausgedient, gerät aber gegenüber den anderen Erscheinungsformen „familialen" Zusammenlebens immer mehr ins Hintertreffen. Nur noch etwas über 40 % der Kinder leben in der traditionellen „Ein-Mann-Verdiener"-Familie.

Bauernfamilie (19. Jhd.)

© Familie Deubele

Heutige Familie

© MEV Verlag GmbH

Arbeiterfamilie (19. Jhd.)

© akg-images

Beschreiben Sie die Unterschiede auf den Familienbildern.

Das Grundgesetz räumt der Familie eine besondere Stellung ein.

> **Art. 6 GG Ehe und Familie**
>
> (1) Ehe und Familie stehen unter dem besonderen Schutze der staatlichen Gemeinschaft.

Die Familiengröße ist einem ständigen Wandel unterworfen.

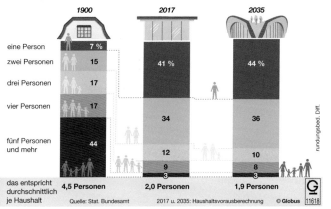

Von der Groß- zur Kleinstfamilie
Haushaltsgrößen in Deutschland und ihr Anteil an allen privaten Haushalten

	1900	2017	2035
eine Person	7 %	41 %	44 %
zwei Personen	15		
drei Personen	17	34	36
vier Personen	17		
fünf Personen und mehr	44	12	10
		9	8
		3	3
das entspricht durchschnittlich je Haushalt	4,5 Personen	2,0 Personen	1,9 Personen

rundungsbed. Diff.

Quelle: Stat. Bundesamt   2017 u. 2035: Haushaltsvorausberechnung   © Globus 11618

1. Beschreiben Sie das Schaubild.
2. Interpretieren Sie das Schaubild.

Modul 1

PRESSESCHAU

Familie ist wichtigster Lebensbereich

Die Familie ist für den allergrößten Teil der Bevölkerung das wichtigste Lebensfeld und liegt in ihrer Wertschätzung weit vor Beruf und Freizeitaktivitäten: Mehr als drei viertel sagen, Familie sei ihnen sehr wichtig. Zu ähnlichen Ergebnissen kam auch eine andere repräsentative Studie zu den Lebensprioritäten der Deutschen. Bei der ... Frage nach den wichtigsten Bestimmungsfaktoren für Glück. Zufriedenheit und persönliches Wohlbefinden nannten 90 Prozent „Familie" ...

Die Familie ist in der Sicht der Bevölkerung die soziale Mitte unserer Gesellschaft ... Familiäre Netzwerke vermitteln auch dann noch Geborgenheit und Schutz, wenn andere Institutionen versagen oder in Misskredit geraten. Der Anteil der Bevölkerung, der überzeugt ist, in materiellen wie immateriellen Notsituationen auf die Hilfe von Angehörigen zurückgreifen zu können, liegt bei über 50 Prozent. Familie gilt in Deutschland stärker denn je als verlässlicher Verbund von Menschen, die sich gegenseitig helfen und füreinander Verantwortung übernehmen.

Quelle: www.bmfsfj.de, 8. Familienbericht, Zugriff: 30.03.2016

Zusammenleben in Deutschland heute

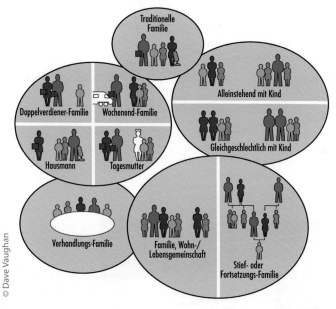

© Dave Vaughan

1. Beschreiben Sie das Schaubild.
2. Erarbeiten Sie aus dem Schaubild die unterschiedlichen Erscheinungsformen von Familien.
3. Stellen Sie die Gründe dar (Text über dem Schaubild), warum die Familie wichtigster Lebensbereich ist.
4. Ermitteln Sie, welche Familien-/Lebensform in Ihrer Klasse dominiert.

2.1 Aufgaben der Familie

Die Familie erfüllt mehrere Funktionen. Eine der wichtigsten ist die Erweiterung der ehelichen Gemeinschaft durch Kinder, die **biologische** (soziale) **Reproduktion**. Daneben erfüllt die Familie als Grundform gesellschaftlichen Zusammenlebens weitere elementare Aufgaben.

Biologische Reproduktion:
Die Familie sorgt für den Bestand der Gesellschaft durch die Geburt von Nachkommen.

---

§ 1626 BGB

(1) Die Eltern haben die Pflicht und das Recht, für das minderjährige Kind zu sorgen (elterliche Sorge). Die elterliche Sorge umfasst die Sorge für die Person des Kindes (Personensorge) und das Vermögen des Kindes (Vermögenssorge).

(2) Bei der Pflege und Erziehung berücksichtigen die Eltern die wachsende Fähigkeit und das wachsende Bedürfnis des Kindes zu selbstständigem verantwortungsbewusstem Handeln. Sie besprechen mit dem Kind, soweit es nach dessen Entwicklungsstand angezeigt ist, Fragen der elterlichen Sorge und streben Einvernehmen an.

(3) Zum Wohl des Kindes gehört in der Regel der Umgang mit beiden Elternteilen.

Abgeleitet aus dem Gesetzestext des § 1626 BGB ergeben sich folgende Funktionen für die Familie:

- Sozialisation: Durch Erziehung und Wertevermittlung wird das neue Gesellschaftsmitglied in die Gesellschaft eingegliedert (integriert).
- Persönlichkeitsbildung: In der Familie werden kulturelle und soziale Verhaltensweisen weitergegeben. Dies betrifft auch religiöse Einstellungen.
- Schutz: Die Familie kümmert sich um die Absicherung ihrer Kinder durch Ausbildung und Unterstützung. Andererseits nimmt die Versorgung älterer Familienmitglieder einen immer höheren Stellenwert ein. Die Familie hat auch die Aufgabe, einen Freiraum gegenüber der Hektik des Alltages zu bieten. Sie stellt also einen Rückzugsbereich dar.

Eine wichtige Aufgabe der Familie ist die Erziehung der Kinder. Unter dem Eindruck der Vernachlässigung von Kindern und der zunehmenden Gewaltbereitschaft Jugendlicher wird intensiver diskutiert, ob die Familie diese Aufgabe noch zureichend erfüllen kann. Die Frage nach flankierenden und unterstützenden Maßnahmen rückt daher in den Blickpunkt.

1. Erklären Sie das Phänomen der zunehmenden Vernachlässigung der Kinder.
2. Diskutieren Sie Maßnahmen, wie dieser Entwicklung begegnet werden kann.
3. Überlegen Sie, wie Sie selbst Ihre Kinder erziehen würden. Formulieren Sie einen Katalog von Erziehungszielen.

2.2 Familie als Halt

Breites Vertrauen in das soziale Netz Familie ...

Frage: "Wenn Sie einmal in eine schwierige Lage geraten und auf Hilfe angewiesen sind, können Sie dann auf die Hilfe von Familienangehörigen bauen, oder sind Sie sich da nicht so sicher?"

	Bin mir nicht so sicher	Kann auf Hilfe bauen
Bevölkerung insgesamt	13%	74%
Gesellschaftlich-wirtschaftlicher Status		
Gehobene Schicht	10	78
Breite Mittelschicht	12	77
Einfache Schicht	17	64

An 100 fehlende Prozent: Unentschieden oder 'Würde mir nicht helfen lassen'

Basis: Bundesrepublik Deutschland, Bevölkerung ab 16 Jahre
Quelle: Allensbacher Archiv, IfD-Umfrage 10036

© Institut für Demoskopie Allensbach GmbH

© IfD-Allensbach

1. Beschreiben Sie das Schaubild.
2. Interpretieren Sie das Schaubild.

2.3 Die Ehe

Die Grundlage der traditionellen Familie bildet die Ehe. Früher ging der Ehe die Zeit des Verlöbnisses voraus. Die Verlobung spielt heute aber keine Rolle mehr. Die Zahl der Eheschließungen weist in den letzten Jahren eine rückläufige Tendenz auf, dagegen nimmt die Anzahl der Scheidungen (ca. 35 %) stark zu. Die Zivilehe wurde 1875 von Bismarck eingeführt. Art. 6 GG stellt die Ehe unter einen besonderen Schutz.

Seit dem 01.10.2017 können auch gleichgeschlechtliche Paare die Ehe eingehen.

Die Ehe endet mit dem Tod eines Ehepartners. Die Ehe kann aber auch durch eine Scheidung aufgehoben werden. Bei einer widerrechtlichen Eheschließung kann diese annulliert werden.

Erörtern Sie, was für und was gegen eine staatliche Eheschließung spricht.

Rechtliche Folgen der Eheschließung

Der verfassungsmäßige Schutz von Ehe und Familie (Art. 6 GG) wird in unterschiedlichen Rechtsbereichen deutlich. Ehepaare genießen unter anderem Vorteile:

- im Steuerrecht (z. B. günstigere Lohnsteuerklasse/**Ehegattensplitting**),
- in der gesetzlichen Kranken- und Pflegeversicherung durch die Mitversicherung des nicht berufstätigen Ehegatten und der Kinder,
- in der gesetzlichen Rentenversicherung durch die Witwen-/Witwerrente.

Ehegattensplitting:
Das gesamte Einkommen in einer Ehe wird steuerlich auf den Ehemann und die Ehefrau in gleicher Höhe aufgeteilt. Damit ergibt sich häufig ein geringerer Steuersatz.

1. Nennen Sie Gründe, weshalb der Staat die Lebensform „Ehe" unterstützt.

2. Erörtern Sie, ob andere Lebensformen (z. B. nicht-eheliche Lebensgemeinschaften, gleichgeschlechtliche Lebenspartnerschaften) ebenso staatliche Unterstützung erhalten sollten.

3. Bewerten Sie die steuerliche Begünstigung kinderloser Ehen, z. B. durch Ehegattensplitting.

Güterrecht

Durch die Heirat wird der eheliche Güterstand begründet. Im Güterrecht werden die ehelichen Vermögensverhältnisse geregelt. Aufgelöst wird der Güterstand durch Tod bzw. Scheidung. Die Ehegatten können aber auch in einem Ehevertrag die Vermögensverhältnisse klären. Anderenfalls tritt der gesetzliche Güterstand in Kraft. Die **persönlichen Bedürfnisse** der Ehegatten müssen dabei berücksichtigt werden.

Persönliche Bedürfnisse der Ehegatten:
Hierunter fällt auch ein Taschengeld für jeden Ehepartner. Die Höhe richtet sich nach dem Vermögen, Einkommen und Lebensstil der Eheleute.

Beschreiben Sie das Schaubild.

Modul 1

2.4 Rollenverteilung von Mann und Frau

Die Rollenverteilung zwischen Mann und Frau ist auch heute noch weitgehend traditionell. Da der Mann in der Regel mehr verdient, übernimmt die Frau vielfach den häuslichen Part. Ein besonderes Augenmerk der Politik richtet sich daher auf die Förderung der Frauen, die in vielen beruflichen Bereichen benachteiligt oder unterrepräsentiert sind.

*Spiegeltitelblatt zur **Emanzipation** (26/2008)*

Emanzipation:
Emanzipation bedeutet „in die Eigenständigkeit entlassen".

© Der SPIEGEL 26/2008

PRESSESCHAU

Eine Umfrage von GEO WISSEN beweist: Frauen und Männer bleiben den Geschlechterklischees treu. Aus zumeist freiem Entschluss.

Frauen sind anders – Männer auch. Jedenfalls anders als mann/frau es sich vorstellt. Im Grunde wissen wir das alle. Aber im konkreten Fall gibt es immer wieder Aufregung darüber. Etwa, wenn sie ihn wieder einmal darauf hinweist, dass die Zahnpasta-Tube falsch – was heißt hier falsch? – ausgequetscht wurde.

Die Vermutung angesichts solcher Vorkommnisse liegt – aus Männersicht – nahe, dass Frauen notorisch nörgelig sind, was tatsächlich jeder zweite Mann glaubt. Aber auch Frauen haben ihre Vorurteile: 63 Prozent der Frauen halten Männer für wehleidig; 61 Prozent glauben, sie seien stur.

In einer aktuellen repräsentativen Umfrage für GEO WISSEN hat das Institut für Demoskopie Allensbach bei Bundesbürgern ab 16 Jahren sowohl nach solchen gängigen, festsitzenden Vorstellungen gefragt, die Männer und Frauen voneinander haben, als auch nach den konkreten Erfahrungen mit Partnern oder Familienmitgliedern, Nachbarn oder Kollegen. Auf diese Weise sind jeweils zwei demoskopische Bilder entstanden, ein Fernbild – das Frauen oder Männer allgemein voneinander haben: Ein Nahbild – von konkreten Personen aus dem eigenen Lebensumfeld.

„Wenn Sie einmal an einen Mann (eine Frau) in Ihrer Familie (Nachbarschaft, Kollegenkreis) denken, den (die) Sie besonders gut kennen, was trifft auf diesen Mann (diese Frau) zu?"

Während das Klischee vom wehleidigen Mann in der Mehrzahl der Frauenhirne festsitzt, beschreiben nur 29 Prozent der Frauen so den jeweils konkreten Mann, den sie aus der Nähe kennen. Und nur noch 36 Prozent sprechen von dessen Sturheit.

Frauen empfinden Männer offenbar als gar nicht so schlimm, wie sie es sonst unterstellen: 53 Prozent aller Frauen halten Männer generell für egoistisch – aber nur 26 Prozent bestätigen diesen Vorwurf beim genauen Hinschauen. „Männer sind großspurig", behaupten 47 Prozent – nur für 21 Prozent gehört dieser Punkt auch zum Nahbild. Auch von den 31 Prozent der Frauen, die Männern Gefühlskälte unterstellen, bleiben nur 11 Prozent, wenn sie ihre eigenen Erfahrungen in Rechnung stellen.

Quelle: Rollenklischees auf dem Prüfstand www.geo.de/GEO/heftreihen/geo_wissen/20253.html, Zugriff: 02.06.2016

Männersprüche:

Der Mann ist des Weibes Haupt.

(1 Kor 11,3)

Männer muss man so nehmen wie sie sind, sie haben es nicht besser verdient.

(unbekannter Verfasser)

Frauensprüche:

Behandle die Frauen mit Nachsicht! Aus krummer Rippe ward sie geschaffen; Gott konnte sie nicht grade biegen.

(J. W. von Goethe)

Bei den Frauen gibt es zwei Möglichkeiten: entweder sind sie Engel – oder sie leben noch.

(Charles Baudelaire)

Beurteilen Sie die Aussagen zum Verhältnis Frau – Mann in den Männer-Frauen-Sprüchen.

Zusammenfassung

Die Familie ist die stabilste Form des Zusammenlebens. Art. 6 GG stellt die Familie deshalb unter einen besonderen Schutz.

Wie alle Lebensbereiche ist auch die Familie dem Wandel unterworfen. In der Regel besteht eine Familie aus den Eltern und den Kindern. Alleinerziehende oder Patchwork-Familien stellen weitere Formen des familialen Zusammenlebens dar.

Ziel der Familie ist es, die Kinder so zu erziehen, dass sie ihr zukünftiges Leben selbstständig meistern können.

Wichtig für die Familien ist die gesellschaftliche und staatliche Unterstützung (z. B. Kindertagesstätten und -gärten, Kindergeld, Berücksichtigung im Steuerrecht).

Die Ehe steht unter dem besonderen Schutz des Staates.

Lebenspartnerschaften und nichteheliche Lebensgemeinschaften stellen alternative Formen des Zusammenlebens dar, die der Ehe aber (noch) nicht vollkommen gleichgestellt sind.

www.bmfsfj.de

www.familienhandbuch.de

Wissens-Check

1. Erläutern Sie den Wandel in der Familienstruktur.

2. Fassen Sie die Aufgaben der Familie zusammen und diskutieren Sie, ob die heutigen Familien diesen Aufgaben noch gewachsen sind.

3. Stellen Sie die Bedeutung der Familie für Sie dar.

4. Erörtern Sie Möglichkeiten, Familie und Beruf besser miteinander zu vereinbaren.

5. Nennen Sie mögliche Auswirkungen auf die Kinderfreundlichkeit in Deutschland.

6. Ist die Ehe noch ein Zukunftsmodell? Nehmen Sie Stellung.

7. Beurteilen Sie die Regelungen zum ehelichen Güter- und Scheidungsrecht.

Modul 1

Transferleistungen:
Geld- oder Sachleistungen, ohne dass eine direkte Gegenleistung erbracht werden muss.

3 Familienfreundliche Politik

> *Die Familie ist die Keimzelle unserer Gesellschaft. Deshalb steht sie unter dem besonderen Schutz des Grundgesetzes und der Staat ist verpflichtet, die Familie zu schützen und zu fördern. Mit **Transferleistungen** kommen Staat und Gesellschaft dieser Aufgabe nach.*

Durch den Rückgang der Geburtenzahlen ist es notwendig, Ehepaare und Familien mit Kinderwunsch zu unterstützen. Geldtransfers sollen die Familien finanziell unterstützen. Andere Maßnahmen sollen berufstätige Frauen, insbesondere aber auch Alleinerziehende, unterstützen.

Bedeutende staatliche Maßnahmen sind:

- Kindergeld
- Elterngeld
- Elternzeit
- Kindertagesstätten
- Ganztagsschulen

http://tinyurl.com/z8ndf9d

1. Informieren Sie sich im Internet über die genannten Maßnahmen (Internetrecherche, nebenstehender QR-Code).
2. Stellen Sie die Ziele dieser Maßnahmen dar.
3. Diskutieren Sie, ob die Ziele der einzelnen Maßnahmen erreicht werden.
4. Beurteilen Sie die familienpolitischen Maßnahmen des Staates.

3.1   Beruf, Familie und Kinderfreundlichkeit

Bei vielen Mitbürgern herrscht die Meinung vor, dass die Berufstätigkeit beider Elternteile negative Auswirkungen auf die Familie habe.

Beklagt wird, dass die Eltern zu wenig daheim sind. Sie würden an Überarbeitung leiden und hätten zu wenig Zeit für die Familie. Negativ könnten sich besonders Nacht-, Schicht- und Feiertagsarbeit auswirken.

Fest steht, dass sich bei gleitender Arbeitszeit die Familienbelange mit dem Beruf am besten vereinbaren lassen.

Für das Familienleben ist es von großer Bedeutung, ob die erwerbstätigen Familienmitglieder mit ihrem Beruf zufrieden sind. Negativ ist es, wenn sie erschöpft, verärgert, gestresst oder gereizt nach Hause zurückkommen. Dann erleben sie Kinderbetreuung als zusätzliche Belastung.

Umgekehrt wirkt sich das Familienklima auf das berufliche Engagement aus. Ein gutes Familienklima fördert die berufliche Leistung.

© dpa

Kinderreiche Familie

1. Nennen Sie Gründe, die gegen die Vereinbarkeit von Beruf und Familie sprechen.
2. Nennen Sie Gründe, die dafür sprechen.
3. Begründen Sie, wie Sie sich entscheiden würden.

Elterngeld

für Mütter oder Väter
- die ihr Kind selbst betreuen und
- nicht mehr als 30 Wochenstunden erwerbstätig sind

Höhe des Elterngeldes
- 65–67 % des wegfallenden Netto-einkommens (bei Einkommen ab 1000 Euro; darunter auf bis zu 100 % ansteigend)
  – monatlich mindestens 300*, höchstens 1800 Euro
- Laufzeit: 14 Monate (bei Beteiligung beider Partner und für Alleinerziehende) oder: doppelte Laufzeit mit dem halben Monatsbetrag
- Geschwisterbonus, wenn mehrere kleine Kinder vorhanden sind

*aber: Anrechnung auf ALG II

Elternzeit

für Mütter oder Väter
- die ihr Kind selbst betreuen und als Arbeitnehmer/innen beschäftigt sind

Dauer der Elternzeit
- nach Wunsch der Eltern – auch gemeinsam – bis zum dritten Geburtstag des Kindes
- Stimmt der Arbeitgeber zu, können davon bis zu 12 Monate in spätere Zeiten bis zum achten Geburtstag des Kindes (z.B. das erste Schuljahr) verlegt werden
- Während der Elternzeit ist Teilzeitarbeit (bis zu 30 Wochenstunden) möglich

ZAHLENBILDER

© Bergmoser + Höller Verlag AG   141 214

Elternzeit:
Unbezahlte Freistellung von der Arbeit bei abgesichertem Arbeitsverhältnis

Das Elterngeld ist – neben dem Kindergeld – eine zentrale familien-politische Maßnahme.

1. Diskutieren Sie, ob die in dem Schaubild angegebenen Leistungen ausreichend sind.
2. Begründen Sie, welche Leistungen Sie ändern würden.
3. Recherchieren Sie, was sich hinter dem Begriff „Elterngeld +" verbirgt (nebenstehender QR-Code).

www.elterngeld-plus.de

Viele Untersuchungen in den letzten Jahren ergaben, dass die Bundes-republik Deutschland bezüglich der Kinderfreundlichkeit einen gro-ßen Nachholbedarf hat. Unter dem Eindruck des demografischen Wandels und der damit entstehenden Probleme wird von der Politik und der Gesellschaft durch vielfältige Maßnahmen versucht, die Bundes-republik kinderfreundlicher zu machen. Die Bemühungen zeigen erste Ergebnisse, doch im internationalen Vergleich hinkt die Bundes-republik immer noch hinterher. Die Ursache hierfür liegt vielfach in unserer Einstellung zu Kindern, zur Rolle der Frau, dem Verhältnis Mann – Frau und zur Vereinbarkeit von Familie und Beruf. Hier herrscht noch oft ein traditionelles Rollenverständnis vor.

Recherchieren Sie, mit welchen staatlichen Maßnahmen die Kinder-freundlichkeit in Deutschland verbessert werden könnte (Internet-recherche, nebenstehender QR-Code).

http://tinyurl.com/zfcdkg5

3.2 Kinder als Armutsrisiko

Familien mit mehreren Kindern sind häufig finanziell schlechter gestellt als Kleinfamilien. Viele große Familien sind auf die Hilfe des Staates angewiesen.

Der Staat zahlt Kindergeld und unterstützt Familien, die unter dem Existenzminimum leben müssen. Kinder aus sozial schwachen Familien können Leistungen für Bildung und Teilhabe erhalten. Diese Leistungen werden umgangssprachlich als **Bildungspaket** bezeichnet.

Bildungspaket:
Ersetzt werden z. B. die Kosten für Mittagsverpflegung in Hort oder Schule, Ausflüge und Klassenfahrten, sowie Schulbedarf und Nachhilfeunterricht, Sport- und Kulturangebote

In vielen deutschen Städten und Gemeinden mangelt es an großen, kostengünstigen Wohnungen. Zudem stoßen Mehrkindfamilien bei Vermietern mitunter auf Vorbehalte. Deshalb muss sich ein Teil dieser Familien mit teueren und zu kleinen Wohnungen abfinden. Sozialwohnungen sind gerade in großen Gemeinden nicht immer ausreichend vorhanden. Durch die hohe Miete bedingt, fehlt es an Geld für Freizeitaktivitäten, Urlaub und Bildung.

Mehrere Kinder zu betreuen hat häufig zur Folge, dass nur ein Elternteil berufstätig sein kann. Dies bedeutet einen weiteren Verlust an verfügbarem Einkommen und kann zu **Armut** führen.

Armut:
Als arm gilt, wer mit weniger als der Hälfte des durchschnittlichen Pro-Kopf-Einkommens (ca. 1 500 € netto) leben muss. Diesen Personen steht in der Regel Sozialhilfe zu.

1. Begründen Sie, ob der Staat die Großfamilien stärker fördern sollte.
2. Nennen Sie Möglichkeiten, wie dies geschehen könnte.

© Plaßmann

1. Beschreiben Sie die Karikatur.
2. Interpretieren Sie die Karikatur.

Zusammenfassung

Der Staat gewährt den Familien mit Kindern vielfältige finanzielle Unterstützungen.

Kinder können ein Armutsrisiko darstellen.

Der Staat versucht, mit geeigneten Maßnahmen die Kinderfreundlichkeit zu fördern.

Wissens-Check

1. Nennen Sie Maßnahmen, mit denen der Staat Familien fördert.

2. Erörtern Sie, warum Kinder ein Armutsrisiko sein können.

3. Nennen Sie Möglichkeiten, wie Sie persönlich Kinderfreundlichkeit fördern könnten.

4 Bewältigung gesellschaftlicher Konflikte: Soziale Ungleichheit

Soziale Ungleichheit:
Ungleiche Verteilung von Gütern in einer Gesellschaft und die sich daraus ergebenden Folgen für die Menschen

Sozialer Ungleichheit liegt dann vor, wenn gesellschaftliche Bedingungen der Grund für ungleiche Lebensbedingungen sind. Sichtbar wird das z. B. am Wohlstand, der ökonomischen Sicherheit, am Bildungsstand, den Wohnverhältnissen, dem Arbeitsplatz oder an der Einkommenshöhe. Manche Gruppen in der Gesellschaft haben bessere Lebenschancen als andere.

Armut fällt mit den Auswirkungen sozialer Ungleichheit oft zusammen, sie bedingen sich zuweilen gegenseitig. Ein geringes Einkommen oder der Verlust des Arbeitsplatzes können die Auslöser für Armut sein.

© Gina Sanders – fotolia.com

In Großstädten häufig anzutreffen

4.1 Erscheinungsformen sozialer Ungleichheit

Bedingt ist die soziale Ungleichheit in der Regel durch

- die **Verteilungsungleichheit** und
- die **Chancenungleichheit**.

Nennen Sie Beispiele von Verteilungsungleichheit und von Chancenungleichheit. Recherchieren Sie ggf. im Internet.

Verteilungsungleichheit:
Sie zeigt sich z. B. in der ungleichen Verteilung des Einkommens zwischen einem Top-Manager und einem Fließbandarbeiter.

Soziale Ungleichheit kann individuell bedingt oder durch das gesellschaftliche Umfeld vorgegeben sein. Das Alter, die soziale Herkunft und das Geschlecht sind vorgegeben. Dagegen lassen sich einige Lebensformen (Beruf, Familie, Bildung) von jedem Einzelnen zumindest teilweise beeinflussen.

Chancenungleichheit:
Kinderlose Haushalte haben in der Regel bessere Chancen als Großfamilien, ein hohes Einkommen zu erzielen.

Modul 1

Weltwirtschaftsforum:
Das Forum trifft sich jährlich in Davos/Schweiz. Hier diskutieren Politiker, Wissenschaftler, Journalisten und andere führende Persönlichkeiten über die Weltwirtschaft. Die gemeinsam verfassten Beschlüsse sind für die Länder nicht bindend.

PRESSESCHAU

Bericht des Weltwirtschaftsforums: Soziale Ungleichheit lähmt Deutschland

Wie gut gelingt es Staaten, eine nachhaltige Wirtschaftspolitik mit sozialer Gerechtigkeit zu vereinen? Deutschland landet in einer Studie des Weltwirtschaftsforums nur im Mittelfeld. Vor allem das Steuersystem schneidet schlecht ab ...

Im Vergleich von 30 hochentwickelten Industrienationen schaffen es demnach die skandinavischen Staaten Dänemark, Norwegen und Finnland, aber auch Kanada und Australien mit am besten, Wachstum und gerechte Verteilung unter einen Hut zu bringen. Am schlechtesten gelingt dies den USA, Frankreich und vielen Ländern im Süden und Osten der EU: Griechenland, Italien, Portugal, Tschechien, Slowakei und Spanien.

Quelle: www.spiegel.de, Zugriff: 22.01.2016

Ehemaliger Bundeswirtschaftsminister Sigmar Gabriel auf einer Podiumsdiskussion in Davos

PRESSESCHAU

Reiche, zahlt mehr Steuern!

... Der Spitzensteuersatz, der unter Kohl noch bei 53 Prozent lag, wurde von Rot-Grün, also ausgerechnet einer linken Regierung, auf 42 Prozent gesenkt. Die Vermögenssteuer wurde schon 1997 von Schwarz-Gelb abgeschafft. Die Erbschaftssteuer wiederum wurde von der Großen Koalition so entschärft, dass Erben von Familienbetrieben ebenso wie Erben großer Aktienpakete an Dax-Konzernen praktisch gar nichts mehr zahlen, was das Bundesverfassungsgericht vor einiger Zeit für unzulässig erklärt hat. Die Körperschaftssteuer beträgt nur noch 15 Prozent, die Abgeltungssteuer auf Kapitalerträge pauschal 25 Prozent. Lohnempfänger müssen dagegen als Alleinstehende fast 50 Prozent ihres Bruttolohns abführen ...

Modul 1

Die Arbeitnehmer tragen dadurch einen immer größeren Steueranteil ... (Es) soll das Aufkommen aus der Lohn- und Einkommensteuer nach der jüngsten Schätzung um ein Drittel auf 227 Milliarden Euro pro Jahr steigen, weit stärker als das Gesamtsteueraufkommen. Die Körperschaftssteuer der Unternehmen dagegen wird dann nur schätzungsweise 24 Milliarden Euro ausmachen – etwas mehr als ein Zehntel.

Die Politik fördert die soziale Ungleichheit

Quelle: www.zeit.de, Zugriff: 22.01.2016

1. Überlegen Sie, welche Maßnahmen der Staat ergreifen könnte, die soziale Ungleichheit weiter einzudämmen.
2. Diskutieren Sie die These: "Die Politik fördert die soziale Ungleichheit" aus dem Zeitungsbericht „Reiche, zahlt mehr Steuern!".

4.2 Armut in Deutschland

© dpa

1. Beschreiben Sie das Bild.
2. Interpretieren Sie das Bild.

Armer Mann und reicher Mann standen da und sah'n sich an und der Arme sagte bleich: „Wär ich nicht arm, wärst du nicht reich!"

Bertold Brecht, Deutscher Dichter (1898–1956)

Diskutieren Sie, was Bertold Brecht mit diesem Spruch aussagen wollte.

Armuts- und Reichtumsbericht der Bundesregierung

https://www.bmas.de/DE/
Service/Medien/Publikationen/
a306-5-armuts-und-reichtums
bericht.html

http://tinyurl.com/y8rlhqfy

Der Bundestag hat im Jahre 2000 beschlossen, dass die Bundesregierung jeweils zur Mitte ihrer Amtszeit einen Armuts- und Reichtumsbericht vorlegen muss.

Der letzte Bericht (5. Bericht) wurde im März 2018 veröffentlicht.

> Informieren Sie sich über den letzten Armuts- und Reichtumsbericht der Bundesregierung (nebenstehender QR-Code).

Hierin wird deutlich, dass die Schere zwischen arm und reich immer weiter auseinandergeht. Rund 60 % der durchschnittlichen Einkommen sind nicht weit von der Höhe der Grundsicherung entfernt.

> Informieren Sie sich, welche Maßnahmen die Landesregierung bereits ergriffen hat, um die Armut zu lindern (nebenstehender QR-Code).

In Deutschland müssen arme Menschen nur selten hungern. Sie sind deshalb besser dran, als viele arme Menschen in Afrika oder Indien. Der Armutsbericht zeigt aber, dass sie vom steigenden Wohlstand der Gesellschaft ausgeschlossen sind.

PRESSESCHAU

Definition von Armut

Im Gegensatz zur absoluten Armut, die das Überleben der Betroffenen unmittelbar bedroht, wird in Wohlstandsgesellschaften wie Deutschland Armut meist als „relative Armut" definiert: relativ im Verhältnis zum Wohlstand der Bevölkerung des Landes. Die Armutsgrenze bezieht sich in diesem Fall auf statistische Zahlenwerte, meistens das durchschnittliche Einkommen. In der Europäischen Union gelten Personen als arm, die monatlich weniger als 60 Prozent des nationalen Mittelwerts verdienen. In Deutschland sind das ca. 930 Euro.

Vielen Kritikern dieses Konzeptes geht die Definition von Einkommensarmut nicht weit genug. Neben dem monetären Aspekt betrachten die Befürworter des so genannten Lebenslagenansatzes zentrale Lebensbereiche wie Wohnen, Bildung, Gesundheit, Arbeit, Einkommen, Kleidung, Ernährung, Transport und Kommunikationsmöglichkeiten. Als arm gilt, wer zu vielen dieser Bereiche erschwerten Zugang hat bzw. ganz davon ausgeschlossen ist – und damit geringere Chancen hat, am gesellschaftlichen Leben teilzunehmen.

Quelle: www.tafel.de/die-tafeln/zahlen-fakten/armut-in-deutschland.html,
Zugriff: 03.06.2016

---

1. Nennen Sie Gründe, warum Armut nicht allein daran gemessen werden sollte, ob Menschen nicht genügend Nahrung zur Verfügung haben.
2. Diskutieren Sie, wie man die Einkommensunterschiede verringern könnte.

Modul 1

Gesichter der Armut

Neben der oben angegebenen Einkommensschere kann man Armut auch direkt sehen. Einige Menschen würden nicht genug Lebensmittel zur Verfügung haben, wenn es keine „Tafeln" gäbe.

PRESSESCHAU

Eine Idee, von der alle profitieren

In Deutschland leben Millionen Menschen in Einkommensarmut oder sind unmittelbar von ihr bedroht: vor allem Arbeitslose, Geringverdiener, Alleinerziehende und Rentner. Wenn das Geld knapp wird, sparen die meisten bei der täglichen Ernährung – zu Lasten ihrer Gesundheit.

Gleichzeitig fallen täglich bei Lebensmittelproduzenten, in Supermärkten, in Hotels und Restaurants, auf Wochenmärkten und bei Veranstaltungen große Mengen von Lebensmitteln an, die – obwohl qualitativ einwandfrei – im Wirtschaftskreislauf nicht mehr verkauft werden können und sonst oft im Müll landen würden. Dazu zählen Lagerbestände mit nahendem Mindesthaltbarkeitsdatum, Backwaren vom Vortag, Saisonartikel, Überproduktionen, falsch verpackte Ware oder Obst und Gemüse mit kleinen Schönheitsfehlern.

Die Tafeln schaffen einen Ausgleich: Sie sammeln diese überschüssigen Lebensmittel im Handel und bei Herstellern ein und verteilen sie an sozial und wirtschaftlich benachteiligte Menschen, kostenlos oder gegen einen symbolischen Betrag.

Quelle: www.tafel.de/die-tafeln/tafel-idee.html, Zugriff: 25.01.2016

© dpa

Die „Tafel" wird von vielen bedürftigen Menschen in Anspruch genommen.

Diskutieren Sie die folgenden Auffassungen:

1. Es ist gut, wenn Lebensmittel an Bedürftige verteilt werden, bevor sie vernichtet werden.
2. Es ist eine Schande für Deutschland, dass sich Menschen an den Tafeln bedienen müssen.

PRESSESCHAU

Auch der Neuen Presse stößt der Gegensatz zwischen Armutsbericht und dem gerade gemeldeten Etatüberschuss bitter auf: „Es ist schon ein bisschen makaber, diese beiden Meldungen an einem Tag zu lesen: Während Deutschland den größten Etatüberschuss seit der Wiedervereinigung hat, ist die Armut im Land nur ein winziges Stück gesunken. Was läuft hier schief? Es ist ja auch nicht nur der Staat, der Rekorde schreibt. Auch die Wirtschaft zeigt sich über Jahre robust, fährt gute Gewinne ein. Umgekehrt wissen laut Paritätischem Wohlfahrtsverband 12,5 Millionen Menschen nicht, ob das Geld für die Miete reicht. Wie gefährlich es ist, die Abgehängten ihrer Trostlosigkeit zu überlassen, erlebte die Republik zuletzt wieder häufiger: Es ist oft genug die fehlende Perspektive, die Menschen ihre Menschlichkeit vergessen lassen. Dieses reiche Land kann sich solche Verhältnisse nicht leisten."

Quelle: www.n-tv.de, Zugriff: 23.02.2016

http://tinyurl.com/jd2j6qe

Modul 1

Diskutieren Sie die im Text beschriebene Entwicklung.

1. Beschreiben Sie die Entwicklung von Armut und Wirtschaft.
2. Nennen Sie mögliche Gründe für diese Entwicklung.

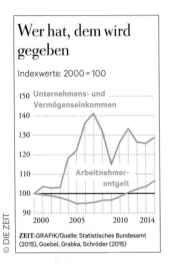

Wer hat, dem wird gegeben

Indexwerte: 2000 = 100

ZEIT-GRAFIK/Quelle: Statistisches Bundesamt
(2015), Goebel, Grabka, Schröder (2015)

© DIE ZEIT

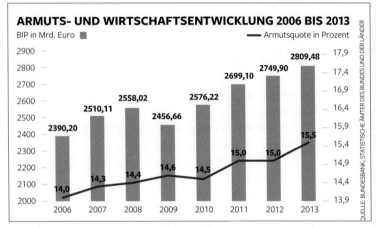

ARMUTS- UND WIRTSCHAFTSENTWICKLUNG 2006 BIS 2013

BIP in Mrd. Euro ■   ── Armutsquote in Prozent

QUELLE: BUNDESBANK, STATISTISCHE ÄMTER DES BUNDES UND DER LÄNDER

Die statistischen Zahlen erscheinen immer zeitversetzt. 2015: BIP = 3032,82 Mrd. Euro, Armutsquote: 15,7%

1. Beschreiben Sie die Veränderungen bei Vermögens- und Lohneinkommen.
2. Stellen Sie Zusammenhänge her.
3. Erläutern Sie mögliche Ursachen.

4.3   Folgen sozialer Ungleichheit

Zahlreiche Studien haben in den letzten Jahren gezeigt, dass die gesundheitliche Entwicklung im Kindes- und Jugendalter durch die soziale Herkunft beeinflusst wird. Bei Kindern aus sozial benachteiligten Familien werden vermehrt Entwicklungsdefizite und frühe Gesundheitsstörungen festgestellt, die oftmals einen langfristigen Behandlungs- und Versorgungsbedarf nach sich ziehen. Zudem sind sie häufiger von Unfallverletzungen, umweltbedingten Erkrankungen und zahnmedizinischen Problemen betroffen. Im Jugendalter treten verstärkt psychosomatische Beschwerden sowie psychische und Verhaltensauffälligkeiten auf. Auch Risikofaktoren wie Rauchen, Bewegungsmangel und Übergewicht, treten

© Deutsches Ärzteblatt

Gesundheitliche Entwicklung in Abhängigkeit zum Sozialstatus

häufig auf. Kinder und Jugendliche, die unter ungünstigen Lebensumständen aufwachsen, sind somit eine wichtige Zielgruppe für die Vorbeugung und Gesundheitsförderung.

1. Beschreiben Sie die Grafik.
2. Interpretieren Sie die Grafik.

PRESSESCHAU

Fratzscher: ... Es darf nicht Ziel der Politik sein, Menschen in irgendeine Beschäftigung zu bringen. In vielen Fällen handelt es sich um **prekäre** Arbeitsverhältnisse ohne Aufstiegschancen. Der Punkt ist doch: Wenn ich als Staat Ihnen von Geburt an Steine in den Weg lege, indem ich Ihren Eltern keinen Kita-Platz anbiete oder sie mit einem Betreuungsgeld besteche, damit Sie sie gar nicht in die Kita schicken, wenn Sie in Ihrer Grundschule nicht angemessen betreut werden und deshalb keine ordentliche Berufsausbildung machen können – wenn ich Ihnen also alle Chancen im Leben nehme und dann sage: Jetzt regen Sie sich doch nicht so auf, Sie haben zwar einen öden Job und verdienen nichts, aber dafür legen wir etwas Geld obendrauf: Ist das eine sinnvolle Politik? Wir müssen dafür sorgen, dass die Menschen von ihrem Lohn leben können, statt auf den Staat angewiesen zu sein.

ZEIT: Was hat Sie bei den Recherchen für das Buch am meisten überrascht?

Fratzscher: Die geringe Chancengleichheit.

ZEIT: Weshalb?

Fratzscher: Meine Wahrnehmung war immer, dass wir in einer sozialen Marktwirtschaft leben: Wer sich anstrengt, der bringt es zu etwas. Das ist aber, wenn man sich die Daten etwas genauer anschaut, eine Illusion. Wir sind längst eine Klassengesellschaft oder sogar eine Kastengesellschaft. Es ist für Kinder aus sozial schwachen Familien in fast keinem anderen Land in Europa so schwierig aufzusteigen. Es war der Anspruch der Nachkriegsgeneration, dass die Kinder es einmal besser haben sollen als die Eltern. Wir schaffen das nicht mehr. Die mangelnde Chancengleichheit ist der Schlüssel zu allem. Sie ist maßgeblich dafür verantwortlich, dass die Einkommen und die Vermögen so ungleich verteilt sind. Wer unten ist, bleibt unten.

ZEIT: Woran scheitert denn der Abbau dieser Ungleichheit?

Fratzscher: Ich glaube, wir haben in Deutschland noch gar nicht erkannt, wie wichtig soziale Mobilität für die Chancengleichheit ist.

ZEIT: Nicht erkannt oder nicht erkennen wollen?

Fratzscher: Wahrscheinlich beides.

Quelle: www.zeit.de, Zugriff: 10.05.2016

Prekär:
Hier: Das Einkommen reicht nicht aus, um den Lebensunterhalt zu sichern.

Diskutieren Sie die im Text genannten Ursachen für Ungleichheit.

4.4 Lösungsmöglichkeiten

Die wachsende Ungleichheit wird von vielen Ökonomen als eine Gefahr für die weitere wirtschaftliche Entwicklung der Bundesrepublik benannt. Für die Zukunft fordern sie von der Politik z. T. weitreichende Maßnahmen.

PRESSESCHAU

Fratzscher: Die meisten Deutschen glauben – so wie ich, bevor ich angefangen habe, mich intensiver mit dem Thema zu beschäftigen –, wir seien ein Land, in dem es jeder zu etwas bringen kann. Dass das längst nicht mehr so ist, das wissen die wenigsten.

ZEIT: Die Politik sollte es wissen.

Fratzscher: Das tut sie auch. Aber wir sprechen hier über Investitionen, die sich erst langfristig auszahlen. Wenn Sie heute mehr Geld in Bildung stecken, dann werden die Vorteile erst in zehn, in zwanzig, in dreißig Jahren sichtbar. Die meisten Politiker denken nicht in solchen langen Zeiträumen. Wir geben lieber zehn Milliarden Euro pro Jahr mehr für vermeintliche soziale Wohltaten aus, als zehn Milliarden Euro ins Bildungssystem und in unsere Infrastruktur zu stecken.

ZEIT: Gerade die große Koalition hat die Bildungsausgaben doch erhöht.

Fratzscher: Aber nicht in ausreichendem Umfang. Wir sind besser geworden. Aber sind wir gut genug, um unseren Wohlstand zu sichern? Nein. Wir müssen massiv in Bildung und Ausbildung investieren. Gerade im frühkindlichen Bereich gibt Deutschland wesentlich weniger Geld aus als die meisten anderen Industrieländer. Und wir wissen: Da zahlt sich jeder Euro am stärksten aus.

Quelle: www.zeit.de, Zugriff: 10.05.2016

---

1. Arbeiten Sie die Lösungsvorschläge heraus.
2. Erörtern Sie die Erfolgsaussichten der Lösungsvorschläge.

Zusammenfassung

Soziale Ungleichheit liegt dann vor, wenn gesellschaftliche Bedingungen der Grund für ungleiche Lebensbedingungen sind.

Bedingt ist die soziale Ungleichheit in der Regel durch
- die Verteilungsungleichheit und
- die Chancenungleichheit.

Armut fällt mit den Auswirkungen sozialer Ungleichheit oft zusammen.

In Deutschland müssen arme Menschen nur selten hungern.

Der Armutsbericht zeigt aber, dass sie vom steigenden Wohlstand der Gesellschaft ausgeschlossen sind.

Wissens-Check

1. Erklären Sie, warum nicht nur Hunger ein Zeichen von Armut ist.
2. Nennen Sie Möglichkeiten, persönlich gegen soziale Ungerechtigkeit vorzugehen.

Modul 2: Strukturwandel der Gesellschaft

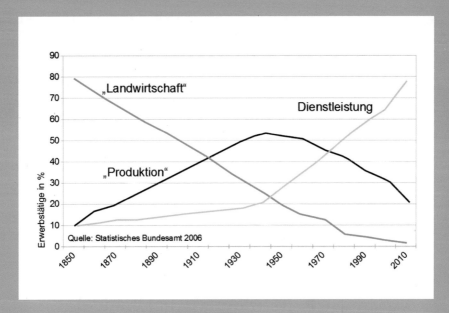

© Ulf Kläning

1 Demografischer Wandel

2 Migration: Ursachen und Folgen

3 Entwicklung der Sozialversicherung und Auswirkungen auf den Arbeitsmarkt

4 Strukturwandel und Zuwanderung

Modul 2

Kompetenzen, die Sie u. a. in diesem Modul erwerben:

Fachkompetenz		Personale Kompetenz	
Wissen	Fertigkeiten	Sozialkompetenz	Selbstständigkeit
	(u. a. Analysekompetenz/ Methodenkompetenz)	*(u. a. Kommunikative Kompetenz, Teamfähigkeit, Einfühlungsvermögen, Konfliktfähigkeit)*	*(u. a. Politische Urteilskompetenz, Lernkompetenz)*
Ich kenne die Veränderungen in der Gesellschaftsstruktur der Bundesrepublik Deutschland. Die Ursachen und Folgen der Migration sind mir bekannt. Ich kenne die Entwicklung der Sozialversicherung und die Gründe für den Wandel auf dem Arbeitsmarkt.	Ich kann die Inhalte von Grafiken und Schaubildern zur Bevölkerungsstruktur und Migration herausarbeiten. Den Wandel auf dem Arbeitsmarkt kann ich aus entsprechenden Veröffentlichungen und Tabellen ableiten.	Ich diskutiere im Freundeskreis die Folgen der Migration. Unsachliche Bemerkungen und persönliche Herabsetzungen werde ich benennen. Die Auswirkungen des Strukturwandels versuche ich zu erkennen und kann mich, wenn nötig, darauf einstellen.	Ich entwickle wirksame Aktivitäten, wie ich Folgeproblemen des Strukturwandels entgegenwirken kann.

1 Demografischer Wandel

> *Gesellschaft und Wirtschaft der Bundesrepublik Deutschland sind einem ständigen Wandel unterworfen.*

Bevölkerungsstruktur: Veränderungen und Auswirkungen

Demografie:
Sie beschreibt Bevölkerungsentwicklungen und -strukturen

Die **demografische** Entwicklung ist von großer Bedeutung. Seit 1972 liegt die Geburtenrate unter der Sterberate. Dies hat Auswirkungen auf weitere gesellschaftliche und wirtschaftliche Bereiche.

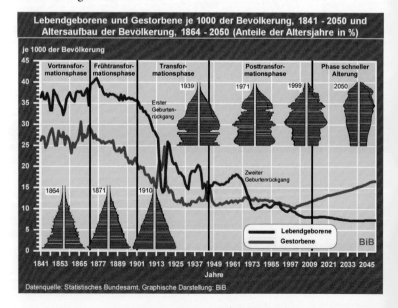

„Im Jahre 2030 werden wir in einer Opakratie leben, in der die Alten das Sagen haben."

Wolfgang Gründinger, der Sprecher der Stiftung für die Rechte zukünftiger Generationen.

Quelle: Schwäbische Zeitung, 04.02.2016

1. Erklären Sie die Entwicklung der Geburten- und Sterberate.
2. Beschreiben Sie die Auswirkungen auf die Struktur der Bevölkerung.

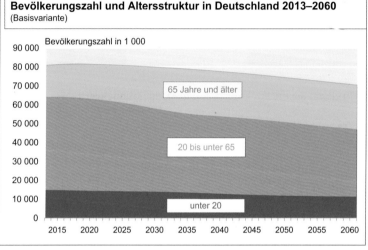

Bomsdorf, E./Winkelhausen, J.: Der demografische Wandel bleibt ungebrochen – trotz höherer Zuwanderung.

1. Beschreiben Sie das Schaubild.
2. Erarbeiten Sie aus dem Schaubild die Verteilung der Altersgruppen.
3. Diskutieren Sie, welche Auswirkungen sich für die Gesellschaft und die Wirtschaft ergeben.

1. Beschreiben Sie die Karikatur.
2. Interpretieren Sie die Karikatur.

Die altersmäßige Struktur der Gesellschaft ist im Hinblick auf die soziale Sicherung von großer Bedeutung. Für die Erwerbstätigen kann dies zu steigenden Sozialversicherungsbeiträgen führen. Für Rentenempfänger muss unter Umständen das Rentenniveau gesenkt werden.

Der Generationenvertrag

... durch Betreuung und Finanzierung

Als (erwerbs-)tätige Erwachsene geben wir ...

... durch Beiträge und Steuern die finanziellen Mittel für die laufenden Renten

Als Kinder und Jugendliche erhalten wir ... Ausbildung, Erziehung und Unterhalt

Als Rentner erhalten wir ... Altersrente (bzw. Erwerbsminderungs- oder Hinterbliebenenrente)

 Erklären Sie die Funktionsweise des Generationenvertrages.

KOM – Rollenspiel-Generationenkonflikt am Beispiel der Rente

Das Rollenspiel ist eine sehr häufig eingesetzte Methode im handlungsorientierten Unterricht.

Inhalt des Rollenspiels ist die Simulation von realen Verhältnissen und Verhaltensweisen. Alltagssituationen, Probleme oder Konflikte werden dabei im Rollenspiel nachempfunden oder vorausschauend bearbeitet. Durch die Verbindung von Lebenswirklichkeit mit spielerischem Handeln ist es möglich, im Rollenspiel Fragestellungen zu betrachten, die über das einzelne Unterrichtsfach hinausgehen.

Der einzelne Spieler schlüpft dabei in eine Rolle, die in jeder Gesellschaft spezifisch vordefiniert ist (Kind, Jugendlicher, Erwachsener, Unternehmer, Lehrer, Gemeinderat etc.). Dadurch können Einstellungen und Verhaltensweisen verdeutlicht und Ansatzpunkte für Veränderungen aufgezeigt werden. Dabei ist zu beachten, dass ein Mensch häufig mehrere Rollen zu übernehmen hat, z. B. als Erwachsener die Rolle des Vaters, des Arbeitskollegen und des Ehemanns. Von diesen Rollenträgern wird ein bestimmtes Verhalten erwartet (ein Politiker hat z. B. integer zu sein und soll sich für das Allgemeinwohl einsetzen).

Sie sollen in Ihrer Klasse ein Rollenspiel durchführen zum Thema „Die Rente wird zu einem Generationenkonflikt".

Verortung/Initiative:

Die Kanzlerin hat Vertreter aus verschiedenen Gesellschaftsbereichen zu einem „runden Tisch" (Diskussionsrunde mit Experten) ins Kanzleramt eingeladen. Gegenstand der Beratung ist die Frage, ob der Rentenbeitrag um 2 Prozent erhöht werden soll, um die Rente auch weiterhin an die Lohnerhöhungen der Erwerbstätigen anpassen zu können (Dynamische Rente).

Folgende Rollen sind zu besetzen:

a. Vertreter der Rentner (Position: Der Rentenbeitrag muss erhöht werden. Die Renten müssen weiterhin der allgemeinen Lohnentwicklung angepasst werden.)

b. Jugendvertreter (Position: Der Rentenbeitrag darf nicht weiter steigen. Die jungen Erwerbstätigen dürfen nicht noch stärker belastet werden.)

c. Vertreter der Unternehmer (Position: Der Rentenbeitrag darf nicht steigen. Die Kaufkraft der Rentner darf aber auch nicht geschwächt werden.)

d. Vertreter der Gewerkschaften (Position: Der Rentenbeitrag muss den Erfordernissen angepasst werden. Die Kaufkraft der Rentner und Erwerbstätigen darf nicht darunter leiden.)

e. Vertreter des Finanzministeriums (Position: Der Staat darf durch die Rentenfinanzierung nicht stärker belastet werden. Im Zweifel muss der Rentenbeitrag steigen.)

f. Kanzlerin (Funktion: Moderation. Position: Will einen Ausgleich der Interessengruppen erreichen.)

Analyse/Reflektion:

1. Teilen Sie sich in fünf Gruppen auf. Setzen Sie sich in jeder Gruppe mit einer Rolle (a–e) auseinander und entwickeln Sie für das Spiel sachlich begründete Argumente, die die Kanzlerin von ihrer Position überzeugen sollen.

2. Wählen Sie aus Ihrer Gruppe einen Spieler aus.

3. Bestimmen Sie einen Schüler, der die Rolle der Kanzlerin übernimmt (f) und vorrangig als Moderator fungiert.

4. Gruppieren Sie sich als Spieler um einen Tisch und beginnen mit dem Spiel, in dem Sie Ihre Positionen vortragen (5 min). In der zweiten Runde sollen Sie eine offene Diskussion führen (5 min).

5. Während die Darsteller agieren, beobachten Sie als Zuschauer das Spiel und notieren sich stichwortartig die Begründungen.

6. Werten Sie das Rollenspiel aus:

Die Spieler äußern sich zunächst über die Aufführung, ihre Rolle und ihre Empfindungen.

Anschließend äußern sich die Beobachter zum Spielverlauf. Hat sie z. B. eine Verhaltensweise/Begründung überrascht?

Diskutieren Sie nun in der Klasse über die jeweiligen Begründungen und Aussagen sowie deren Qualität. Halten Sie die wichtigsten Aussagen und Begründungen an der Tafel fest.

Handlung/Urteil/Entscheidung:

Überlegen Sie nun, wie Sie als Kanzler entscheiden würden. Ist Ihre Entscheidung realistisch? Was könnte bei der Entscheidungsfindung neben der Qualität der Argumente noch eine Rolle spielen?

Auf welche Bereiche des Sozialsystems lässt sich diese Situation übertragen?

Modul 2

Zusammenfassung

Demografischer Wandel

Der demografische Wandel der Gesellschaft ist gekennzeichnet durch eine Veränderung der Altersstruktur, verursacht durch geringere Geburtenzahlen.

Dies hat Auswirkungen auf die unterschiedlichen Bereiche der Gesellschaft und der Wirtschaft und führt z. T. zu erheblichen Herausforderungen, z. B. bei Altersversorgung und Gesundheit (Problematik des Generationenvertrags).

Eine weitere Herausforderung stellt die Zunahme der Menschen mit Migrationshintergrund dar. Sie müssen in die Gesellschaft integriert werden. Dies kann zu Konflikten führen.

Wissens-Check

1. Diskutieren Sie den Begriff „Jugend".
2. Erklären Sie den Generationenkonflikt.
3. Beschreiben Sie Bedürfnisse von Jugendlichen.
4. Erörtern Sie Ihre eigenen Zukunftsperspektiven.
5. Stellen Sie Verbesserungsmöglichkeiten für Ihre Zukunft dar.

2 Migration: Ursachen und Folgen

Elendsviertel in Indonesien

Am 31. Oktober 2011 hat die Philippinin Camille Dalura ihre Tochter Dancia May Camacho in Manila zur Welt gebracht. Die UNO hat das Kind symbolisch zum sieben Milliardsten (7 000 000 000) Erdenbürger erklärt. Dieses Ereignis wurde medienwirksam in Szene gesetzt, die kleine Philippinin freudig auf der Welt begrüßt. Einige Veröffentlichungen haben auf die enorme Gefahr hingewiesen, die von dem rasanten Wachstum der Weltbevölkerung ausgeht.

Die Weltbevölkerung hat sich in den zurückliegenden 100 Jahren vervierfacht: von 1,6 Milliarden Menschen im Jahre 1900 ist sie auf heute mehr als 7 Milliarden angewachsen. Weitere 80 Millionen Menschen kommen jährlich dazu. Das entspricht in etwa der Einwohnerzahl Deutschlands. Im Jahre 2050 kann die Erde von ca. 10 Milliarden Menschen bewohnt sein. Andere Schätzungen gehen von ca. 9 Milliarden Menschen aus. Krankheiten wie z. B. Aids sollen demnach ca. 1 Milliarde Menschenleben in dieser Zeit kosten.

2.1 Wachstum der Weltbevölkerung

Realistisch betrachtet ist die Welt schon jetzt überbevölkert, weil nicht alle Menschen menschenwürdig leben können. Der Grund hierfür liegt in wirtschaftlichen, politischen und ökologischen Mängeln, die in vielen Entwicklungsländern vorherrschen. In den wirtschaftlich wohlhabenden Ländern – so auch in Europa – nehmen die Bevölkerungszahlen dagegen ab.

Drei Viertel der Menschheit lebt in den Entwicklungsländern und hier entstehen 90 % des Bevölkerungswachstums. Das Problem könnte nur durch Geburtenrückgang gelöst werden.

Bisher gibt es außer China kein Land, das Geburtenkontrolle eingeführt hat. Langfristig kann die Überbevölkerung zu einem Problem für die gesamte Welt werden. Eine Reihe von Maßnahmen wurde ergriffen, um die Situation abzumildern:

- Sexualaufklärung, Verteilung von empfängnisverhütenden Mitteln
- Entwicklungshilfe, um über den „Wohlstand" das Bevölkerungswachstum indirekt zu beeinflussen
- Einbindung führender Politiker der Entwicklungsländer in die internationale Verantwortung zur Gestaltung der Bevölkerungspolitik

Diese Maßnahmen führen nicht direkt zum Erfolg. Deshalb müssen sich die westlichen Staaten, also auch Deutschland, in ihrer Außen- und Sicherheitspolitik auf die Situation der Überbevölkerung auf der Welt einstellen.

Die katholische Kirche lehnt den Gebrauch von Kondomen ab. Begründen Sie, ob Sie dieser Haltung zustimmen oder sie ablehnen.

Bevölkerungspolitische Handlungsempfehlungen:
- Bekämpfung der Massenarmut durch höhere Investitionen in die sozialen Grunddienste
- Verbesserung der Bildungschancen, vor allem für Mädchen und Frauen, und den flächendeckenden Ausbau von Basisgesundheitsdiensten und Beratungszentren für die Familienplanung
- Ausbau sozialer Sicherungssysteme, die den Zwang vermindern, möglichst viele Kinder zur Alterssicherung in die Welt zu setzen
- Programme zur Frauenförderung, weil die Chancengleichheit für Frauen eine prinzipielle Voraussetzung für den Erfolg bevölkerungspolitischer Zielsetzungen bildet
- Höhere finanzielle Aufwendungen für bi- und multilaterale Programme zur Familienplanung

Franz Nutscheler (leicht verändert), www.berlin-institut.org., Zugriff 20.08.2015

© dpa

Der Schauspieler Karlheinz Böhm (†) in Äthiopien: Privatinitiative zur Entwicklungshilfe

Die Machtverhältnisse in der Welt werden sich verändern. Im Jahre 2025 werden voraussichtlich 16 Staaten die 100 Millionen Einwohnerschwelle überschritten haben. Von den hoch entwickelten Industrienationen werden nur Japan und die USA dazugehören.

Neben der Bevölkerungsgröße sind ausgebildete Personen, technologisches Können, wirtschaftliche Fähigkeiten und eine gut ausgebildete und ausgerüstete Armee für die Machtposition bedeutsam. In vielen Staaten der Dritten Welt entwickeln sich diese Faktoren zunehmend.

Nach Berechnungen von Bevölkerungswissenschaftlern wird die Weltbevölkerung – auch in armen Ländern – immer älter. Im Jahre 2050 soll sich die Zahl der Menschen über 65 Jahre mehr als verdoppelt haben. Das bringt in allen Ländern große Probleme in der Alters- und Gesundheitsversorgung mit sich und löst Wanderungsbewegungen aus.

1. Nehmen Sie Stellung zu der Behauptung, dass das Bevölkerungsproblem nicht so ernst zu nehmen ist.
2. Stellen Sie Maßnahmen dar, die das Problem Ihrer Meinung nach am wirkungsvollsten eindämmen werden.

Migration ist die Entscheidung eines Menschen, seine Heimat zu verlassen. Dabei ist die Migration der Oberbegriff für Wanderungsbewegungen, die sowohl wirtschaftliche als auch politische Ursachen haben können. Deshalb gibt es auch sehr unterschiedliche Gruppen von Migranten: Asylbewerber, Vertriebene, Umweltflüchtlinge, Arbeitsmigranten, Migranten wegen Familienzusammenführung, um nur einige zu nennen.

2.2 push-/pull-Faktoren

push-Faktoren:
– Kriegssituationen
– Armut
– Arbeitslosigkeit
– Umweltzerstörung
– Politische Verfolgung

pull-Faktoren:
– Problemlose wirtschaftliche und gesellschaftliche Verhältnisse
– Bedarf an Arbeitskräften
– Attraktivere Verdienstmöglichkeiten
– Bessere Bildungschancen

Die Migrationsforscher haben eine Reihe von Ursachen der Migration erkannt und diese in zwei Hauptgruppen unterteilt: die Schubfaktoren (**push-Faktoren**) und die sogenannten Sog-Faktoren (**pull-Faktoren**). Diese Unterscheidung zeigt, dass Migration nicht allein mit Unterentwicklung zu begründen ist.

Zur Lösung der zunehmenden Migration gibt es kein schnell wirkendes Rezept. Die Abschottung der Industriestaaten („Festung Europa") ist auf Dauer keine wirkungsvolle Maßnahme. Es müssten die wirtschaftlichen und politischen Gründe für die Migration beseitigt werden.

1. Stellen Sie dar, welche push-Faktoren Ihrer Meinung nach die entscheidenden sind.
2. Beurteilen Sie, welche pull-Faktoren am stärksten wirken könnten.

2.3 Flucht nach Europa

UNHCR (United Nations High Commissioner for Refugees):
Es ist mit dem Schutz von Flüchtlingen beauftragt und leistet humanitäre Hilfe

Laut einer Statistik der UN-Hilfsorganisation **UNHCR** aus dem Jahre 2065 sind ca. 60 Millionen Menschen auf der Flucht. Viele Flüchtlinge aus den Kriegsgebieten Syriens, Iraks und Afghanistans haben sich nach Europa aufgemacht, um Asyl zu beantragen und aus lebensbedrohlicher Situation zu fliehen. Dabei sind Deutschland und Schweden die bevorzugten Ziele der Flüchtlinge. Viele Menschen sind auf ihrer Flucht ums

Leben gekommen. Experten schätzen, dass in Deutschland mehr als eine Million Flüchtlinge versorgt werden müssen.

1. Stellen Sie fest, wie sich die Flüchtlingssituation in Europa, insbesondere in Deutschland, in den letzten fünf Jahren entwickelt hat und treffen Sie Aussagen über die Gründe dieser Entwicklung (s. nebenstehender QR-Code).
2. Suchen Sie nach Möglichkeiten, wie diese Flüchtlingsströme verringert werden könnten und berücksichtigen Sie dabei die Rolle der Europäischen Gemeinschaft.
3. Skizzieren Sie Auswirkungen, die eine Flucht von jungen, leistungsbereiten Menschen auf die entsprechenden Herkunftsländer haben können.

http://www.uno-fluechtlingshilfe.de/ueber-uns/unhcr.html

2.4 Binnenwanderung

Unter Binnenwanderung sind alle Wohnsitzwechsel über eine Gemeindegrenze zu zählen, die innerhalb der Grenzen der Bundesrepublik Deutschland vollzogen werden. Dazu zählt z. B. die Landflucht im 18./19. Jahrhundert, bei der die Menschen in die Städte zogen, weil sie sich bessere Lebensmöglichkeiten versprachen. Der Trend zur Stadt ist bis heute ungebrochen. Dabei besteht die Gefahr, dass ganze Landstriche „entvölkert" werden.

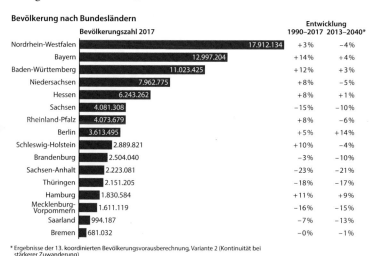

Bevölkerung nach Bundesländern

	Bevölkerungszahl 2017	Entwicklung 1990–2017	2013–2040*
Nordrhein-Westfalen	17.912.134	+3%	−4%
Bayern	12.997.204	+14%	+4%
Baden-Württemberg	11.023.425	+12%	+3%
Niedersachsen	7.962.775	+8%	−5%
Hessen	6.243.262	+8%	+1%
Sachsen	4.081.308	−15%	−10%
Rheinland-Pfalz	4.073.679	+8%	−6%
Berlin	3.613.495	+5%	+14%
Schleswig-Holstein	2.889.821	+10%	−4%
Brandenburg	2.504.040	−3%	−10%
Sachsen-Anhalt	2.223.081	−23%	−21%
Thüringen	2.151.205	−18%	−17%
Hamburg	1.830.584	+11%	+9%
Mecklenburg-Vorpommern	1.611.119	−16%	−15%
Saarland	994.187	−7%	−13%
Bremen	681.032	−0%	−1%

* Ergebnisse der 13. koordinierten Bevölkerungsvorausberechnung, Variante 2 (Kontinuität bei stärkerer Zuwanderung)
Datenquelle: Statistische Ämter des Bundes und der Länder; Berechnungen: BiB
© BiB 2018/demografie-portal.de

1. Erarbeiten Sie die sich aus den Wanderungsbewegungen ergebenden Veränderungen der Bevölkerungsstruktur der Bundesrepublik Deutschland.
2. Analysieren Sie die dabei für die einzelnen Regionen entstehenden Probleme.
3. Erörtern Sie Lösungsmöglichkeiten.

Modul 2

Zusammenfassung

Unterentwicklung kann zu Migration führen. Die Armut wird verstärkt durch anhaltendes Bevölkerungswachstum in den Entwicklungsländern.

Viele Menschen sind in ihren Heimatländern von Krieg bedroht und müssen um ihr Leben fürchten.

Europa ist ein bevorzugtes Ziel der Flüchtlinge.

Wissens-Check

1. Stellen Sie die Ursachen und Folgen der Unterentwicklung dar.
2. Beschreiben Sie, was Migration bedeutet.
3. Nennen Sie Gründe, die es für eine Flucht aus dem Heimatland gibt.
4. Erläutern Sie, weshalb Europa bevorzugtes Zufluchtsziel ist.

3 Entwicklung der Sozialversicherung und Auswirkungen auf den Arbeitsmarkt

1. Beschreiben Sie die Karikatur.
2. Interpretieren Sie die Darstellung.

3.1 Persönliche Bestandsaufnahme

1. Beschreiben Sie, wie Sie sich Ihre Lebenssituation im Alter von 75 Jahren vorstellen.
2. Überlegen Sie, wie und wo Sie dann leben könnten.
3. Erläutern Sie, wie Sie sich Ihre finanzielle Absicherung im Alter vorstellen.

3.2 Historischer Bezug

Die Geschichte der deutschen Sozialversicherung reicht bis in das Mittelalter. Die in **Zünften** zusammengeschlossenen Handwerker besaßen damals schon eine Frühform der Sozialversicherung auf der Grundlage der Zusammengehörigkeit und der **Zunft**ehre. Nach altem deutschem Recht mussten Meister ihre Gesellen, die als Gesunde für sie gearbeitet hatten, bei Krankheit versorgen. Entsprechende Hinweise dazu finden sich im Hamburger und Bremer Recht von 1270 und 1303. Im Zuge der Industrialisierung im 19. Jahrhundert verarmten weite Teile der Bevölkerung und es bildete sich eine große Arbeiterschicht. Die Arbeits- und Lebensbedingungen waren unmenschlich, jeglicher sozialer Schutz fehlte. Kinder und Frauen mussten durch ihre Arbeit zum Überleben der Familie beitragen. Als Anfang des 19. Jahrhunderts anstelle der alten Söldnerheere die allgemeine Wehrpflicht eingeführt wurde, stellten die Musterungsärzte voller Erschrecken fest, dass die meisten Industriearbeitersöhne aus gesundheitlichen Gründen ausgemustert werden mussten. Als Folge wurde in Preußen 1839 durch ein Gesetz die Kinderarbeit für Kinder unter 8 Jahren in Fabriken verboten. Die 10–16jährigen durften nicht mehr als 10 Stunden täglich arbeiten. Die allgemeine Notlage der Arbeiter führte immer wieder zu Aufständen, Maschinenstürmerei (Weberaufstand in Schlesien 1844), Streiks und Unruhen. Dieser Sachverhalt und seine Lösungsansätze werden als „Soziale Frage" bezeichnet.

Zunft:
Organisation für Angehörige eines Berufes (besonders im Mittelalter) um deren Interessen zu wahren

Modul 2

© akg-images

Karl Marx (li.) und Friedrich Engels (re.)

© ullstein bild – Archiv Gerstenberg

Lore:
Transportwagen u. a. in Bergwerken

*Kinderarbeit im Bergwerk des 19. Jahrhunderts. Eine **Lore** hatte etwa das Gewicht von 120 bis 200 kg*

Beschreiben Sie die Lage der Arbeiter im 19. Jahrhundert und vergleichen Sie diese mit Ihrer eigenen.

Aus verschiedenen Bereichen der Gesellschaft wurden Lösungsansätze entwickelt. Umfassende Ideen hierzu lieferten Karl Marx (Das Kapital) und Friedrich Engels. Über die Gedanken der christliche Soziallehre versuchten der evangelische Theologe Johann Hinrich Wichern mit dem „Rauhen Haus" in Hamburg (1833) und der Priester Adolf Kolping

Modul 2

© dpa

Adolph Kolping (li., 1813–1865)
und Johann Hinrich Wichern
(re., 1808–1881)

Konsumverein:
Genossenschaft im Einzelhandel
zum Vertrieb von Nahrungs-
und Genussmitteln

mit seinen „Gesellenvereinen" (den Vorläufern der Kolpinghäuser ab 1849) praktische Abhilfe zu schaffen. Von Unternehmerseite führte zum Beispiel Alfred Krupp sozialversicherungsähnliche Absicherungen für seine Arbeiter ein, stellte Betriebswohnungen zur Verfügung und gründete **Konsumvereine**. Ernst Abbè als Miteigentümer der Firma Carl Zeiss führte 1875 eine Betriebskrankenkasse, 1887 einen Fonds für die Alters- und Hinterbliebenenversorgung und 1890 den Neunstundentag ein. Neben diesen auf kirchlicher oder betrieblicher Grundlage aufgebauten Sozialleistungen organisierten sich die Arbeiter überbetrieblich zunächst unter liberaler, bürgerlicher Führung. 1863 wird dann der Allgemeine deutsche Arbeiterverein unter Ferdinand Lassalle gegründet, drei Jahre später unter Bebel und Liebknecht die Sozialdemokratische Deutsche Arbeiterpartei. Jetzt wurde die soziale Frage in politischen Programmen ausgedrückt. 1875 vereinen sich beide Parteien zur Sozialistischen Arbeiterpartei und bilden trotz preußischem Dreiklassenwahlrecht eine ernstzunehmende, politische Kraft.

 Erläutern Sie (Internetrecherche) das Dreiklassenwahlrecht.

Anarchistisch:
Ohne feste Ordnung,
Ablehnung von Autorität

Im gleichen Zeitraum entstehen auch christliche Gewerkschaftsbewegungen, zuerst der katholischen Kirche nahestehend. 1878 werden nach zwei **anarchistischen** Attentaten auf den deutschen Kaiser die Sozialistengesetze („Gesetz gegen die gemeingefährlichen Bestrebungen der Sozialdemokratie 1878–1890) erlassen. Dadurch werden die Organisationen der Arbeiterbewegung aufgelöst. Das Verbot löste weder die brennenden sozialen Probleme noch bremste es den Zulauf zu den Arbeiterorganisationen. Bismarck sah sich letztlich gezwungen, der breiten Bevölkerung in der sozialen Frage entgegenzukommen. Ab 1878 wird mit einer gesetzlichen Regelung des Mutterschutzes der Grundstein für die Sozialversicherung gelegt, die bis heute ausgebaut und ergänzt wurde.

 Stellen Sie die Vor- und die Nachteile der Lösungsansätze des Staates und der Arbeitgeber gegenüber und präsentieren Sie Ihr Ergebnis.

© dpa

Ernst Abbè (1840–1905)

Entwicklungsschritte der Sozialpolitik

1839	Verbot der Kinderarbeit in Preußen (unter acht Jahren in Fabriken)
1883	Krankenversicherung für Arbeiter
1884	Unfallversicherung
1889	Rentenversicherung für Arbeiter
1911	Sozialversicherung für alle Arbeiter
1920	Betriebsrätegesetz und Tarifautonomie
1924	Anfänge der Sozialhilfe
1927	Arbeitslosenversicherung und Regelungen zum Mutterschutz

1934   Abschaffung der Gewerkschaften und der Selbstverwaltung der Sozialversicherung durch die Nationalsozialisten (bis 1945)

1951   Kündigungsschutz

1952   Wohnungsbauprämie, Betriebsverfassungsgesetz, Mitbestimmung

1954   Kindergeld

1957   Dynamische Rente

1959   Beginn der Sparförderung

1960   Jugendarbeitsschutzgesetz

1961   Bundessozialhilfegesetz

1971   Ausbildungsförderung (BAföG)

1974   Schwerbehindertengesetz

1985   Erziehungsgeld, Erziehungsurlaub

1994   Pflegeversicherung

2000   Staatliche Förderung privat finanzierter Renten

2007   Elterngeld und Elternzeit

2012   Betreuungsgeld (ab 2015 nur noch in einigen Bundesländern)

2013   Gesetzlicher Anspruch auf Kinderbetreuung

2015   Gesetzlicher Mindestlohn von 8,50 EUR pro Stunde (2017: 8,84 EUR)

© dpa

Ferdinand Lassalle (1825–1864)

3.3   Wandel auf dem Arbeitsmarkt und dessen Auswirkungen

Die Arbeitswelt verändert sich ständig. Durch technologische und wirtschaftliche Entwicklungen werden alle daran beteiligten Menschen fortlaufend neuen Herausforderungen unterworfen. Während noch vor einhundert Jahren davon auszugehen war, dass man meistens sein Leben lang seinen gelernten Beruf ausübte, hat sich das heute weitgehend geändert.

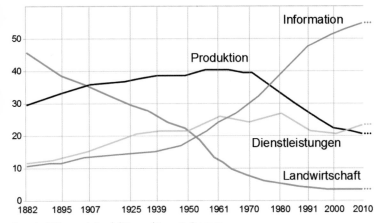

Erwerbstätige nach Produktionssektoren in Prozent

1. Finden Sie heraus, zu welchem Produktionssektor Ihr Beruf gehört.
2. Untersuchen Sie, wie sich dieser Sektor in den letzten 120 Jahren entwickelt hat.

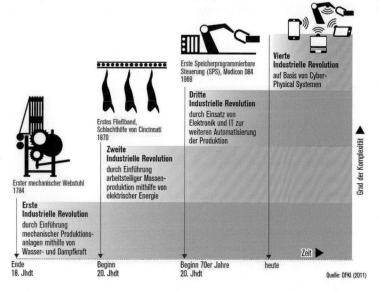

Die unterschiedlichsten Arbeitszeitmodelle und Beschäftigungsformen werden erlebt oder auch bewusst gesucht. Berufe sterben aus, Berufsbilder wandeln sich und neue Berufe entstehen. Durch die ‚Vierte industrielle Revolution' stehen Veränderungen im Produktions- und Dienstleistungsbereich vor der Tür, deren Auswirkungen bisher nur zum Teil zu erfassen sind.

PRESSESCHAU

Industrie 4.0 sorgt für frischen Wind

Die Hersteller von Maschinen oder von Autoteilen müssen wegen einer Reihe technologischer Veränderungen ihre Prozesse anpassen. Wer nicht rasch reagiert, droht von neuen Anbietern verdrängt zu werden.

Quelle: www.nzz.ch/wirtschaft/industrie-40-sorgt-fuer-frischen-wind-1.18679393, Zugriff 28.04.2016

Schon heute laufen in der Industrie Fertigungsprozesse unabhängig vom jeweiligen Standort ab. So können Produktionsprozesse in Brasilien durchaus digital von einem Rechner in Köln gesteuert werden. Dabei werden zeitliche und räumliche Hürden gegenstandslos.

PRESSESCHAU

Intelligente und flexible Produktionsprozesse

... In der Industrie 4.0 verzahnt sich die Produktion mit modernster Informations- und Kommunikationstechnik. Das ermöglicht maßgeschneiderte Produkte nach individuellen Kundenwünschen – kostengünstig

und in hoher Qualität. Die Fabrik der Industrie 4.0 sieht folgender-
maßen aus: Intelligente Maschinen koordinieren selbstständig
Fertigungsprozesse, Service-Roboter kooperieren in der Montage
auf intelligente Weise mit Menschen, (fahrerlose) Transportfahr-
zeuge erledigen eigenständig Logistikaufträge. Industrie 4.0 bestimmt dabei die gesamte Lebensphase eines Produktes: Von der
Idee über die Entwicklung, Fertigung, Nutzung und Wartung bis
hin zum Recycling. Über die „intelligente Fabrik" hinaus werden
Produktions- und Logistikprozesse künftig unternehmensüber-
greifend vernetzt, um den Materialfluss zu optimieren, um mögliche Fehler frühzeitig zu erkennen und um hochflexibel auf
veränderte Kundenwünsche und Marktbedingungen reagieren zu
können ...

Quelle: www.bmwl.de, Zugriff: 19.01.2016

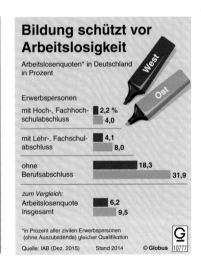

Bildung schützt vor Arbeitslosigkeit

Arbeitslosenquoten* in Deutschland in Prozent

Erwerbspersonen

	West	Ost
mit Hoch-, Fachhochschulabschluss	2,2 %	4,0
mit Lehr-, Fachschulabschluss	4,1	8,0
ohne Berufsabschluss	18,3	31,9

zum Vergleich:
Arbeitslosenquote insgesamt 6,2 9,5

*in Prozent aller zivilen Erwerbspersonen
(ohne Auszubildende) gleicher Qualifikation

Quelle: IAB (Dez. 2015)   Stand 2014   © Globus   10777

Modul 2

1. Erläutern Sie (Internetrecherche) den Begriff „Industrie 4.0".

2. Informieren Sie sich über den Stand der Umsetzung von „Industrie 4.0" in deutschen Unternehmen.

3. Diskutieren Sie mögliche Auswirkungen der Umsetzung von
„Industrie 4.0" auf Ihren Beruf und Sie persönlich.

Der technologischen Wandel erfordert daher ein lebenslanges Lernen
um im Arbeitsleben bestehen zu können.

Der Wandel auf dem Arbeitsmarkt wirkt sich natürlich auch auf die
weitere Entwicklung unseres Sozialstaates mit seinen **Komponenten**
der sozialen Sicherung aus. Zur vollständigen Einschätzung der eigenen Situation ist es sicher nützlich, einmal über den Tellerrand zu
sehen und zu betrachten, wie die soziale Sicherung in den benachbar-
ten Industriestaaten ausgebildet und finanziert wird.

Komponente:
Bestandteil

1. Beschreiben Sie die Karikatur.

2. Interpretieren Sie die Darstellung.

3.4 Individuelle und gesellschaftliche Lösungsansätze

Trotz unterschiedlicher Schwerpunkte in den sozialen Sicherungssystemen der einzelnen Industrieländer, wird weitgehend eine Grundsicherung angeboten. Insbesondere im Bereich der Altersvorsorge ergibt sich für Deutschland, dass verstärkt die Eigenverantwortung der Bürger gefordert wird. So werden immer mehr betriebliche und private Altersvorsorge als zweites und drittes Standbein der Altersabsicherung staatlich unterstützt. Grundsätzlich ist aber zu überlegen, wie für etwaige schwierige Situationen, insbesondere im Alter, eigenverantwortlich vorgesorgt werden kann. Schon der Platz in einem Pflegeheim kann hohe Kosten verursachen. Reicht das eigene Vermögen nicht aus, so können die Kinder gemäß § 1610 BGB zu Unterhaltszahlungen für ihre bedürftigen Eltern verpflichtet werden.

---

§ 1610 BGB

Verwandte in gerader Linie sind verpflichtet, einander Unterhalt zu gewähren.

---

1. Recherchieren Sie die voraussichtliche Höhe Ihrer Rente aus der gesetzlichen Rentenversicherung.
2. Erläutern Sie den Begriff ‚Drei Säulen Modell‘ der Alterssicherung.
3. Untersuchen Sie (Internetrecherche) die Kosten für einen Pflegeplatz, Pflegegrad 5, in einem Pflegeheim in Ihrer Nähe (Heimkosten, Pflegeversicherungsanteil, Eigenanteil)
4. Diskutieren Sie, wie ein Pflegefall Ihrer Eltern von Ihnen in der Zukunft bewältigt werden könnte.

Eine individuelle Vorsorge, auch außerhalb staatlicher Förderprogramme, ist daher empfehlenswert.

1. Beschreiben Sie die Karikatur.
2. Interpretieren Sie die Darstellung.
3. Stellen Sie dar, mit welchen Vorsorgemaßnahmen Sie persönlich Altersarmut entgehen können.

Zusammenfassung

Die Geschichte der deutschen Sozialversicherung reicht über den Beginn der Industrialisierung hinaus und ist verbunden mit unterschiedlichen Ansätzen zur Lösung der „Sozialen Frage".

Soziale Sicherung in Deutschland beinhaltet mehr als die drei Säulen der Altersvorsorge.

Im internationalen Vergleich zeigen sich unterschiedliche Ansätze zur sozialen Sicherung.

Durch den gesellschaftlichen und ökonomischen Wandel ist der Sozialstaat mannigfaltig herausgefordert.

Es gibt unterschiedliche individuelle und gesellschaftliche Lösungsansätze, um zur sozialen Sicherheit beizutragen.

Qualifikation für die eigene Zukunft ist ein wesentlicher Grundstein zur sozialen Sicherheit.

Wissens-Check

1. Erläutern Sie den Begriff „Soziale Frage".
2. Stellen Sie unterschiedliche Lösungsansätze zur „Sozialen Frage" dar.
3. Erläutern Sie die unterschiedlichen Herausforderungen, denen der deutsche Sozialstaat heute ausgesetzt ist.
4. Stellen Sie unterschiedliche individuelle und gesellschaftliche Lösungsansätze zur sozialen Sicherheit dar.
5. Erklären Sie, weshalb die berufliche Qualifikation für die eigene Zukunft von entscheidender Bedeutung ist.

4 Strukturwandel und Zuwanderung

Deutschland ist auf Einwanderer aus dem Ausland angewiesen, weil die eigene Bevölkerung älter wird und schrumpft. Nach einer Berechnung des Statistischen Bundesamtes wird die Bevölkerungszahl – selbst bei einem jährlichen Wanderungsgewinn von 200 000 Personen – von heute 82,5 auf 75 Millionen im Jahr 2050 sinken (Bevölkerung Deutschlands bis 2050. Ergebnisse der 12. koordinierten Bevölkerungsvorausberechnung).

Karikatur: Thomas Plaßmann

1. Beschreiben Sie die Karikatur
2. Interpretieren Sie die Karikatur.

4.1 Zuwanderung und Altenquotient

> **PRESSESCHAU**
>
> Niedrige Geburtenzahlen (1,4 Kinder pro Frau) und eine steigende Lebenserwartung führen dazu, dass der Anteil junger Menschen sinkt. Das Durchschnittsalter der Erwerbstätigen steigt und der Anteil älterer Menschen wird deutlich größer. Der Altenquotient beträgt heute knapp 28, d.h. auf 100 Personen im erwerbsfähigen Alter (20 bis 64 Jahre) entfallen 28 ältere Menschen. Bei einer jährlichen Nettozuwanderung von 300.000 Ausländern würde er auf 51 im Jahr 2050 ansteigen. Kämen jährlich „nur" 100.000 Einwanderer nach Deutschland wäre der Anstieg noch deutlicher: 100 Menschen mittleren Alters würden dann 59 Ältere gegenüberstehen. Selbst eine große Zahl von Einwanderern kann die Alterung der Bevölkerung also nicht verhindern, aber immerhin dazu beitragen, dass sie langsamer voranschreitet. Um die Alterung gänzlich zu stoppen, müssten nach Berechnungen der UN-Bevölkerungsabteilung bis zum Jahr 2050 188 Millionen Menschen nach Deutschland zuwandern
>
> Quelle: UN [Hrsg.]: Replacement Migration. New York, S. 29.

Die Zahl ist deshalb so hoch, weil die Eingewanderten ebenso schnell altern wie die Einheimischen und auch die Geburtenhäufigkeit bei Zuwanderern rasch auf das niedrige Niveau in Deutschland sinkt. Zuwanderung allein kann deshalb keine Lösung für die demografisch bedingten Zukunftsprobleme (z. B. steigende Rentenlast) sein.

4.2 Zuwanderung und Arbeitskräfte

Die Bevölkerungsentwicklung hat auch weitreichende Folgen für den deutschen Arbeitsmarkt. In den nächsten Jahrzehnten werden rund ein Fünftel weniger Arbeitskräfte zur Verfügung stehen. Bereits heute können trotz hoher Arbeitslosigkeit viele offene Stellen nicht besetzt werden, weil den Arbeitssuchenden die entsprechende Qualifikation fehlt. Das betrifft zum Beispiel die IT-Branche, für die im Jahr 2000 eigens die „Green Card", eine vorübergehende Aufenthalts- und Arbeitserlaubnis, geschaffen wurde. Vielfach handelt es sich aber auch um körperlich belastende, schmutzige und gefährliche Arbeiten, die Deutsche nicht mehr übernehmen wollen (Reinigung, Bau, Müllentsorgung). Viele Studien und die Erfahrungen im „klassischen" Einwanderungsland USA zeigen, dass ökonomisch aktive Zuwanderer der aufnehmenden Gesellschaft nützen. Voraussetzung ist allerdings ein modernes und flexibles Einwanderungsrecht, um ausländische Arbeitskräfte gezielt anwerben und rasch (in die Arbeitswelt) integrieren zu können.

© dpa

Gibt es ohne Zuwanderung bald Arbeitskräftemangel?

1. Arbeiten Sie aus dem Text Gründe für die Notwendigkeit von Zuwanderung heraus.

2. Recherchieren Sie, welche Bedingungen Sie erfüllen müssten, um z. B. in Kanada einwandern zu können.

Modul 2

PRESSESCHAU

Pro und Kontra: Benötigen wir ein Zuwanderungsgesetz?

Volker Beck (Grüne, pro)

Einwanderung muss zukunftsfähig und menschenrechtskonform ausgestaltet werden. Zwar wurde mit dem rot-grünen Zuwanderungsgesetz 2005 endlich anerkannt, was längst Realität war: Deutschland ist ein Einwanderungsland. ... Es besteht weiterhin Bedarf an einem echten Einwanderungsgesetz.

Deutschland ist auf Fachkräfte angewiesen. Da sich der demografische Wandel überall in Europa bemerkbar macht, werden die Fachkräfte der Zukunft vermehrt aus anderen Regionen der Welt kommen. Für die Arbeitsmigration nach Deutschland gibt es zwar viele Regelungen, die aber für einwanderungswillige Menschen sowie kleine und mittlere Unternehmen kaum durchschaubar sind. Das wirkt abschreckend. Wir müssen die bestehenden Regelungen daher systematisieren, liberalisieren und vereinfachen.

Einwanderungsregelungen müssen im Blick haben, dass mit den Fachkräften auch Familien kommen. Bislang wird der Schutz von Ehe, Lebenspartnerschaft und Familie im Aufenthaltsrecht nicht vollständig verwirklicht. ... Moderne Arbeitsmärkte müssen atmen: Fachkräfte wandern ein, wieder zurück oder weiter und kommen wieder. Zirkuläre Migration ist längst Realität ... mit der Ausreise verfallen unbefristete Aufenthaltstitel noch zu häufig. ... Arbeitsmarktpolitik darf nicht gegen die Aufnahme von Flüchtlingen aus humanitären Gründen ausgespielt werden. Auch kommen in Deutschland die Hälfte der Kinder ausländischer Eltern als Ausländer und nicht als Deutsche zur Welt. Gesellschaftlichen Zusammenhalt schaffen wir aber nur, wenn wir klarmachen: wer hier geboren wird, gehört von Anfang an dazu. Deshalb brauchen wir dringend eine Reform des Staatsangehörigkeitsrechts.

Ole Schröder (CDU, kontra)

Tatsächlich besteht für die Zukunft Bedarf an Zuwanderung für Fachkräfte. Daher wurden in den vergangenen Jahren moderne und schlanke Regelungen eingeführt, die die Zuwanderung bedarfsgerecht steuern und international seitens der OECD als vorbildlich gewürdigt werden. Ein eigenes Zuwanderungsgesetz brauchen wir nicht. Denn anders als die klassischen Einwanderungsländer, die auch ein völlig unterschiedliches Sozialstaatsverständnis haben, muss bei uns grundsätzlich ein konkreter Arbeitsplatz vorhanden sein. Nur so kann auch die Integration in unsere Gesellschaft gelingen. Das sehr planwirtschaftliche und bürokratische Punktesystem führt dazu, dass Zuwanderer sehr häufig unter ihrer Qualifikation arbeiten oder von Sozialleistungen abhängen.

© Traumbild – fotolia.com

Wanderungsbewegung nach Europa

Deutschland gewinnt mit der Blauen Karte der EU ein Vielfaches an Hochqualifizierten im Vergleich zu den Vorjahren. Zudem wurde der Arbeitsmarkt für Fachkräfte in Mangelberufen weitgehend geöffnet. Wer jetzt ein „Einwanderungsgesetz" fordert, muss erklären, welcher zusätzliche Regelungsbedarf besteht und wie dabei eine Zuwanderung in die Sozialsysteme verhindert werden soll.

Die Bundesregierung wird sich dagegen weiter für konkrete Fortschritte einsetzen, wie etwa eine stärkere Kommunikation unseres offenen Konzepts der Arbeitsmigration im bestehenden Aufenthaltsgesetz sowie für verbesserte Möglichkeiten der Anerkennung ausländischer Abschlüsse durch Nachqualifizierung in Deutschland.

Bei der Diskussion muss auch berücksichtigt werden, dass etwa 60 Prozent der gegenwärtigen Zuwanderung aus EU-Staaten kommt. Aufgrund der Arbeitnehmerfreizügigkeit besteht weder Anlass noch die Möglichkeit, hierauf Einfluss zu nehmen. Hinzu kommen über 200 000 Asylanträge von Menschen, die um Schutz nachsuchen. Der Staat kann hier nur prüfen, ob es sich wirklich um Schutzbedürftige handelt. Unsere humanitäre Verantwortung gebietet es, Flüchtlinge unabhängig von Nützlichkeitserwägungen aufzunehmen. Nur wenn abgelehnte Asylbewerber Deutschland nicht freiwillig verlassen, kann durch eine zügige Aufenthaltsbeendigung gesetzlich nicht vorgesehene Migration gesteuert werden.

Quelle: www.stuttgarter-zeitung.de, Zugriff: 28.01.2016

1. Arbeiten Sie aus den beiden Stellungnahmen die Positionen heraus.
2. Beurteilen Sie die beiden Positionen.

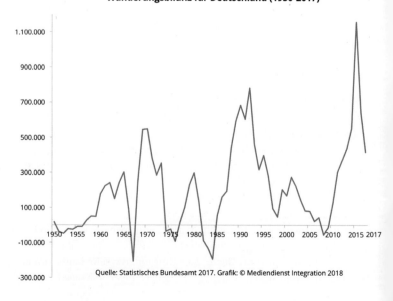

Wanderungsbilanz für Deutschland (1950-2017)

Quelle: Statistisches Bundesamt 2017. Grafik: © Mediendienst Integration 2018

Unter einer Wanderungsbilanz/Wanderungssaldo versteht man die Differenz zwischen den Zuzügen nach Deutschland und den Fortzügen aus Deutschland.

1. Lesen Sie den Einwanderungssaldo von 2015 und 2017 aus der Kurve ab.
2. Beurteilen Sie seine Bedeutung für Gesellschaft und Wirtschaft der Bundesrepublik Deutschland.

4.3   Regionale Verteilung der Zuwanderer

Für die strukturelle Entwicklung der Bundesrepublik ist es von Bedeutung, in welche Regionen die Zuwanderung bzw. die Abwanderung stattfindet. Dies hat infrastrukturelle Auswirkungen.

Anteil der EU-Ausländer an der ausländischen Bevölkerung insgesamt
am 31.12.2015 in den kreisfreien Städten und Landkreisen in %

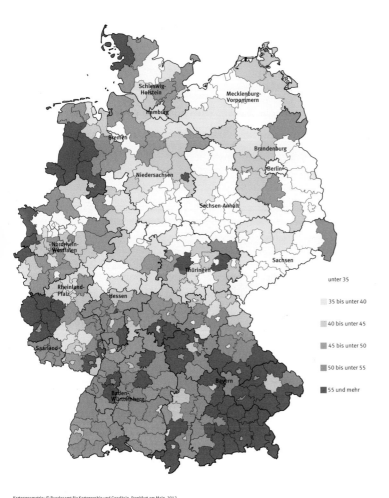

http://www.bamf.de/SharedDocs/
Pressemitteilungen/DE/2017/
20171102-036-pm-migrationskarte.
html

unter 35

35 bis unter 40

40 bis unter 45

45 bis unter 50

50 bis unter 55

55 und mehr

Kartengeometrie: © Bundesamt für Kartographie und Geodäsie, Frankfurt am Main, 2012
Vervielfältigung, Verbreitung und öffentliche Zugänglichmachung, auch auszugsweise, mit Quellenangabe gestattet.
Quelle: Ausländerzentralregister

http://tinyurl.com/hplncyw

Modul 2

1. Erläutern Sie das Schaubild.
2. Recherchieren Sie die Möglichkeiten, den Aufenthaltsort von Zuwanderern festzulegen (Internetrecherche, nebenstehender QR-Code).

Zusammenfassung

Die deutsche Bevölkerung wird aus heutiger Sicht von jetzt 82,5 Millionen Einwohnern auf 75 Millionen im Jahre 2050 schrumpfen.

Ohne Zuwanderung wird es zu einer noch stärkeren Schrumpfung der deutschen Bevölkerung kommen.

Ein Zuwanderungsgesetz könnte diese Situation abmildern.

Es gibt Befürworter und Gegner für ein Zuwanderungsgesetz.

Eine gelenkte Zuwanderung könnte strukturschwache Regionen in der Bundesrepublik Deutschland stärken.

Wissens-Check

1. Nennen Sie Möglichkeiten, offene Stellen durch Zuwanderer zu besetzen.
2. Diskutieren Sie die Bedeutung der Ausbildung von Zuwanderern für den Arbeitsmarkt.
3. Begründen Sie Ihre eigene Position zur Zuwanderung.
4. Erörtern Sie Möglichkeiten, Zuwanderer in strukturschwache Regionen zu lenken (Wohnsitzauflage).

Modul 3: Medien und Mediennutzung

© Rawpixel – fotolia.com

© Ulf Kläning

1 Nutzung von Print- und digitalen Medien
2 Chancen und Risiken der Mediennutzung
3 Medieneinfluss auf die pluralistische Gesellschaft
4 Verantwortungsvoller Umgang mit Medien

Modul 3

Kompetenzen, die Sie u.a. in diesem Modul erwerben:

Fachkompetenz		Personale Kompetenz	
Wissen	Fertigkeiten	Sozialkompetenz	Selbstständigkeit
	(u.a. Analysekompetenz/ Methodenkompetenz)	*(u.a. Kommunikative Kompetenz, Teamfähigkeit, Einfühlungsvermögen, Konfliktfähigkeit)*	*(u.a. Politische Urteilskompetenz, Lernkompetenz)*
Ich kenne die Bedeutung von Medien (digital, print) für die demo- kratische Gesellschaft (4. Gewalt).	Ich kann mithilfe von Vergleichen und Inhalts- analysen die Einflüsse und Auswirkungen von Medien auf die Gesell- schaft herausfinden (Teilhabe, Manipulation).	Ich kann die unterschied- lichen Positionen in den Medien akzeptieren und tolerieren. In Diskussionen respektiere ich unter- schiedliche Meinungen.	Meine Position zu Medien kann ich begründen und vertreten. Ich erkenne die Risiken (Abhängigkeit, Sucht, Datenmissbrauch), die sich aus unkontrollier- ter Nutzung von Medien (v.a. digital) ergeben können.

1 Nutzung von Print- und digitalen Medien

Investigativer Journalismus:
Der investigative Journalismus deckt skandalöse Verhältnisse in Politik, Wirtschaft und Gesell- schaft auf. WDR, NDR und Süd- deutsche Zeitung bilden seit 2014 einen investigativen Recherche- verbund.

*Medien sind in der Demokratie unverzichtbar. Nur wer informiert ist, kann am politischen und gesellschaftlichen Leben aktiv teilnehmen. Die Medien übernehmen dabei einen wichtigen Part. Ihre Aufgabe ist es, durch Information zur Meinungsbildung beizutragen. Eine weitere Aufgabe der Medien ist es, öffentliche Vorgänge durch **investigativen Journalismus** transparent zu machen. Für die Meinungsbildung ist deshalb eine breitgefächerte Medienlandschaft nötig. Im Grundgesetz wird die Aufgabe der Medien und der Wissenschaft besonders geschützt*

Art. 5 GG

(1) Jeder hat das Recht, seine Meinung in Wort, Schrift und Bild frei zu äußern und zu verbreiten und sich aus allgemein zugänglichen Quellen ungehindert zu unterrichten. Die Pressefreiheit und die Frei- heit der Berichterstattung durch Rundfunk und Film werden gewähr- leistet. Eine Zensur findet nicht statt.

(2) Diese Rechte finden ihre Schranken in den Vorschriften der allge- meinen Gesetze, den gesetzlichen Bestimmungen zum Schutze der Jugend und in dem Recht der persönlichen Ehre.

(3) Kunst und Wissenschaft, Forschung und Lehre sind frei. Die Frei- heit der Lehre entbindet nicht von der Treue zur Verfassung.

PRESSESCHAU

„Verrat als Bürgerpflicht?"

Ebenso, wie es für den Staat legitim ist, Informationen unter dem Deckel zu halten, ist es legitim für die Presse, Informationen, die sie gleich- wohl aus dem Bauch des Staates bekommen hat, öffentlich zu machen.

In Deutschland (bedurfte es) ... eines Urteils des Bundesverfassungsgerichts, den Unterschied zwischen Geheimnisbruch und Veröffentlichung zu erklären. Als mit Billigung des SPD-Innenministers Otto Schily 2005 die Redaktion der Zeitschrift „Cicero" durchsucht wurde, weil das Blatt über ein vertrauliches Dossier des Bundeskriminalamts berichtet hatte, rechtfertigten die Ermittler ihren Vorwurf gegen den verantwortlichen Redakteur mit einer komplizierten Konstruktion: Es gebe zwar kein ausdrückliches Gesetz gegen die Veröffentlichung vertraulicher Amtspapiere, aber den BKA-Beamten, die auf solche Papiere aufpassen müssen, sei es bei Strafe verboten, sie herauszugeben. Zu diesem Amtsdelikt habe der Journalist „Beihilfe" geleistet, „schon dadurch, dass er sich die Papiere geben ließ. Und Beihilfe zu einer Straftat ist auch eine Straftat.

Das Verfassungsgericht verwarf diese Argumentation mit dem erneuten Verweis auf die „schlechthin konstituierende Bedeutung" der Pressefreiheit für die Demokratie. Was die Presse hat, darf sie auch drucken: Diese Regel im Umgang mit Geheimnissen des Staates muss gelten, mit ganz engen Ausnahmen im Bereich des Landesverrats ... Um der freien Veröffentlichung von Geheimnissen willen, so sieht es das Grundgesetz, müssen die Journalisten sogar berechtigt sein, die Informanten in den Behörden zu schützen. ... Wenn der Staat seine demokratische Legitimation aus der umfassenden Information der Bürger bezieht, dann wird Information zur Bürgerpflicht. Und der Geheimnisverrat zum Ausweis der Qualität einer Demokratie.

Quelle: www.spiegel.de, Zugriff: 10.05.2016

1. Geben Sie die wichtigsten Gedanken des Textes wieder.
2. Nehmen Sie zu diesem Textausschnitt Stellung.

1.1 Funktion und Nutzung von Medien

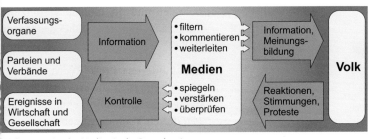

Wirkungsweise der Medien in der Demokratie

1. Nennen Sie Beispiele für die im Schaubild genannten Aufgaben der Medien.
2. Diskutieren Sie diese Beispiele.

Modul 3

Kontrollfunktion

Obwohl von der Verfassung nicht vorgesehen, hat sich im Laufe der Zeit für die Medien eine Kontrollfunktion ergeben. Oftmals werden durch die Medien Missstände in der Politik und Gesellschaft aufgedeckt. Dadurch werden Politiker zum Handeln veranlasst.

Meinungsbildungsfunktion

Medien geben nicht nur Informationen an die Leser, Zuschauer oder Hörer weiter. Darüber hinaus beeinflussen sie die Meinung durch die

- Auswahl,
- Aufmachung,
- Darstellung,
- und die Kommentierung von Nachrichten.

Boulevardzeitungen, Fachzeitungen, regionale und überregionale Tageszeitungen informieren und beeinflussen die Meinung der Leser. Die Presse kontrolliert Politik und Gesellschaft.

Es gibt Parteizeitungen, Gewerkschaftszeitungen oder Kirchenzeitungen, die eine bestimmte Meinung vertreten.

Nachrichtensendungen wie „Die Tagesschau" oder das „heute-journal" sollen überparteiliche Informationen anbieten.

Mediennutzung

Anteile der Medien am Medienzeitbudget 2017
Durchschnittliche tägliche Mediennutzung, in Minuten

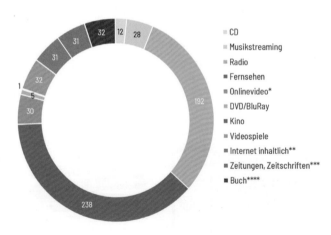

Die Mediennutzung hat sich in den letzten Jahrzehnten stark verändert. Einigen Medien, z. B. den Printmedien, wurde eine ungewisse Zukunft gegeben. Neue elektronische Medien wie social networks kamen durch die Entwicklung des Internets hinzu. Mit der Veränderung der Medienlandschaft verändert sich auch die Nutzung der Medien durch die Bürger. Dabei spielen die Neuerungen in den Informationstechnologien und die globale Vernetzung durch das Internet eine herausragende Rolle.

Nicht nur das Freizeitverhalten der Menschen, auch die Arbeitswelt und das gesellschaftliche Leben unterliegen diesen Veränderungen.

* Free- und Paid-Video-on-Demand; ** exklusive Kommunikation, Onlinevideo & Musikstreaming, *** inklusive ePaper; **** inklusive eBook
Hinweis: Wegen methodischer Unterschiede der Quellen sind die Werte nur eingeschränkt vergleichbar.
Quelle: VAUNET-Analyse auf Basis von AGF in Zusammenarbeit mit Gfk (TV, ab 14 Jahren), ma Radio II 2017 (Radio, werktäglich ab 14 Jahren), und SevenOne Media / forsa - Media Activity Guide (alle weiteren Medien 14-69 Jahre)

1. Beschreiben Sie das nebenstehende Schaubild.
2. Interpretieren Sie das nebenstehende Schaubild.

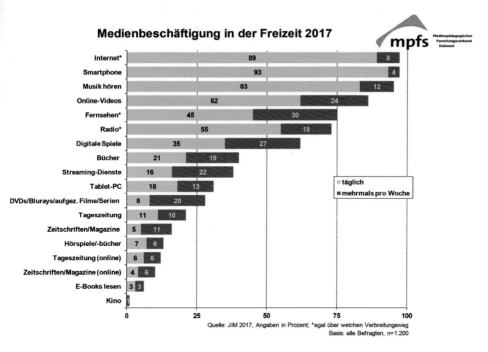

Medienbeschäftigung in der Freizeit 2017

Medium	täglich	mehrmals pro Woche
Internet*	89	8
Smartphone	93	4
Musik hören	83	12
Online-Videos	62	24
Fernsehen*	45	30
Radio*	55	18
Digitale Spiele	35	27
Bücher	21	19
Streaming-Dienste	16	22
Tablet-PC	18	13
DVDs/Blurays/aufgez. Filme/Serien	8	20
Tageszeitung	11	10
Zeitschriften/Magazine	5	11
Hörspiele/-bücher	7	6
Tageszeitung (online)	6	6
Zeitschriften/Magazine (online)	4	6
E-Books lesen	3	3
Kino	1	

Quelle: JIM 2017, Angaben in Prozent; *egal über welchen Verbreitungsweg
Basis: alle Befragten, n=1.200

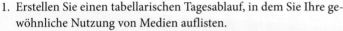

1. Erstellen Sie einen tabellarischen Tagesablauf, in dem Sie Ihre gewöhnliche Nutzung von Medien auflisten.
2. Vergleichen Sie die im Schaubild dargestellte Beschäftigung mit Ihrer Beschäftigung in der Freizeit.

1.2 Printmedien

Die Erfindung des modernen Buchdrucks mit beweglichen Lettern und Druckerpresse im 15. Jahrhundert revolutionierte die Erzeugung von Druckerzeugnissen. Die neue Art des Drucks ermöglichte größere Auflagen und eine kostengünstigere Herstellung. Der Buchdruck schuf die Möglichkeit, unterschiedliche Meinungen in die Öffentlichkeit zu bringen. Zu Beginn des 17. Jahrhunderts erschienen die ersten Zeitungen, zunächst im Wochenrhythmus, dann täglich. Die Entwicklung der Verteilung und die zunehmende Lesefähigkeit erhöhten die Auflagen. Heute gibt es von den Tageszeitungen meist auch eine Online-Ausgabe oder eine App.

Pressefreiheit ist die Basis einer demokratischen Gesellschaft. Neben der Festschreibung im Grundgesetz (Art. 5), haben auch die Vereinten Nationen die Pressefreiheit verbindlich gemacht.

Artikel 19 der „Allgemeinen Erklärung der Menschenrechte" der Vereinten Nationen

„Jeder Mensch hat das Recht auf freie Meinungsäußerung; dieses Recht umfasst die Freiheit, Meinungen unangefochten zu vertreten sowie Informationen und Ideen mit allen Kommunikationsmitteln ohne Rücksicht auf Grenzen zu suchen, zu empfangen und zu verbreiten."

Modul 3

Modul 3

Wo nicht unabhängig berichtet werden darf und wo Menschen ihre Meinung nicht frei äußern können, werden häufig auch andere Menschenrechte verletzt. Daher ist die Freiheit zu informieren und informiert zu werden stets auch ein zuverlässiger Gradmesser für die Achtung der universell gültigen Menschenrechte in einem Land.

Erschwert wird die freie Berichterstattung durch die in vielen Ländern vorhandene Einschränkung eines freien Journalismus und durch Pressezensur.

https://www.reporter-ohne-grenzen.de/

 Recherchieren Sie Beispiele für Einschränkung der Presse- und Meinungsfreiheit (Internet, nebenstehender QR-Code).

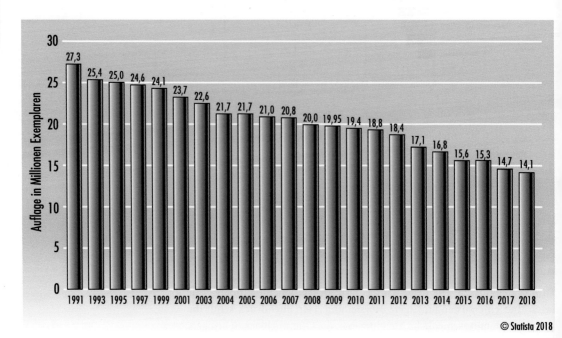

© Statista 2018

Entwicklung der Auflagen

1. Interpretieren Sie das Schaubild.
2. Erörtern Sie die Ursachen dieses Rückgangs der Auflagen.
3. Diskutieren Sie die Auswirkungen einer zunehmenden Pressekonzentration.

Woher beziehen wir unsere Informationen?

Die Möglichkeiten sich Informationen zu beschaffen, haben sich in den letzten Jahren wesentlich verändert und dieser Prozess ist noch nicht zu Ende. Printmedien verlieren Anteile, digitale Medien erobern sich einen stärkeren Anteil.

Informationsverhalten bei aktiviertem Informationsbedarf: Spitzenplatz für das Internet

Wenn man sich über ein Thema näher informieren möchte ...

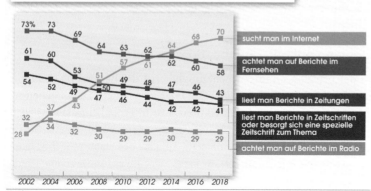

Basis: Bundesrepublik Deutschland, deutsche Bevölkerung ab 14 Jahre
Quelle: Allensbacher Markt- und Werbeträgeranalysen, zuletzt AWA 2018

0681/10.9.2018
© IfD-Allensbach

1. Interpretieren Sie das Schaubild.
2. Überlegen Sie, ob die Darstellung Ihren Erfahrungen entspricht.
3. Versuchen Sie, die Qualität der Informationsquellen zu beurteilen.

1.3   Digitale Medien

Glaubwürdigkeit der Informationsquellen

Die Zuverlässigkeit der Informationsquellen ist für den Informations-
suchenden von großer Bedeutung. Davon sind manchmal wichtige
Entscheidungen abhängig. Auch in der Diskussion um öffentliche Be-
lange ist korrekte und sachgerechte Information notwendig. Deshalb
ist die Frage, welchen Medien wir Vertrauen schenken, von Bedeutung.

Unternehmensanalyse und Medienforschung   BR

Nachrichtenquellen
Wie oft nutzen Sie die folgenden Informationsquellen zum aktuellen Geschehen?

Die Öffentlich-Rechtlichen sind nach wie vor die wichtigsten täglichen Informationsquellen. Internet und Apps
werden fast ebenso routiniert (v.a. additiv und nicht alternativ) genutzt. Nutzer von spezifischen Nachrichten-
Apps und -Websites sind meist auch Nutzer der „traditionellen" Nachrichtenmedien.

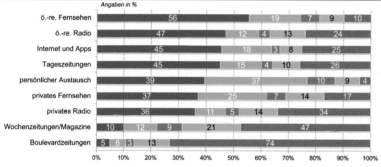

Basis: 1.000 Personen ab 18 Jahren in Deutschland
Quelle: Informationen fürs Leben – BR-Studie zum Vertrauen in die Medien

Abweichungen zu 100% aufgrund von Rundungsfehlern möglich

Modul 3

Für die Medien ist dieser Vertrauensvorschuss eine Verpflichtung, gewissenhaft und objektiv zu berichten.

1. Beschreiben Sie das Schaubild.
2. Interpretieren Sie das Schaubild.

Umgang mit personenbezogenen Daten

In der privaten und beruflichen Sphäre ist die Benutzung des Internets kaum wegzudenken. Sie wird noch zunehmen. Dabei geben wir eine Menge persönlicher Daten preis. Das Internet kennt keine Privatsphäre und gaukelt eine Intimität vor, die es im world wide web nicht geben kann. Deshalb ist es einerseits Aufgabe des Staates für die Datensicherheit zu sorgen, andererseits kann jeder etwas für die eigene Datensicherheit tun.

> **§ 3 Bundesdatenschutzgesetz (BDSG):**
>
> (1) Personenbezogene Daten sind Einzelangaben über persönliche oder sachliche Verhältnisse einer bestimmten oder bestimmbaren natürlichen Person (Betroffener).

Diskutieren Sie, welche Daten zu den personenbezogenen gehören.

Modul 3

2 Chancen und Risiken der Mediennutzung

Das Internet bietet eine Vielzahl von Möglichkeiten, sich zeitnah, umfassend und standortunabhängig die neuesten Informationen zu beschaffen. Die Kommunikation von Experten in vielen Bereichen – vom Gesundheitswesen bis zu Hilfestellung bei konkreten technischen Anwendungen – ist schnell und umfassend möglich. Foren von Bloggern oder Online-Portale können helfen, kritischen, unterdrückten Meinungen in Diktaturen unzensiert weltweit Gehör zu verschaffen.

Die neuen digitalen, interaktiven und elektronischen Medien sind eine Basis für die unbeschränkte Verbreitung von Informationen. Zugleich liegt auch hier die Ursache für die Gefahren. Vielen Menschen wird das Gefühl gegeben, etwas zu versäumen. Dies kann zur Abhängigkeit führen.

Die so genannten neuen Medien beeinflussen immer mehr unsere Alltagswelt. Rund um die Uhr ist fast jeder per Smartphone erreichbar oder teilt wie nebenbei Information aus.

Das Internet verfügt über eine weltweite Vernetzung und ermöglicht Kommunikationen über Ländergrenzen hinweg. Die Kommunikation hat eine neue Dimension erreicht.

Für viele, vor allem junge Leute, ist die Benutzung moderner Medien alltäglich und selbstverständlich, einigen verschließt sich der Umgang damit oder wirkt eher abschreckend auf sie. Viele sprechen von der „digitalen Revolution", deren Auswirkungen ähnlich umwälzend sein könnten, wie die der **industriellen Revolution** im 19. Jahrhundert. Der Begriff des **„Informationszeitalters"** beschreibt diese Veränderungen treffend.

Die Wirtschaft vernetzt sich immer umfassender, Arbeitsprozesse werden immer stärker digitalisiert und miteinander vernetzt. Es ist heute möglich, ganze Produktionsabläufe digital zu simulieren (virtuelles Fließband). Ein globales Geschäftsumfeld hat sich daraus entwickelt. Neue Arbeitsplätze sind daraus entstanden, andere haben sich verändert oder wurden abgebaut.

Im privaten und öffentlichen Leben erfreuen sich die Sozialen Netzwerke größter Beliebtheit. Sie bieten die Möglichkeit, überall auf der Welt mit Menschen unmittelbar und direkt in Kontakt zu treten.

1. Nennen Sie Ihnen bekannte Soziale Netzwerke.
2. Diskutieren Sie die Vorteile und die Nachteile der unterschiedlichen Netzwerke.

Industrielle Revolution:
Dies ist Einführung der industriellen, arbeitsteiligen Fertigung von Waren und Gütern mit gravierenden Einschnitten in die Lebensverhältnisse der Menschen ab dem 18. Jahrhundert.

Informationszeitalter:
Allgegenwärtige und umfangreiche Information der Menschen im globalen Rahmen

Modul 3

2.1 Chancen digitaler Medien

Unser tägliches Leben wird heute und in Zukunft noch viel stärker von den neuen digitalen Medien geprägt. Dies betrifft die Erwachsenen genauso wie die Jungen, den privaten Lebensbereich ebenso wie die Arbeitswelt und die Freizeit.

Digitale Medien liefern uns Informationen, wir können uns global vernetzen und wir können mit Freunden und Bekannten kommunizieren.

Diese Medien bieten uns die Chancen, auf vielfältige Weise zu lernen und uns weiterzubilden, unabhängig von Ort und ohne Altersbegrenzung. Das erfordert von den Menschen eine offene Herangehensweise an die digitalen Medien und einen verantwortungsvollen Umgang mit diesen. Durch das Erlernen einer Medienkompetenz kann der Blick auf die Chancen und Risiken der digitalen Medien geschärft werden.

SOZIALE NETZWERKE – ÄUSSERST BELIEBT BEI JUGENDLICHEN

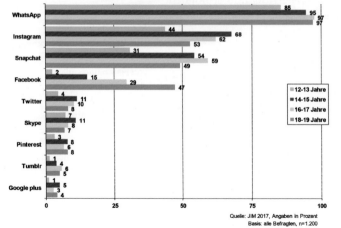

Aktivitäten im Internet – Schwerpunkt: Kommunikation 2017
- täglich/mehrmals pro Woche -

Quelle: JIM 2017, Angaben in Prozent
Basis: alle Befragten, n=1.200

Jugendliche – und nicht nur diese – verbringen viel Zeit in WhatsApp, Facebook, Instagram, Twitter, etc. Die Sozialen Netzwerke sind beliebt. Viele Menschen verbringen entsprechend viel Zeit damit: Rund 80 Prozent der Jugendlichen besuchen Soziale Netzwerke täglich oder mehrmals die Woche.

1. Beschreiben Sie die Grafik.
2. Interpretieren Sie das unterschiedliche Nutzungsverhalten.

Soziale Netzwerke sind deshalb beliebt, weil sie die Möglichkeit bieten, mit Menschen von überall auf der Welt in Kontakt zu treten, solche mit gleichen Interessen zu finden und ohne Verzögerung, also in Echtzeit, mit ihnen zu kommunizieren. Die Attraktivität wird durch die Möglichkeit erhöht, sich mit einem eigenen Profil darzustellen und zu sehen, ob die Präsentation bei der „Community" ankommt.

Erklären Sie, welche Vorteile Ihnen die Benutzung eines Instant Messenger bringt.

© Reuters/Carlos Carria

1. Beschreiben Sie das Bild.
2. Interpretieren Sie das Bild.

2.2   Unliebsame Auswirkungen

97 Prozent der Jugendlichen besitzen ein Smartphone. Die kleinen Taschencomputer, die mit Internet, MP3-Player, Kamera, Bluetooth-Schnittstelle und Telefon ausgestattet sind, werden in Zukunft das traditionelle Handy fast vollständig ablösen. Es bietet einfach zu viele Möglichkeiten, die das Leben bequemer machen. Ein entscheidender Vorteil ist die dauernde Verfügbarkeit. Problematisch ist die finanzielle Seite der Smartphone-Nutzung, die leicht in die Kostenfalle führen kann.

© Dave Vaughan

Haltungsschäden durch Handynutzung

Modul 3

PRESSESCHAU

Ulm sz Erst hat sie eine Verbotstafel übersehen, dann eine Baugrube – die Nachrichten auf ihrem Smartphone waren einer 23-jährigen Ulmerin offenbar wichtiger.

Am Samstagmorgen gegen 04.30 Uhr ging eine Fußgängerin von der Keltergasse in Richtung Sedelhof. An der Sedelhofbaustelle missachtete sie eine Verbotstafel und die Abschrankung und geriet so auf das Baustellengelände. Hier stürzte die 23-Jährige in eine Baugrube.

Den Angaben der jungen Frau zufolge war sie durch die Nutzung ihres Smartphones vom Verkehrsgeschehen abgelenkt. Sie wurde zur ambulanten Untersuchung in die Klinik gefahren.

Quelle: www.schwaebische.de Zugriff: 07.05.2016

Handyverbot im Auto: Diskutieren Sie, ob dieses Verbot auf Fußgänger übertragen werden sollte.

PRESSESCHAU

Viele Chinesen sind ohne Smartphone nicht lebensfähig

Einkaufen, Vermögen verwalten, Fruchtbarkeit messen – junge Chinesen organisieren das gesamte Leben über ihr Smartphone. Das freut die Onlinehändler – aber auch die Regierung.

Von Nina Trentmann, Shanghai

Ohne ihr Smartphone geht bei Jewel Wang nichts mehr. Die Chinesin organisiert ihr ganzes Leben mit einem iPhone 6. „Es gibt inzwischen für alles eine App", sagt die schlanke junge Frau und wischt über das Display ihres Smartphones.

Mit „Dianping" bestellt sie sich Essen nach Hause, über „Taobao" und „Tmall" erledigt sie große Teile ihrer Alltagseinkäufe. Eine weitere App erlaubt es ihr, die Strom-, Gas- und Wasserrechnung per Smartphone zu begleichen. Auch die Rechnung ihrer Eltern und ihre eigene Internetnutzung bezahlt sie so.

Wang, die in Shanghai für die Schweizer Schuhmarke Bally arbeitet, bucht ihre Flüge, Hotels und Taxis mit dem Telefon. Mit „Yue Bao" verwaltet sie ihr Vermögen, über „Anjuke" sucht sie nach einer neuen Wohnung. Selbst das Warten im Restaurant bleibt der Chinesin mit den langen schwarzen Haaren erspart. Ihre Bestellung gibt sie per App schon von zu Hause auf, und wenn sie das Lokal betritt, wird sofort serviert.

Quelle: www.welt.de, Zugriff: 06.05.2016

Beschreiben Sie die Rolle, die das Smartphone in Ihrem Leben spielt.

Zeitfresser Smartphone

Durchschnittliche Zeit, die Chinesen täglich mit verschiedenen Apps verbringen in Minuten

▬ Januar 2015
▬ Dezember 2015

			Veränderung in Prozent
Gesundheit		6,7 **18,3**	174,6%
Bildung und Lesen		10,7 **21,5**	101,4%
Finanzen		5,6 **9,4**	67,0%
Navigation		5,5 **7,0**	29,1%
Chat u.ä.		17,3 **21**	21,0%
Nachrichten		8,5 **9,7**	15,0%
Online-Shopping		9,1 **9,9**	8,9%
Musik und Video		9,0 **9,6**	6,6%
Spiele		34,7 **33,8**	−2,6%

WELT   Quelle: Nielsen

1. Beschreiben Sie das Schaubild.
2. Stellen Sie dar, welche Zeit Sie in den genannten Apps verbringen.

3   Medieneinfluss auf die pluralistische Gesellschaft

Seit den 1990er-Jahren hat sich die digitale Welt elementar verändert. Für viele ist ein Leben ohne Internet nicht mehr vorstellbar. So sind wir angewiesen auf Suchmaschinen, um die schier unbegrenzte Datenflut ordnen zu können und die für uns relevanten Informationen zu erhalten. Dabei haben große Firmen durch geniale Ideen eine fast marktbeherrschende Stellung erlangt. Microsoft kontrolliert mit Windows den Betriebssystemmarkt. Im Bereich der Internetsuche herrscht Google. Es steht zu befürchten, dass diese Vormachtstellung von Google eine Gefahr für die Informationsfreiheit darstellt. Durch das weitreichende Wissen über das Nutzerverhalten steht die Freiheit der Bürgerinnen und Bürger in ihrer informellen Selbstbestimmung auf dem Spiel.

PRESSESCHAU

Er weiß es, bevor du es weißt

Wer kann schon durchschauen, wie ein Computer entscheidet? Eine neue Art von Bürgerrechtlern versucht es.

Von Christoph Drösser

Ein Kunde der amerikanischen Supermarktkette Target stürmte in das Kundendienstbüro einer Filiale in Minneapolis und beklagte sich, dass seine Tochter, die noch zur Schule ging, per Post Coupons für Babykleidung und Kinderbetten bekommen habe. „Wollen Sie sie ermutigen, schwanger zu werden?" Der Mitarbeiter entschuldigte sich zunächst – später stellte sich heraus, dass der Teenager bereits schwanger war.

Diese Anekdote wird immer wieder erzählt, um zu belegen, dass Computer manchmal mehr über uns wissen als unsere Nächsten. Das *New York Times Magazine* hatte sie 2012 in Umlauf gebracht. Warum aber hatte die Software die Coupons verschickt? Ganz einfach: Anhand von 25 Produkten ermittelt Target „Schwangerschaftspunkte". Kauft eine junge Frau mit Kundenkarte plötzlich unparfümierte Körperlotion, eine neue Umhängetasche, die auch als Wickeltasche fungieren könnte, oder Zink- und Magnesiumtabletten, so schnellt der Wert in die Höhe. Ab einem gewissen Punktestand schickt der Computer der Kundin eben Werbung für Babybedarf. Target behauptet sogar, irgendwann den Geburtstermin vorhersagen zu können.

Algorithmen drängen sich auf vielen Gebieten in unser Leben: Sie empfehlen uns im Internet neue Bücher und Filme, schlagen passende Partner vor, bewerten unsere Kreditwürdigkeit. Googles Algorithmus bestimmt, welche Informationen gefunden werden können, und Facebook sortiert uns den täglichen Nachrichtenstrom. Die Rechenverfahren in all diesen Fällen haben eines gemeinsam: Sie sind geheim. Beruht doch auf ihnen das Geschäft ihres Anbieters. Ebenso verständlich wie dessen Geheimniskrämerei ist es aber, dass Menschen gerne wüssten: Warum erhalte ich bestimmte Werbung? Warum bekomme ich einen Job nicht? Warum funktioniert meine Kreditkarte plötzlich nicht mehr? Im Zeitalter der Algorithmen wird es zunehmend wichtig, zu wissen, was so alles über uns berechnet wird. Man könnte sagen: zum Datenschutz kommt der Datenverarbeitungsschutz. In den USA kursiert bereits der Begriff von der algorithmic accountability (etwas holprig übersetzbar als „algorithmische Rechenschaftspflicht") – er steht dafür, dass wir ein Recht darauf haben sollten zu erfahren, wie Algorithmen funktionieren.

Quelle: DIE ZEIT Nr. 16/2016

1. Erläutern Sie die Gefahren, die Sie durch die marktbeherrschende Stellung einzelner Anbieter im Internet sehen.

2. Diskutieren Sie weitere Gefahren im Umgang mit der Datensicherheit im Internet.

3.1   Mediensucht und Cyber-Mobbing

Mobbing und Cybermobbing

Mobbing kommt in jeder Schulform vor und gehört zu den Hauptgewaltformen unter Jugendlichen.

Mobbing ist ein Verhalten, das sich gegen andere Personen richtet. Durch Aggressionen, Herabwürdigungen und Bloßstellungen wird versucht, andere Menschen körperlich oder psychisch zu beeinträchtigen. Häufig kommt es vor, dass Gruppen (Klasse, Arbeitskollegen) sich gegen einen verbünden. Dabei sind oft äußere Merkmale oder das Verhalten des Opfers ausschlaggebend (Kleidung, Schüchternheit). Was mit kleinen spöttischen Anspielungen beginnt, kann sich zu unbeherrschbaren Aggressionen steigern.

Beim Cybermobbing verlagert sich dieses Verhalten ins Internet. In Chatrooms und Diskussionsforen, via MMS oder Boards wird versucht, das Opfer meist anonym bloßzustellen. Das Internet ermöglicht es, unabhängig von der Tageszeit zu agieren und einen unüberschaubaren Personenkreis mit einzubeziehen. Da das Internet nichts vergisst, ist es später kaum möglich, das Cybermobbing zu stoppen. Es ist vorgekommen, dass der Druck die Opfer so beeinträchtigt hat, dass es zu verheerenden Folgewirkungen gekommen ist.

Die zehn häufigsten Mobbinghandlungen (in Prozent):	
1. Hinter dem Rücken sprechen	23,0
2. Gerüchte und Lügen	16,8
3. Spitznamen und Schimpfworte	14,7
4. Lächerlich machen	14,1
5. Vom Lehrer übersehen werden	11,3
6. Abwertende Blicke und Gesten	10,8
7. Nachäffen	10,1
8. Für dumm erklären	7,8
9. Nicht zu Wort kommen lassen	6,8
10. Vom Lehrer angeschrien werden	6,1

Kaspar, Horst, Heinzelmann-Arnold, Irene, Schülermobbing, Buxtehude, S. 20.

3. Recherchieren Sie folgende Begriffe: Cyberbullying, Cyberstalking.

4. Diskutieren Sie, wie man Cybermobbing persönlich verhindern könnte.

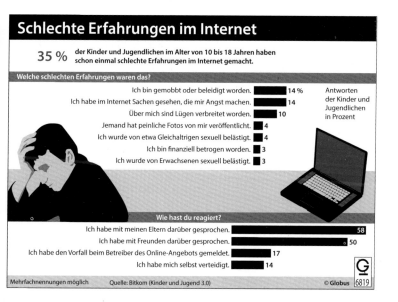

Beurteilen Sie die Angaben des Schaubildes aufgrund Ihrer eigenen Erfahrungen.

3.2   Cyber-Kriminalität

Nicht nur die Unternehmen sind Angriffsziele von Internet-Attacken, auch der Staat kann bedroht sein.

Angriffe von außen haben im Jahre 2015 dazu geführt, dass der Deutsche Bundestag sein internes Datennetz neu aufbauen muss.

PRESSESCHAU

Cyberangriff auf den Bundestag: Hacker kopierten Abgeordneten-E-Mails

Bei der Späh-Attacke auf das deutsche Parlament entwendeten die Täter offenbar große Mengen vertraulicher E-Mails. Der Bundestag will jetzt damit beginnen, sein internes Datennetz „Parlakom" teilweise neu aufzubauen.

… Die Hacker, die vermutlich mithilfe eines in einer E-Mail versteckten Trojaners in das Bundestagsnetz „Parlakom" eingedrungen waren, konnten nach bisherigen Erkenntnissen Daten in einer Größenordnung von rund 16 Gigabyte abzweigen …

Quelle: www.spiegel.de, Zugriff: 20.01.2016

Diskutieren Sie mögliche Folgen, die ein Datendiebstahl von vertraulichen Informationen aus dem Parlament haben kann.

Wenn Einrichtungen des Staates, die das öffentliche Leben der Bürger garantieren, betroffen sind, kann dies unabsehbare Folgen haben. Attacken auf Atomkraftwerke, Wasserwerke, Flughäfen und Bahnhöfe könnten das gesamte öffentliche und private Leben zum Erliegen bringen.

PRESSESCHAU

Ransomware: Wir haben Eure Daten!

Eine neue Form der Erpressung hat sich etabliert. Cyberkriminelle legen Computer lahm und verlangen Lösegeld („Ransomware"). Was passiert, wenn es ein Krankenhaus trifft – eine Rekonstruktion.

Von Karen Grass

Neuss am Rhein, das Lukaskrankenhaus im Februar 2016: Eines von fast zweitausend Krankenhäusern in Deutschland. Die Klinik hat rund 500 Betten. Im Inneren stehen moderne Geräte für die Herz- und Krebstherapie. Seit 15 Jahren läuft hier fast alles digital. Gerade war Karneval.

Mittwoch, 10. Februar, 7.30 Uhr, Ambulanz:

Am Aschermittwoch ist alles vorbei? In Neuss fängt es gerade an. Klaus Reinartz will Vorbefunde eines Patienten ansehen. Doch an diesem Morgen scheitert der leitende Arzt der Ambulanz am Krankenhausinformationssystem, die Software zeigt ihm das Patientenprofil nicht. „Da reagierte einfach gar nichts mehr", erinnert sich Klaus Reinartz. „Wir haben das erst alles gar nicht so ernst genommen, dachten, es sind die üblichen Zicken der Technik und dass es mit einem Neustart getan sei."

Ransomware:
Ein perfides Geschäftsmodell hat sich bei Internetkriminellen etabliert. Über fingierte Webseiten, E-Mails mit trügerischen Links oder manipulierte Dateien schleusen sie Schadsoftware auf fremde Rechner ein, wie ein trojanisches Pferd. Der „Trojaner" macht die dort gespeicherten Daten unlesbar und verlangt für deren Entschlüsselung ein Lösegeld. Von „Ransomware" sprechen Sicherheitsexperten, ein Wort aus Software und „ransom" (engl. für Lösegeld).

Zwischen 8 und 9 Uhr, Radiologie:

Auch bei den Radiologen laufen die Computer auffällig langsam. In anderen medizinischen Abteilungen können die Mitarbeiter ebenfalls nicht wie gewohnt arbeiten. Da taucht auf mehreren Monitoren eine Meldung auf. Die ersten Techniker, die gerade ihren Dienst antreten, hören sofort von der Botschaft, die da in schlechtem Englisch auf den Bildschirmen erscheint: Die Daten seien verschlüsselt. Man solle eine spezielle E-Mail-Adresse kontaktieren, um wieder Zugriff darauf zu bekommen.

Zwischen 9 und 10 Uhr, EDV-Abteilung:

Der Leiter der IT-Abteilung kontaktiert zusammen mit Ambulanzarzt Klaus Reinartz den Verantwortlichen für den Krankenhauskrisenplan, Andreas Kremer. So viel scheint klar: Ein bösartiges Programm ist in das Netzwerk des Lukaskrankenhauses eingedrungen. Es legt die befallenen Rechner lahm, und es könnte sich weiter ausbreiten – auf alle 800 Computerarbeitsplätze und 100 Server der Klinik. Gemeinsam mit der Geschäftsführung entscheiden die Männer, alle Server und Netzwerke sofort abzustellen. Ab diesem Zeitpunkt sitzen die Mitarbeiter vor isolierten Computern, mit denen sie nichts mehr anfangen können. Am Nachmittag bekommen sie per Flugblatt („Abschaltung erforderlich") die Anweisung: „Ausnahmslos müssen alle Rechner ausgeschaltet sein und bleiben."

Etwa eine Stunde später:

Versichertenkarten können nicht mehr eingelesen werden. Stattdessen werden Name, Geburtsdatum et cetera jeder Neuaufnahme von Hand festgehalten, wie in alten Zeiten. Schnell wird es unübersichtlich in der Ambulanz, die Ärzte geben der Kreisleitstelle das Signal: Keine akuten Notfälle mehr schicken!

Vor zwei Jahren hatte das Krankenhaus weitgehend auf die elektronische Patientenakte umgestellt. Bis zu diesem Aschermittwoch gingen die Ärzte mit einem Tablet in der Kitteltasche auf Visite. Außer bei laufenden Behandlungen wie Chemotherapie gibt es kaum noch analoge Dokumentationen über Vorbefunde von Patienten. „Das, was sonst unsere Stärke war, dass wir am Patientenbett sehr schnell sind, das war jetzt zu unserer Achillesferse geworden", sagt Tobias Heintges, der medizinische Geschäftsführer des Lukaskrankenhauses ...

Quelle: Die Zeit Nr. 11/2016

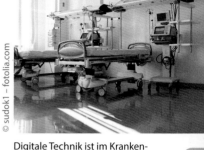

© sudok1 – fotolia.com

Digitale Technik ist im Krankenhaus unerlässlich.

1. Beschreiben Sie die Auswirkungen von Cyberkriminalität auf die Gesellschaft.
2. Diskutieren Sie mögliche Gegenmaßnahmen.

3.3 Digitalisierung der Arbeitswelt

Globalisierung und Digitalisierung führen zu rasanten und grundlegenden Veränderungen der Arbeitswelt, sodass man durchaus von einer 4. Industriellen Revolution reden kann. Für diese Entwicklung ist auch der Begriff Industrie 4.0 geprägt worden. Industrie 4.0 ist ein wichtiges Ziel der Wirtschafts- und Industriepolitik. „Internet der Dinge" ist ein anderer Begriff dafür. Es geht darum alle Elemente von Produktionsprozessen, den dazugehörenden Dienstleistungen und die benötigte Logistik miteinander zu verbinden.

Die Hinwendung zu Industrie 4.0 entspringt nicht nur technischen Motiven. Digitalisierung hat ein enormes Wertschöpfungspotenzial und lässt hohe Renditen und Löhne erwarten. Es sind vor allem ökonomische Gründe, die diesen Prozess beschleunigen. Durch die Vernetzung der einzelnen Bereiche können Kosten gespart und folglich der Gewinn erhöht werden.

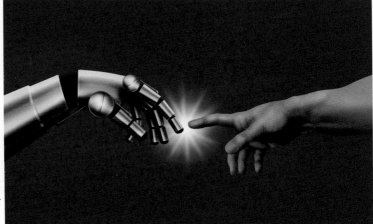

© Composer – fotolia.com

1. Beschreiben Sie das Bild.
2. Interpretieren Sie das Bild.

PRESSESCHAU

„Intelligente Produktion": Fitmachen für die Zukunft

Seit Ende 2012 hat das Werk Ludwigsfelde in der gesamten Fahrzeugmontage erhebliche Effizienzfortschritte erzielt. Zentrales Anliegen war, die Schnittstelle und die Zusammenarbeit von Montage und Logistik deutlich zu verbessern. Dabei haben die Experten aus Montage, Logistik und Produktionsplanung zunächst den gesamten Prozess vom Lieferanten bis zum Verbauer eines Teils am Band durchleuchtet. Parallel wurde daran gearbeitet, qualitativ hochwertige, robuste und vor allem schlanke Abläufe zwischen Montage und Logistik zu etablieren.

Beispiel Türenvormontage: Wo früher Ladungsträger dicht an dicht entlang des Bandes standen und die Mitarbeiter die Teile selbst suchen, holen und verbauen mussten, stehen heute nur noch vereinzelt Werkzeugwagen und Datenterminals. Alles andere, was der Mitarbeiter zum Aufbau einer Seitentür braucht, bringt heute das fahrerlose Transportfahrzeug in so genannten „Carsets" fertig vorkommissioniert und genau im Takt zum jeweiligen Fahrzeug ans Band. Dabei ist die Komplexität zwischen Montage und Logistik extrem hoch: In der Fertigungslinie bauen die Mitarbeiter den Sprinter in über 350 Kombinationsmöglichkeiten auf, abhängig von Radstand, Gewicht, Motorisierung oder Farbe. Dadurch ist in der Abfolge jedes Fahrzeug unterschiedlich, und entsprechend braucht jeder Sprinter unterschiedliche Verbauteile. Der Clou: Durch ausgeklügelte IT-Vernetzung werden für jeden Sprinter exakt die richtigen Teile in einem Carset-Wagen vorbereitet und ans Band geliefert. Und selbst das Entladen übernimmt das FTF vollautomatisch: Nach Ankunft werden die Carsets direkt ans Band geschoben, der Mitarbeiter nimmt nur noch den passenden Teilewagen entgegen, fixiert ihn am Gehänge und beginnt mit dem Einbau der Teile. Klare Vorteile: Deutlich verbesserte Arbeitsplatzergonomie, weniger Laufwege, direkter Zugriff auf das Material, mehr Platz am Band und geringere Unfallgefahr durch Verzicht auf Gabelstapler.

Quelle: https://media.daimler.com/dcmedia, abgerufen 24.05.2016

Beschreiben Sie die Unterschiede der „traditionellen" zu dieser modernisierten Produktionsweise.

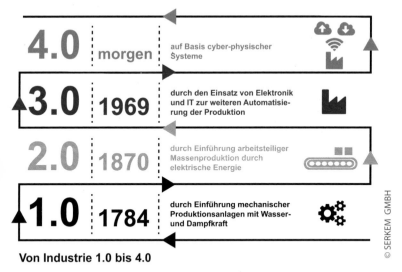

Von Industrie 1.0 bis 4.0

© SERKEM GMBH

PRESSESCHAU

Wie verändert sich unsere Arbeit durch Industrie 4.0?

Industrie 4.0 bedeutet gute Arbeit, nicht menschenleere Fabriken. Vielmehr verändert sich das Arbeiten: Die Beschäftigten müssen stärker in die Prozesse eingebunden werden, zum Bespiel um Abläufe zu koordinieren, die Kommunikation zu steuern und eigenverantwortlich schnell Entscheidungen zu treffen.

Modul 3

Durch das Zusammenwachsen von Informationstechnologie, Automatisierungstechnik und Software werden Organisationstätigkeiten anspruchsvoller, interdisziplinäre Kompetenzen sind zunehmend gefragt. Selbstverständlich müssen wir dabei auch die Risiken der Digitalisierung im Auge behalten: Was bedeutet es, wenn die Grenzen der Arbeit verschwimmen? Was müssen wir tun, die Beschäftigten für Industrie 4.0 fit zu machen?

Unsere langfristige Chance durch Industrie 4.0: Wir können Industriearbeitsplätze zurück nach Deutschland holen. Denn niedrige Löhne allein werden bei Industrie 4.0 kein Argument mehr für industrielle Standortentscheidungen sein.

Bildung und Weiterbildung sind dabei zentrale Bausteine: Wichtig werden vielfältige Weiterbildungsmöglichkeiten und eine Arbeitsorganisation, die das Lernen von Beschäftigten fördert. Die berufliche wie auch die akademische Aus- und Weiterbildung muss sich im Dialog mit der Industrie weiterentwickeln, um Antworten auf die Anforderungen in der neuen Arbeitswelt zu bieten. Hier sind zum Beispiel Partnerschaften zwischen Unternehmen und Hochschulen denkbar.

Quelle: http://www.bmwi.de/DE/Themen/Industrie/industrie-4-0,did=701044.html
abgerufen am 24.05.2016

1. Informieren Sie sich über den Stand der Umsetzung von Industrie 4.0.
2. Fassen Sie die im Text angesprochenen notwenigen Veränderungen zusammen.
3. Diskutieren Sie diesbezüglich den Stellenwert von Aus- und Fortbildung.

1. Beschreiben Sie die Collage.
2. Beurteilen Sie, wie sich das Verhältnis zwischen Arbeiter zu Roboter entwickeln könnte.

Veränderungen der Arbeitswelt durch Digitalisierung

In jüngerer Vergangenheit zeichnet sich allerdings ab, dass digitale Technologien zunehmend Potenzial für die Ausübung betrieblicher Herrschaft in bisher ungeahntem Ausmaß bieten. Als ein Vorreiter dieses Trends kann die Firma Amazon gelten. Vor allem in den Zentrallagern des Versandhändlers, die besonders beschäftigungsintensive Tätigkeitsbereiche bilden, hat das Unternehmen ein umfassendes digitales Kontroll- und Steuerungssystem etabliert.

PRESSESCHAU

Amazons digitaler Taylorismus

Den Schlüssel zur umfassenden Prozessüberwachung im Hause Amazon bilden Handscanner, die vor allem von Beschäftigten, die mit einfachen Aufgaben betraut sind, permanent genutzt werden. Picker, also jene Beschäftigte, die zu Fuß in den riesigen Lagerhallen die einzelnen Produkte einsammeln und zu den Packstationen bringen, nutzen dieses Gerät für beinahe jeden Arbeitsschritt. Smartphones nicht unähnlich, verfügen die Handscanner über Kameras und aufnahmefähige Mikrofone und liefern detaillierte Bewegungsdaten der Beschäftigten. Das Unternehmen kann durch das Nutzen dieser Daten individualisierte Leistungsprofile erstellen und die Performanz (Leistung) unterschiedlicher Beschäftigter im Detail vergleichen. Jede außerplanmäßige Verschnaufpause wird so für das Management offensichtlich. Amazon gibt an, im Einklang mit geltenden Datenschutzregeln in Deutschland keine individualisierten Evaluierungen (Bewertungen) von Bewegungsdaten zu erstellen. Aus dem gleichen Grund werden auch die vom Hersteller verbauten Kameras und Mikrofone, Unternehmenssprechern zufolge, nicht für Aufzeichnungen verwendet.

Beschäftigte beschreiben dagegen regelmäßige Personalgespräche, in denen sie mit detaillierten Kenntnissen und Daten über ihre individuelle Arbeitsleistung konfrontiert werden ...

Beschäftigte geraten so in einen Wettbewerb miteinander, da der Arbeitgeber sie systematisch an der Leistung anderer Kollegen messen kann. Der Gebrauch neuerer digitaler Technologien im Hause Amazon geht allerdings weit über die beschriebenen Methoden zur Prozessüberwachung und individualisierten Leistungsbeurteilung hinaus. Die Handscanner stehen zudem für ein in Dienstleistungstätigkeiten bisher kaum erreichtes Ausmaß technischer Prozesskontrolle. Denn die Geräte geben ihren Trägern jeden noch so kleinen Arbeitsschritt unmittelbar vor, Zusätzlich zu den genannten Überwachungsfunktionen entsteht daher ein beinahe lückenloses System automatisierter Steuerung, aus dem die Spielräume für die autonome Ausgestaltung der Arbeitsprozesse durch die Beschäftigten fast vollständig getilgt sind.

Die Handscanner sind insofern weit mehr als mobile Aufzeichnungswerkzeuge, die Kontrolle in räumlich dezentralen Arbeitsprozessen ermöglichen. Sie sind eher mit mobilen Fließbändern zu vergleichen, verkoppeln sie doch die verstreut tätigen Beschäftigten mit einem technischen System, das deren Aufgaben bis ins Detail reguliert und so jede Autonomie aus dem Arbeitsprozess tilgt. Es zeigen sich hier die Konturen eines digitalen Taylorismus, der Merkmale der Arbeitsorganisation und Rationalisierung des industriellen Sektors zunehmend auf bisher relativ technisierungsaverse (technisierungsferne) Tätigkeiten im Dienstleistungssektor überträgt. Ähnlich wie in industriellen Zusammenhängen ist damit eine Abwertung menschlicher Arbeit impliziert (inbegriffen) ...

Taylorismus:
Arbeitsteilung

Handscanner im Einsatz

© Auremar – fotolia.com

Modul 3

Bei Amazon lässt sich ebenfalls exemplarisch beobachten, dass neuere digitale Kontrolltechnologien keineswegs auf Einfacharbeitsplätze beschränkt sind ... Hat beispielsweise ein bestimmter Verkaufsmanager nicht ausreichend Ware geordert oder lädt eine Internetseite nicht schnell genug, so ist dies für die Kontrollstellen prinzipiell in Echtzeit und standortunabhängig einsehbar. Hochqualifizierte Beschäftigte verlieren durch solche Prozesse systematisch Privilegien, die Positionen im mittleren Management normalerweise kennzeichnen.

Quelle: APuZ 18-19/2016, S. 27 ff.

1. Beschreiben Sie die Arbeitsbedingungen, die unter Anwendung der Digitalisierung realisiert werden können.

2. Arbeiten Sie die Vorteile und die Nachteile heraus.

3. Beurteilen Sie diese möglichen Arbeitsbedingungen.

Digitalisierung und Arbeitslosigkeit

„Einmal bei Krupp, immer bei Krupp!" Dieser Spruch gilt in der modernen Arbeitswelt nicht mehr. Die Berufsbiografien sind nicht mehr dadurch gekennzeichnet, dass man in der Firma, in der man die Ausbildung absolvierte, auch das Berufsleben beendet. Das Berufsleben heute ist dynamischer, flexibler und fordert vom Arbeitnehmer hohe Mobilität. Die Digitalisierung dieser modernen Arbeitswelt bietet Chancen und Risiken, z. B. werden Jobs mit hohem Routinegrad durch die Automatisierung zunehmend wegfallen.

PRESSESCHAU

Die fortschreitende Digitalisierung und die größeren technischen Möglichkeiten sorgen dafür, dass sich unsere Arbeitswelt schnell wandelt. Was bedeutet das für manche Jobs? Und wie werden wir in Zukunft arbeiten? Arbeitsmarktexperte Werner Eichhorst (Direktor für Arbeitsmarktpolitik in Europa am Forschungsinstitut zur Zukunft der Arbeit (IZA) in Bonn) gibt im heute.de-Interview einen Ausblick.

heute.de: Die Arbeitswelt wandelt sich im Zuge der Digitalisierung sehr schnell. Wie wird Ihrer Ansicht nach die Arbeit der Zukunft aussehen?

Werner Eichhorst: Die Digitalisierung bietet auf der einen Seite Chancen, weil Arbeit auch mobil und zu jeder Zeit erledigt werden kann. Auf der anderen Seite nutzen Arbeitgeber diese Möglichkeiten natürlich auch, was zu einer Zergliederung der Arbeit und in bestimmten Bereichen auch zu einer Rationalisierungswelle von Arbeitsplätzen führt ...

heute.de: Welche Berufe werden sich denn neu entwickeln oder wichtiger werden?

Eichhorst: Tätigkeiten, bei denen das menschliche Urteilsvermögen wichtig ist und die kreativ und innovativ sind, werden weiter an Bedeutung gewinnen. Dazu kommt alles, was mit Beratung und der Unterstützung von Entscheidungen zu tun hat, wie beispielsweise in der Unternehmensberatung. Auch der IT-Bereich wird weiter wichtig sein. Da werden sich auch neue Berufsbilder herauskristallisieren. Deshalb ist es auch wichtig, Beschäftigte aus routinelastigen Jobs weiterzuentwickeln und ihnen die Arbeit mit komplexeren Entscheidungen und der Interaktion mit Menschen zu vermitteln.

heute.de: Wird es denn künftig grundsätzlich weniger Arbeitsplätze für Menschen geben, weil viele Aufgaben durch Technik oder Roboter erledigt werden können?

Eichhorst: Das denke ich nicht. Allerdings müssen die Menschen auch mit den neuen Gegebenheiten umgehen, um nicht zum Opfer dieser Wandlungsbewegung zu werden. Am besten ist, sie gestalten diese Entwicklung mit. Das Ganze kommt ja auch nicht über Nacht, sondern schreitet Schritt für Schritt voran. Es bietet also noch genügend Möglichkeiten des Lernens und Anpassens. Insgesamt werden die Arbeitsmöglichkeiten vielfältiger und selbstbestimmter. Wenn die Routinetätigkeiten wegrationalisiert werden, können menschliche Kompetenzen und Kreativität besser ausgelebt werden.

heute.de: Wie sieht es denn mit den traditionellen Handwerksberufen aus?

Eichhorst: Das Handwerk ist nicht gerade der dynamischste Bereich des Arbeitsmarktes. Aber auch dort gibt es vermehrt einen starken Technikeinsatz. Gleichzeitig wird die menschliche Arbeit aber in dem Bereich, in dem es um Wartung oder Einrichtung von Maschinen oder Gebäuderenovierungen geht, bis auf weiteres nicht durch Technik oder Roboter ersetzt. Langfristig gesehen sind aber bisher schon viele handwerkliche Tätigkeiten durch industrielle Produktion verdrängt worden. Das ist zum Beispiel im Bäckerhandwerk so. Aber es gibt aktuell auch einen Trend hin zum Unikat und zur ursprünglichen, regionalen Produktion. Das bietet gewisse lokale Nischen, die eine gute Qualität versprechen und dementsprechend hochpreisig sind ...

Das Interview führte Benjamin Esche.

Quelle: http://www.heute.de/schon-wieder-montag-wie-sieht-die-arbeitswelt-der-zukunft-aus-42310226.html abgerufen am 25.05.2016

1. Beschreiben Sie die im Text dargestellten Veränderungen der Arbeitswelt.

2. Beurteilen Sie die Position von Eichhorst.

3. Diskutieren Sie, wie sich diese Entwicklungen auf Ihren gewählten Beruf auswirken.

4. Diskutieren Sie, was Sie selber tun können, um in der veränderten Arbeitswelt bestehen zu können.

4 Verantwortungsvoller Umgang mit Medien

Andere Datensammler sind die sozialen Netzwerke, von google+ bis zum größten Anbieter Facebook. Wer sich dort nicht beteiligt, hat schnell das Gefühl, den Anschluss zu verlieren. Doch was passiert mit meinen Daten, die ich dort hinterlege? Das Gedächtnis des Netzes ist groß. Es vergisst nichts.

4.1 Soziale Netzwerke

Soziale Netzwerke sind allgegenwärtig

> **PRESSESCHAU**
>
> Nirgendwo verbringen die Menschen mehr Zeit als beim Surfen, und je mehr Zeit sie dort verbringen, desto mehr Werbegeld fließt ... Facebook-Gründer Mark Zuckerberg will die vier etablierten Kommunikationsformen der digitalen Zeit zusammenführen: E-Mail, SMS, Instant Messages und die Nachrichten, die man sich bei Facebook schreibt. Was soll der Vorteil sein? Alle elektronische Kommunikation zwischen zwei Menschen, egal, von welchem Gerät aus, liefe dann an einer Stelle zusammen. Nichts ginge mehr verloren. Jeder bekäme jede Nachricht unverzüglich. Es entstünden umfassende Konversationen.
>
> Wird Zuckerbergs Angebot ein Erfolg, werden die Menschen noch mehr Zeit bei Facebook verbringen. Aus täglich vier Milliarden Nachrichten via Facebook könnten zehn oder zwanzig Milliarden werden. Proportional dazu kann die auf Facebook konzentrierte Aufmerksamkeit der Menschen noch einmal sprunghaft zunehmen – und damit die Chance auf weitere Werbemilliarden.
>
> Quelle: www.zeit.de, Zugriff: 15.01.2016

1. Soziale Netzwerke: Datenkraken oder traumhafte Kommunikationsmöglichkeiten? Beurteilen Sie die Möglichkeiten dieser Technologie.
2. Beschreiben Sie, wie Sie selbst mit Ihren persönlichen digitalen Daten umgehen.

4.2 Gesellschaftliche Konsequenzen

Über die gesellschaftlichen Konsequenzen der Digitalisierung machen sich weltweit viele Menschen Gedanken. An Universitäten und an Forschungseinrichtungen großer Unternehmen gibt es unterschiedliche Vorstellungen darüber.

> **PRESSESCHAU**
>
> Daniel Nadler hat ein Programm mit dem Namen Kensho erfunden, ein Analyseprogramm für den Finanzhandel. Im Magazin der „New York Times" sagt er: Binnen der nächsten zehn Jahre werde seine und andere Software bis zur Hälfte aller Angestellten im Finanzsektor ersetzen. Angesichts des rasenden Erfolgs der Software nicht unrealistisch.

Durch solche Prognosen wird die Diskussion über ein bedingungsloses Grundeinkommen mächtig belebt. Also über einen staatlichen Geldbetrag – zum Beispiel 1000 Euro –, der jedem ohne Voraussetzung gezahlt wird.

Wer es für aberwitzig hält, dass der Staat Geld verschenkt, dem wird entgegengehalten: Menschen müssen essen, auch wenn es zu wenig Arbeit gibt. Sie haben Familien, müssen am Leben teilnehmen. Menschen müssen Sachen kaufen, auch damit die Wirtschaft rundläuft.

Also: Müssten die Gewinne all derer, die mit Digitalisierung schwer reich geworden sind, besser in die Gesellschaft zurückfließen, statt sie in neue Technologien zu investieren? Um zu vermeiden, dass einem die Gesellschaft um die Ohren fliegt. Oder lässt ein Grundeinkommen Menschen faul und träge werden? Wessen Arbeitsplatz aktuell bedroht ist, dem kommen die Vorzüge eines möglichen bedingungslosen Grundeinkommens vielleicht zynisch vor: mehr Zeit für Familie, Gesundheit …

Quelle: www.welt.de, Zugriff: 09.06.2016

Handelssaal in Stuttgart: Investmentbanking

1. Diskutieren Sie die vorgeschlagene Einführung eines bedingungslosen Grundeinkommens.
2. Überlegen Sie die möglichen Auswirkungen eines bedingungslosen Grundeinkommens auf die Gesellschaft.

PRESSESCHAU

… Wird man die vielen abgeschafften Jobs durch neue ersetzen können? Unklar ist auch, wie sich sozialer Zusammenhalt und Demokratie entwickeln, wenn es zu einer digitalen Zweiteilung kommen sollte: in diejenigen mit wichtigen, steuernden, kreativen Jobs. Und die anderen. Die ohne Arbeit oder diejenigen, die vom Computer kommandiert werden.

Gibt es künftig nur für eine Minderheit Arbeit?

Für eine solche Nach-Arbeitsgesellschaft hat auch Stowe Boyd, führender Forscher des Technologieanalyse-Unternehmens GigaOM, eher Fragen als Antworten: „Wozu sind Menschen nutze in einer Welt, die ihre Arbeit nicht braucht und wo nur noch eine Minderheit dazu da sein wird, eine digitalisierte Wirtschaft zu begleiten?"

In vielen Aufsätzen und Studien wird die Zukunft recht schwarzgemalt: der Mensch unter einer Art Knechtschaft der Roboter. Verwiesen wird zudem auf juristische Lücken. Ein Programm oder Roboter könnten ja kaum für „Taten" verantwortlich sein, wenn etwas schiefgehe. Wer dann? Der Programmierer? Der Käufer? Der Nutzer?

Quelle: www.welt.de, Zugriff: 09.06.2016

https://www.dfki.de/web

1. Skizzieren Sie die im Text genannten Problemfelder.
2. Entwickeln Sie mögliche Lösungen zu den aufgeworfenen Fragen.

Das Problembewusstsein steigt weltweit.

© iconimage – fotolia.com

PRESSESCHAU

Der Atlantic Council, eine der Washingtoner Denkfabriken, beschäftigt sich sonst eher mit Außen- und Sicherheitspolitik. Gefragt, was man für die größte Herausforderung der nahen Zukunft halte, schreibt der Council: „Die technologische Revolution hinter dem Horizont birgt so viel Versprechen im Kampf gegen Seuchen, Klimawandel etc. Und hat so viel Potenzial, Jobs auszuradieren, die Aussichten der Mittelklasse zu verschlechtern, Ungleichheit zu verschlimmern."

Nach der Automatisierung ist der nächste Schritt dann die künstliche Intelligenz, an der nicht nur in Kalifornien intensiv geforscht wird. Zu den größten Mahnern gehört der britische Physiker Stephen Hawking. Er empfindet künstliche Intelligenz als zutiefst bedrohlich für den Menschen. Ray Kurzweil vom US-Internetkonzern Google schätzt, dass 2029 Maschinen schlauer sein werden als Menschen.

Schulen und Unis müssen Lehrpläne dringend umstellen.

Dabei gilt: Alles, was eine Maschine besser kann als ein Mensch, dürfte die Maschine künftig erledigen. Schneller, verlässlicher, billiger – ermüdungsfrei. Körperliche Fähigkeiten werden dann weniger gefragt sein. Reines Technikwissen hilft aber vermutlich ebenso wenig im Wettlauf mit den Maschinen. Komplexes Problemlösen dagegen umso mehr.

Also müsste sich manches in Bildung und Ausbildung ändern, fordern Experten. Der US-Autor und Ökonom Tyler Cowen meint grundsätzlich: „Durchschnittlichkeit ist vorbei."

Und wo bleibt die Revolution in Schulen und Universitäten? ...

Quelle: www.welt.de, Zugriff: 09.06.2016

1. Recherchieren Sie im Internet den Stand der Forschung zur künstlichen Intelligenz in Deutschland.
2. Beurteilen Sie ihre Realisierungsmöglichkeiten.

KOM: Ein Mediennutzungsprofil als Diagramm erstellen

Schöne neue Medienwelt – Chancen und Grenzen

Verortung/Information:

Die Medien haben in unserem Leben einen bedeutenden Stellenwert. Sie dienen zur Informationsgewinnung, als Kommunikationsmittel und sind ein wichtiger Bestandteil der Freizeitgestaltung. Sie ermöglichen Selbstverwirklichung, helfen uns unseren Interessen nachzugehen und bieten nicht zuletzt die Chance, sich mit sich selbst zu beschäftigen oder sich mit anderen auszutauschen, um sich weiterzuentwickeln. Gleichzeitig kann die Mediennutzung „krank" machen, indem eine Reizüberflutung einsetzt oder Abhängigkeiten und Süchte entstehen (Spielsucht, Zwang immer online sein zu müssen, etc.). Ferner besteht die allgemeine Gefahr des Datenmissbrauchs, wenn gerade junge Menschen zu vertrauensselig persönliche Informationen im Internet, sozialen Netzwerken etc. preisgeben.

Viele Menschen sind sich zudem ihrer Mediennutzung nicht bewusst. Von daher macht es Sinn, seine eigene Mediennutzung zu untersuchen. Hierzu sollen Sie ein Mediennutzungsprofil in Form eines Diagramms erstellen:

Analyse/Reflektion:

1. Beobachten Sie Ihre Mediennutzung über einen Zeitraum von mindestens zwei Wochen, indem Sie Ihre Medienaktivitäten notieren. Wichtig ist dabei, die Tätigkeit, die Dauer der Tätigkeit und wie Sie sich dabei gefühlt haben, genau festzuhalten.

2. Werten Sie Ihre Beobachtungen aus. Sammeln Sie alle Tätigkeiten in einer Liste. Berechnen Sie nun, wie lange Sie welche Tätigkeit innerhalb des Beobachtungszeitraums ausgeführt haben.

3. Erstellen Sie aus Ihren Ergebnissen ein gestapeltes Balkendiagramm mit folgendem Aufbau:
   Auf der Y-Achse werden die unterschiedlichen Tätigkeiten aufgelistet. Die X-Achse bildet die Zeitachse. Durch teilweise Einfärbung der Balken (Stapelung) können Sie ihre Gefühle bei den Tätigkeiten visualisieren. Zum Beispiel die Farbe Blau für Freude, Rot für Stress usw. Achten Sie auf eine saubere Beschriftung inklusive einer Legende.

Modul 3

4. Stellen Sie Ihre Ergebnisse in der Klasse vor und vergleichen Sie Ihre Mediennutzung.

5. Diskutieren Sie die Auffälligkeiten und Besonderheiten.

6. Neben dem Balken- und Kreisdiagramm existieren weitere Diagrammtypen.

Handlung/Urteil/Entscheidung:

Diagramme sind ein wichtiges Kommunikationsmittel. Sie ermöglichen auf unterschiedliche Weise Zahlen, Fakten, Prozesse und Relationen (Verhältnisse)zu erfassen.

Es gibt viele unterschiedliche Diagrammtypen. Die Auswahl der Darstellungsart hängt von der Datengrundlage und der Kommunikationsabsicht ab.

Im Folgenden werden zwei wichtige Diagrammtypen kurz vorgestellt:

In einem Balkendiagramm werden Vergleiche zwischen einzelnen Elementen dargestellt. Um mehr Gewicht auf den Vergleich von Werten als auf eine Zeitspanne zu legen, werden Kategorien vertikal und Werte horizontal abgebildet. Gestapelte Balkendiagramme erlauben zudem, das Verhältnis einzelner Elemente zu einem Ganzen darzustellen.

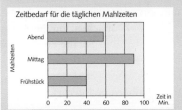

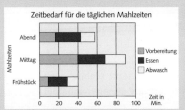

In diesem Beispiel wird durch das Balkendiagramm der erhöhte Zeitbedarf durch das Mittagessen hervorgehoben.

In diesem Beispiel wird durch das gestapelte Balkendiagramm der erhöhte Zeitbedarf durch das Mittagessen hervorgehoben und verdeutlicht, wie sich der Zeitbedarf zusammensetzt.

In einem Kreisdiagramm wird die proportionale Größe von Elementen einer Datenreihe im Verhältnis zur Gesamtzahl der Elemente dargestellt. Da immer nur eine Datenreihe dargestellt wird, empfiehlt sich der Einsatz dieses Diagrammtyps, wenn ein bestimmtes Element besonders hervorgehoben werden soll.

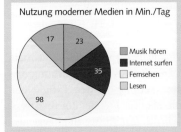

In diesem Beispiel wird durch das Kreisdiagramm der hohe Anteil des Fernsehens bei der medialen Nutzung hervorgehoben.

Modul 3

Zusammenfassung

Das Internet bietet eine Vielzahl von Möglichkeiten, sich zeitnah, umfassend und standortunabhängig die neuesten Informationen zu beschaffen.

Die Globalisierung hat dazu beigetragen, dass die Wirtschaftsunternehmen sich weltweit vernetzt haben.

Viele Probleme in der Schule und Erziehung werden häufig in Zusammenhang gebracht mit der Mediennutzung Jugendlicher.

Mobbing ist ein Verhalten, das sich gegen andere Personen richtet.

Beim Cybermobbing verlagert sich dieses Verhalten ins Internet.

Nicht alle Informationsquellen im Internet sind seriös.

Der Einsatz von Robotern in der modernen Industrie ist nicht mehr wegzudenken.

Industriespionage kann Unternehmen in wirtschaftliche Schwierigkeiten bringen.

Nicht nur die Unternehmen sind Angriffsziele von Internet-Attacken, auch der Staat und sämtliche öffentliche Bereiche können bedroht sein.

Das Internet ist aus Bildungseinrichtungen nicht mehr wegzudenken.

Das Erlernen einer sinnvollen Handhabung des Internets und der digitalen Medien ist eine gesellschaftliche Bildungsaufgabe.

Von der Digitalisierung sind viele Bereiche des gesellschaftlichen und wirtschaftlichen Lebens ergriffen.

Aufgabe der Politik ist es, diesen Prozess der Veränderung unter der Beteiligung der Bürger zu organisieren.

Wissens-Check

1. Erläutern Sie, was man unter Neuen Medien versteht.

2. Nennen Sie Verhaltensweisen, die zur Mediensucht führen können.

3. Beschreiben Sie, was Sie bei der Internetrecherche beachten sollten.

4. Erläutern Sie den Begriff der Digitalisierung.

5. Begründen Sie, warum Industriespionage den Wettbewerb verzerren kann.

6. Diskutieren Sie, ob Cyber-Terrorismus eine Gefahr für das öffentliche Leben darstellen kann.

7. Nennen Sie Unterrichtsfächer, die Ihrer Meinung nach ohne Zugang zum Internet auskommen könnten.

8. Stellen Sie die Auswirkungen der Digitalisierung auf Gesellschaft und Wirtschaft dar.

Modul 4: Partizipation und politischer Entscheidungsprozess

© ullstein bild

© Ulf Kläning

1 Politik vor Ort

2 Möglichkeiten politischer Einflussnahme

3 Unterschiedliche Interessen im politischen Entscheidungsprozess
   auf Bundesebene

4 Bedeutung wesentlicher Elemente der Demokratie

Kompetenzen, die Sie u. a. in diesem Modul erwerben:

Fachkompetenz		Personale Kompetenz	
Wissen	Fertigkeiten *(u. a. Analysekompetenz/ Methodenkompetenz)*	Sozialkompetenz *(u. a. Kommunikative Kompetenz, Teamfähigkeit, Einfühlungsvermögen, Konfliktfähigkeit)*	Selbstständigkeit *(u. a. Politische Urteilskompetenz, Lernkompetenz)*
Ich kenne die Möglichkeiten politischer Partizipation (Bürgerinitiativen, Demonstrationen, Wahlen, Plebiszite). Die wesentlichen Elemente einer Demokratie (u. a. Grundrechte, Gewaltenteilung, Mehrheitsprinzip) sind mir bekannt.	Ich kann die entsprechenden Texte des Grundgesetzes, der Landesverfassung und einschlägiger Gesetze und Verordnungen vergleichen. Dabei kann ich Unterschiede und Übereinstimmungen herausarbeiten.	Ich kann die unterschiedlichen Positionen in den Medien akzeptieren und tolerieren. In Diskussionen respektiere ich unterschiedliche Meinungen.	Ich kenne meine Möglichkeiten, mich in der Demokratie zu engagieren. Ich weiß, wie und wo ich meine Ideen weiterentwickeln und einbringen kann.

Modul 4

1 Politik vor Ort

Der Alltag der Bürger erfordert ständig, sich in bestimmten Situationen zu positionieren. Nicht selten bedeutet das, auch politisch seine Meinung zu äußern. Das kann den Bau eines Spielplatzes ebenso betreffen wie die Entscheidung zu einer Umgehungsstraße im Wohnort. In einer lebendigen Demokratie sind politische Aktivitäten der einzelnen Bürger mit entscheidend und tragen zum sozialen Wohlbefinden der Menschen bei.

KOM – Diskussionsrunde zur politischen Problemlösung

Verortung/Information:

Die grundsätzliche Ausrichtung der Parteien ist den meisten bekannt. Aber wie sieht es konkret vor Ort aus, wenn ganz praktische Themen und Probleme auf der Tagesordnung stehen? Wie positionieren sich die Parteien dann mit ihren lokalen Vertretern? Antworten auf diese Fragen können Sie zum Beispiel mithilfe einer Diskussionsrunde mit Politikern und Verbandsvertretern an Ihrer Schule erhalten. Folgende Aufgaben helfen Ihnen, von der Vorbereitung über die Durchführung bis zur Auswertung der Diskussionsrunde einen gelungenen Ablauf zu gewährleisten.

Analyse/Reflektion:

1. Suchen Sie ein Problem von lokaler Reichweite, das Ihre Lebenswirklichkeit direkt betrifft (z. B. Zuschüsse Schüleressen in der Mensa, Neubau Skaterhalfpipe im Stadtpark etc.). Arbeiten Sie sich detailliert in die Facetten und Hintergründe der Problematik ein.

2. Entwerfen Sie im Deutschunterricht oder mit Ihrem Gemeinschaftskundelehrer ein Anschreiben an lokale Politiker und betroffene Verbandsvertreter, indem Sie sie zu einer Diskussionsrunde zum gewählten Thema in Ihre Schule einladen.

3. Laden Sie auch Vertreter der lokalen Presse ein, die über die Diskussionsrunde an Ihrer Schule berichten sollen.

4. Bereiten Sie die Diskussionsrunde inhaltlich vor, indem Sie den genauen Ablauf festlegen, gezielte Fragen entwickeln, mit denen Sie Ihre Gäste konfrontieren wollen, und bestimmen Sie einen Moderator, der die Diskussion leitet.

5. Bereiten Sie die Örtlichkeit vor: Legen Sie zunächst für Ihre Gäste eine Sitzordnung fest. Kennzeichnen Sie die zugeordneten Plätze mit großen Namensschildern. Beachten Sie, dass auch ausreichend Stühle und Plätze für Zuhörer und weitere Gäste (Presse) vorhanden sind. Sorgen Sie für eine angemessene Verpflegung Ihrer Gäste und Zuhörer (gleichzeitig eine gute Möglichkeit, die Klassenkasse aufzubessern).

6. Sorgen Sie dafür, dass die Diskussionsrunde protokolliert wird, um sie in der Nachbereitung auswerten zu können. Neben den inhaltlichen Aspekten sollten auch Sprechweise und Körpersprache berücksichtigt werden. Achten Sie zudem darauf, inwieweit die Diskussionsteilnehmer aufeinander eingehen.

7. Erstellen Sie zur inhaltlichen Auswertung eine Übersicht: Was wollen die verschiedenen Parteien und Verbände erreichen/ermöglichen/verhindern?

8. Vergleichen Sie die Ergebnisse mit den grundsätzlichen Positionen (Profile) der Parteien.

9. Bewerten Sie unter Berücksichtigung der Ergebnisse aus den Aufgaben 6., 7. und 8. die Diskussion.

10. Untersuchen Sie die Berichterstattung in der Presse. Ist sie objektiv?

11. Verfolgen Sie die Entwicklung und Lösung des Problems weiter. Prüfen Sie dabei, wer sich mit seinen Vorstellungen durchsetzen kann.

Handlung/Urteil/Entscheidung:

	Berufsschule Berufsfachschule Technikerschule Berufsaufbauschule Berufskolleg Technisches Gymnasium

Technische Schule Aalen
Steinbeisstr. 2 • 73430 Aalen

Klasse „XY"   TT.MM.JJJJ
Steinbeisstraße 2
73430 Aalen

Herr/Frau „Muster"
„Musterstraße X"
„73432 Musterhausen"

**Einladung zur Diskussionsrunde zum Thema „XY" am
TT.MM.JJJJ**

Sehr geehrte(r) Frau/Herr Muster,

im Rahmen des Gemeinschaftskundeunterrichts beschäftigt sich unsere Klasse...
Wir möchten Sie ganz herzlich zu unserer Diskussionsrunde zum Thema
„XY" am TT.MM.JJJJ einladen…

Wir würden uns sehr freuen, Sie begrüßen zu dürfen, und bitten aus organisatorischen
Gründen um zeitnahe Rückmeldung.

Mit freundlichen Grüßen

Muster für das Anschreiben an die Politiker und Verbandsvertreter

Aufbau	
Kopfdaten:	Anlass des Protokolls; Ort; Datum; Beginn; Teilnehmer; Morderator (Leiter); Protokollant; Tagesordnung (Thema)
Inhalt:	Wesentliche Beiträge und Ergebnisse entsprechend der Tagesordnung zusammenfassen
Schluss:	Ende mit Uhrzeit; Unterschriften (Leiter und Protokollant)
Zeitform:	Präteritum
Sprache:	Sachlich; genau; vollständige Sätze; indirekte Rede bei Wiedergabe von Redebeiträgen

Vorlage für das Protokoll

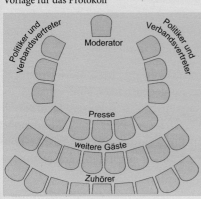

Empfohlene Sitzordnung für eine Diskussionsrunde

Modul 4

2 Möglichkeiten politischer Einflussnahme

Klerus:
Angehörige des geistlichen Standes oder der Geistlichkeit

Adel:
Durch Geburt, Besitz oder Leistung sozial, rechtlich und politisch privilegierte Klasse

Aufklärung:
Zeitalter der Aufklärung Bezeichnung einer geistes-geschichtlichen Epoche des 18. Jahrhunderts in Europa.

*Von Beginn des Mittelalters bis in das 18. Jahrhundert hinein bestimmten **Klerus** und **Adel** das politische Geschehen fast allein und widerspruchslos. Erst mit der endgültigen Etablierung des Prinzips der Volkssouveränität, das seit dem Zeitalter der **Aufklärung** verstärkt eingefordert wurde, ging das Recht der politischen Gestaltung auf die Bürger des Staates über. Damit einher ging zudem die Trennung von Kirche und Staat. Seitdem sind Wahlen und Abstimmungen integraler Bestandteil der politischen Systeme, insbesondere wenn es sich um repräsentative Demokratien handelt, wie z. B. der Bundesrepublik. Sie sind dort das Hauptinstrument der Bürger, um am politischen Willensbildungs- und Entscheidungsprozess teilzunehmen und mitzuwirken.*

2.1 Bürgerinitiativen und Demonstrationen

Bürgerinitiativen machen mobil.

© Bohnhorst – fotolia.com

Eine Bürgerinitiative ist eine aus der Bevölkerung heraus gebildete Interessenvereinigung, die aufgrund eines konkreten politischen, sozialen oder ökologischen Anlasses in ihrem Bereich Selbsthilfe organisiert. Sie versucht Einfluss auf die öffentliche Meinung, auf staatliche Einrichtungen, Parteien oder andere gesellschaftliche Gruppierungen zu nehmen.

Viele Bürgerinitiativen beschränken sich auf eingegrenzte Sachprobleme, weswegen sie auch als so genannte Ein-Punkt-Organisationen bezeichnet werden. In diesem Punkt unterscheiden sie sich also von Parteien, die ein möglichst großes Spektrum an Meinungen abdecken und somit politische Macht erlangen wollen. Sie unterscheiden sich auch von Interessenverbänden, die mit Hilfe eines organisierten Unterbaus klar abgegrenzte Interessengruppen vertreten.

Basisdemokratisch:
Alle relevanten Entscheidungen werden von den Betroffenen getroffen.

Eine Bürgerinitiative ist **basisdemokratisch**. Die zum Erreichen des Ziels erforderlichen Maßnahmen werden koordiniert und organisiert, um Zeit und Aufwand zu sparen und der Meinung bzw. dem Anliegen der Bürgerinitiative mehr Nachdruck zu verleihen. Dazu werden meist Unterschriften gesammelt, Demonstrationen durchgeführt, Petitionen verfasst oder ein Bürgerbegehren initiiert.

Der Begriff „Bürgerinitiative" ist nicht an eine bestimmte Organisationsform gebunden. Die meisten Bürgerinitiativen sind zunächst nur lose Gruppierungen ohne feste Organisationsstrukturen. Erfordert die Durchsetzung des Zieles ein längerfristiges Engagement, bilden sich oft Vereine. Insbesondere wenn Bürgerinitiativen langfristige kommunalpolitische Ziele verfolgen, können aus ihnen auch Wählergemeinschaften entstehen.

Eine Demonstration ist eine in der Öffentlichkeit stattfindende Versammlung mehrerer Personen zum Zwecke der Meinungsäußerung. In Deutschland ist das Demonstrationsrecht ein Grundrecht, das im Art. 8 GG verankert ist.

Formen und Aktionen von Demonstrationen können recht vielfältig sein: Sie reichen von Menschenketten, Kundgebungen, Schweigemärschen, Mahnwachen bis zu Protestaktionen wie Sitzstreiks oder -blockaden, von Einzelaktionen bis zu Massendemonstrationen. Sie können friedlich oder gewalttätig verlaufen. Demonstrationen finden meistens als Marsch oder Protestzug statt, oft auch nur oder verbunden mit einer stehenden Kundgebung. Neue Formen des Protests sind die Online-Demonstration und sonstige internetprovozierte Massenaktivitäten.

Anlässe und Themen der Demonstrationen sind vielfältig: Sie reichen von Kundgebungen gegen Regierungspolitik, gegen Tierversuche, für Frieden, Kritik an der Globalisierung, für Umweltschutz, für eine bestimmte Einwanderungspolitik, für oder gegen Straßenneubauten, gegen Atommülltransporte, Gegendemonstrationen, für gewerkschaftliche Ziele, für mehr Hochschulmittel oder gegen Studiengebühren.

Modul 4

Jugendliche demonstrieren gegen Kürzungen im Bildungsbereich

Versammlungen unter freiem Himmel müssen in Deutschland angemeldet, aber nicht genehmigt werden. Es gibt kein Versammlungsverbot, es sei denn die Demonstration gefährdet unmittelbar die „Öffentliche Sicherheit oder Öffentliche Ordnung".

1. Suchen Sie Beispiele aus Ihrem Erfahrungsbereich für Bürgerinitiativen und Demonstrationen.

2. Bewerten Sie Bürgerinitiativen und Demonstrationen als Möglichkeiten der politischen Einflussnahme.

2.2   Funktion der Wahlen und Abstimmungen

In den Wahlen werden die Volksvertreter (Abgeordneten) bestimmt, die die Interessen ihrer Wähler im Parlament einbringen, vertreten und in konkrete Politik umsetzen sollen. Dadurch entscheidet nicht mehr der einzelne Bürger, sondern die Abgeordneten über neue Gesetze. Der Wähler gibt seine Rechte und damit die Macht im Staat auf Zeit (Wahlperiode) an die Abgeordneten ab *(Repräsentationsprinzip)*.

Damit übernehmen die Wahlen gleichzeitig auch eine Legitimationsfunktion, denn Politiker und Regierungen werden berechtigt, anstelle der Bürger für sie Entscheidungen zu treffen.

In der jungen Geschichte der modernen Demokratien haben sich verschiedene Wahlsysteme und Grundregeln herausgebildet, die Einfluss auf die Zusammensetzung der Volksvertretungen haben. Durch das Verfassungsprinzip des Föderalismus ist die Situation in der BRD recht **komplex**. Neben den Bundestagswahlen gibt es Landtags-, Kreistags- und Kommunalwahlen, die je nach Bundesland anders geregelt und gestaltet sein können.

Die Teilhabe am Prozess der politischen Meinungsbildung und Entscheidung beschränkt sich nicht nur auf das demokratische Hauptelement der Wahlen. Die Landesverfassungen sehen weitere **Partizipationsmöglichkeiten** in Form von **plebiszitären** Elementen für die Bürger vor. Im Rahmen von Volksbegehren oder Bürgerbegehren können die Bürger aktiv ihre Ziele, Wünsche und Interessen zum Ausdruck bringen und diese realisieren. Ferner können sie sich in Bürgerinitiativen und Demonstrationen einbringen.

Komplex:
Das Adjektiv komplex bezeichnet eine vielfältige Struktur.

Partizipationsmöglichkeit:
Möglichkeit, an etwas teilzunehmen

Plebiszit:
Das Plebiszit ist ein Instrument der direkten Demokratie.

Modul 4

> Erklären Sie, warum Wahlen und Abstimmungen in einer repräsentativen Demokratie eine besondere Bedeutung zukommt.

2.3   Wahlgrundsätze und Wahlsysteme

Wahlen sind die wichtigste Möglichkeit, Einfluss auf die Politik zu nehmen, und damit zentraler Baustein jeder Demokratie. Nicht jede Wahl ist demokratisch. Ein Blick in unsere Geschichte verdeutlicht dies. So wurde in Preußen von 1849 bis 1918 nach dem Dreiklassenwahlrecht gewählt, welches die Stimmen nach der Höhe des Steueraufkommens des einzelnen Bürgers unterschiedlich gewichtete. Das Grundgesetz der Bundesrepublik Deutschland sieht daher fünf Wahlgrundsätze vor, die eine demokratische Wahl gewährleisten sollen. Sie sind ein Gradmesser dafür, ob Wahlen demokratisch ablaufen.

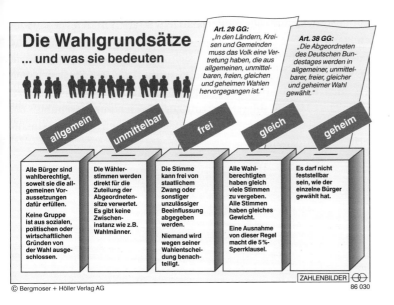

Diskutieren Sie, ob für Sie alle Wahlgrundsätze die gleiche Wertigkeit haben.

Zu einer demokratischen Wahl gehört zudem, dass der Wähler unter verschiedenen Personen und Parteien auswählen kann. Wenn diese Bedingungen insgesamt gewährleistet sind, kann man von demokratischen Wahlen sprechen.

Wer darf nun wählen und wer darf gewählt werden? Voraussetzung ist, dass man Deutscher im Sinne des Art. 116 Abs. 1 GG ist (s. nebenstehenden QR-Code). Grundsätzlich werden zwei Rechte unterschieden. Zum einen das aktive Wahlrecht: Dies ist das Recht, wählen zu dürfen. Zum anderen das passive Wahlrecht: Dies ist das Recht, sich bei politischen Wahlen um ein Amt zu bewerben und sich wählen zu lassen.

https://dejure.org/gesetze/GG/116.html

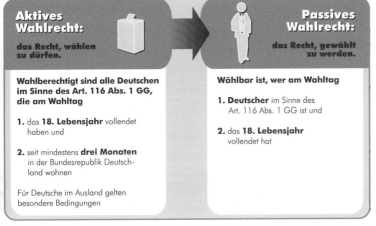

Bei der Entwicklung der modernen Demokratien in den verschiedenen Staaten haben sich je nach Tradition und Kultur unterschiedliche Wahlsysteme etabliert. Es lassen sich zwei Systeme unterscheiden, die Mehrheitswahl und die Verhältniswahl. In vielen Staaten haben sich auch Kombinationen aus diesen Wahlsystemen durchgesetzt. Ein solches Mischwahlsystem wird auch in der Bundesrepublik bei Bundes- und Landtagswahlen verwendet, die sogenannte „personalisierte Verhältniswahl".

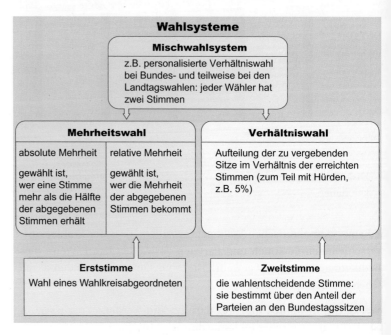

In Demokratien werden wichtige Entscheidungen durch Wahlen oder Abstimmungen getroffen, wobei häufig verschiedene Mehrheitsbegriffe auftauchen. Folgende Übersicht verschafft einen Überblick:

- Relative (einfache) Mehrheit: mindestens eine Stimme mehr als andere Kandidaten

- Absolute Mehrheit: mehr als die Hälfte der abgegebenen Stimmen

- Qualifizierte Mehrheit: Zweidrittel- bzw. Dreiviertelmehrheit

- „Kanzlermehrheit": absolute Mehrheit der Mitglieder des Bundestages

- Einstimmigkeit: keine Gegenstimmen; Enthaltungen werden nicht gewertet

www.wahlrecht.de

1. Wahlrecht ist Wahlpflicht: Nehmen Sie zu dieser Aussage Stellung.

2. Erklären Sie die Wahlsysteme „Verhältniswahl" und „Mehrheitswahl".

2.4 Die Bundestagswahl

Die in der Regel alle vier Jahre stattfindende Bundestagswahl wird von vielen als wichtigste Wahl im parlamentarischen System der Bundesrepublik Deutschland angesehen. Dies zeigt sich auch daran, dass die Wahlbeteiligung bei dieser Wahl im Vergleich zu anderen Wahlen ungleich höher ist. Bei der Bundestagswahl werden die Abgeordneten des Bundestags gewählt. Indirekt hat der Wähler dadurch einen gewissen Einfluss auf die Regierungsbildung. Das Wahlrecht zum deutschen Bundestag setzt sich aus Elementen der Verhältnis- und der Mehrheitswahl zusammen und wird als personalisierte Verhältniswahl bezeichnet.

Mit der Erststimme entscheiden die Wähler, wer ihren Wahlkreis im Bundestag vertritt. Die Hälfte der Abgeordneten (299 Wahlkreise) im Bundestag wird so gewählt. Dieser Direktkandidat wird nach dem relativen Mehrheitswahlrecht gewählt. Häufig genügen weniger als 50 Prozent der Stimmen, um ganz sicher in den Bundestag einzuziehen.

Die Erststimme macht den „personalisierten" Teil des Wahlsystems aus, weil der Wähler damit eine bestimmte Person seines Wahlkreises wählt.

Mit der Zweitstimme werden die **Landeslisten** der Parteien nach dem Prinzip der Verhältniswahl gewählt. Dadurch erhält jede Partei so viele Sitze, wie es ihrem Anteil an den Wählerstimmen entspricht. Die

Landeslisten:
Liste der Kandidaten einer Partei auf Landesebene für die Wahl zum Bundestag

Modul 4

Zweitstimme entscheidet über die Zusammensetzung des Bundestages und ist daher wichtiger als die Erststimme. Aufgrund der Erfahrungen aus der Weimarer Republik gibt es eine sogenannte Sperrklausel (Fünf-Prozent-Hürde). Eine Partei muss mit ihren über die Landeslisten gewonnenen Zweitstimmen insgesamt mindestens fünf Prozent aller abgegebenen Zweitstimmen im Bundesgebiet erreichen, sonst wird sie bei der Mandatsvergabe nicht berücksichtigt. Die Sperrklausel kann nur durch den Gewinn von mindestens drei Direktmandaten umgangen werden (**Grundmandatsklausel**). Werden lediglich zwei Direktmandate errungen, ziehen die Kandidaten zwar als Abgeordnete in den Bundestag ein, die Partei ist aber dann nicht mit weiteren Sitzen im Bundestag vertreten.

Grundmandatsklausel:
Bei Bundestagswahlen und einigen Landtagswahlen sind Grundmandate eine alternative Überwindungsmöglichkeit der Sperrklausel bei der personalisierten Verhältniswahl.

Diese Abgeordneten verfügen dann auch nicht über den Fraktionsstatus. Eine Fraktion im Deutschen Bundestag ist der Zusammenschluss von mindestens fünf Prozent der Bundestagsmitglieder. Parlamentarische Gruppierungen, die den *Fraktionsstatus* erreichen, genießen zahlreiche Rechte: Ihnen steht ein Sitzungszimmer in den Räumen des Bundestages zu, sie stellen Mitglieder des Ältestenrates und erhalten zusätzliche Finanzmittel für die Fraktionsführung.

Eine Anzahl von mindestens drei Abgeordneten kann als Gruppe anerkannt werden. Ihnen stehen allerdings deutlich weniger Rechte zu als Fraktionen. Sie haben jedoch insbesondere Antrags-, Mitgliedschafts- und Rederechte v. a. in Ausschüssen. Personen aus Gruppierungen, die nicht als Gruppe anerkannt sind, gelten als *fraktionslose Abgeordnete*.

Von den der Partei nach ihrem Zweitstimmenanteil zustehenden Mandaten werden die errungenen Direktmandate abgezogen. Die verbleibenden Sitze werden mit Listenkandidaten besetzt. Gewinnt eine Partei in einem Bundesland mehr Direktmandate, als ihr nach dem Anteil der Zweitstimmen zustehen, entstehen sogenannte Überhangmandate. Da die gewählten Direktkandidaten immer in den Bundestag einziehen, dürfen die Parteien diese zusätzlichen Sitze behalten. In diesem Fall werden in der Landesgruppe dann keine Mandate mehr über die Landesliste vergeben. Der Bundestag vergrößert sich um die Anzahl der Überhangmandate. Um das proportionale Verhältnis nach dem Zweitstimmenanteil zu erhalten, bekommen die anderen Parteien Ausgleichsmandate.

1. Erklären Sie das Wahlsystem bei der Bundestagswahl.
2. Diskutieren Sie, ob die 1. oder 2. Stimme wichtiger ist.
3. Erläutern Sie tabellarisch Vor- und Nachteile der Mehrheits- und der Verhältniswahl. Leiten Sie von Ihren Ergebnissen ab, was die personalisierte Verhältniswahl leistet.
4. Verdeutlichen Sie die Notwendigkeit einer Sperrklausel bei Verhältniswahlen.

Das Verhältniswahlrecht fördert die Bildung eines Mehrparteiensystems. Daher bedarf es in der Regel Koalitionen aus mehreren Parteien, um eine regierungsfähige Mehrheit im Bundestag zu erlangen. Je mehr Parteien im Bundestag vertreten sind, desto schwieriger wird die Regierungsbildung

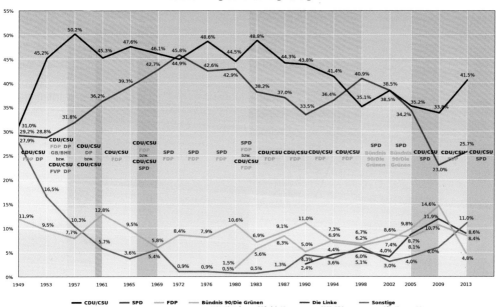

Bundestagswahlergebnisse und anschließend gebildete Regierungen

1. Beschreiben Sie die Grafik

2. Untersuchen Sie anhand der Grafik die Bundestagswahlergebnisse.

3. Welche Partei hat in der BRD bisher am längsten Regierungsverantwortung getragen?

4. Diskutieren Sie in Ihrer Klasse mögliche Auswirkungen durch das „Fünf-Parteiensystem".

2.5 Die Landtagswahl in Baden-Württemberg

Aufgrund der föderalen Struktur der Bundesrepublik Deutschland wählen die Bürger nicht nur den Bundestag, sondern u. a. auch die Länderparlamente. Bei den Landtagswahlen werden die Abgeordneten des Landtags gewählt. Ähnlich wie bei der Bundestagswahl besitzt der Wähler hiermit indirekt einen gewissen Einfluss auf die Regierungsbildung im Land. Landtagswahlen haben politisch gesehen eine doppelte Bedeutung. Zum einen entscheiden sie über die Machtverhältnisse im Bundesland selbst. Zum anderen haben sie Auswirkungen auf die Bundesebene, da sie für die politischen Mehrheitsverhältnisse im Bundesrat entscheidend sind.

Modul 4

Legislaturperiode:
Wahlperiode, Zeitraum für den
ein Parlament als gesetzgebendes
Organ gewählt bzw. legitimiert ist

Die Wahlsysteme zum Landtag variieren von Bundesland zu Bundesland. Die **Legislaturperiode** dauert in Baden-Württemberg seit 1996 fünf Jahre, davor waren es vier Jahre. Das Wahlrecht in Baden-Württemberg verbindet Verfahren der Verhältniswahl und der Persönlichkeitswahl (Mehrheitswahl) miteinander. Allerdings kann der Wähler bei den Landtagswahlen in Baden-Württemberg nur eine Stimme abgeben. Diese Stimme wird aber zweifach ausgewertet. Zum einen für die Bestimmung der Direkt- und Zweitmandate und zum anderen für die Ermittlung der Gesamtsitzzahl einer Partei im Landtag. Daher gibt es bei diesem Wahlverfahren keine Landeslisten der Parteien, sondern nur Wahlkreiskandidaten, die sich in den 70 Wahlkreisen zur Wahl stellen.

Direkt- und Zweitmandate bei der Landtagswahl in Baden-Württemberg

Grafik: Dave Vaugham

Direkt- und Zweitmandate bei der Landtagswahl in Baden-Württemberg

Um die Gesamtsitzzahl der Parteien zu bestimmen, werden für jede Partei alle Stimmen addiert, die auf ihre Kandidaten im ganzen Land, getrennt nach Regierungsbezirken, entfallen sind. Die 120 Sitze werden dann nach den Grundsätzen der Verhältniswahl an die Parteien verteilt, die auf der Landesebene mindestens fünf Prozent der Stimmen erreicht haben (Sperrklausel).

Die ersten 70 Mandate erhalten die in relativer Mehrheitswahl in den Wahlkreisen direkt gewählten Kandidaten der Parteien. Die restlichen 50 Sitze sind sogenannte Zweitmandate. Sie werden – in Abhängigkeit von den der Partei in den Regierungsbezirken zustehenden Sitzen unter Anrechnung der gewonnenen Direktmandate – an unterlegene Wahlkreiskandidaten vergeben. Diese haben zwar ihren Wahlkreis nicht gewonnen, aber im Vergleich zu anderen Direktkandidaten ihrer Partei in einem der vier Regierungsbezirke Baden-Württembergs noch die meisten (absoluten) Stimmen in ihrem Wahlkreis erreicht. Für die Landtagswahl 2011 wurde die Regelung zur Vergabe der Zweitmandate geändert. Künftig ist nicht mehr die absolute Stimmenzahl, sondern der prozentuale Stimmenanteil in den Wahlkreisen maßgeblich.

Deshalb sind Stimmen für Wahlkreisbewerber, die ihren Wahlkreis nicht gewinnen können, nicht automatisch verloren. Sie zählen in jedem Fall für die Partei des Bewerbers und spielen bei der Vergabe der Zweitmandate die entscheidende Rolle.

Überhangmandate entstehen, wenn eine Partei in einem Regierungsbezirk mehr Direktmandate erreicht hat, als ihr nach der Gesamtsitzzahl dort zustehen. Die Überhangmandate bleiben den Parteien erhalten. Wenn diese Überhangmandate aber die Verhältnisse der Gesamtsitzzahl auf Landesebene verzerren, werden den anderen Parteien Ausgleichsmandate zugestanden. Durch Überhang- und Ausgleichsmandate kann sich die Zahl der Abgeordneten im Landtag auf über 120 erhöhen.

1. Beschreiben Sie das Wahlsystem bei Landtagswahlen in Baden-Württemberg.
2. Die Legislaturperiode des Landtags wurde im Jahr 1996 auf fünf Jahre verlängert. Diskutieren Sie Vor- und Nachteile dieser Verlängerung.

2.6 Die Europawahl

Seit 1979 werden die Abgeordneten des Europäischen Parlaments alle fünf Jahre direkt von den EU-Bürgern gewählt. Das Wahlsystem wird momentan noch in den einzelnen Mitgliedstaaten durch nationale Regelungen bestimmt. Die Webseite des Bundeswahlleiters hat dazu mehr Informationen (www.bundeswahlleiter.de oder www.europarl.de).

Die Abgeordneten werden für jeden Mitgliedstaat getrennt gewählt. Die Sitze im Europaparlament werden proportional zur Bevölkerungsgröße der Mitgliedstaaten und entsprechend der in den Europawahlen ermittelten parteipolitischen Mehrheitsverhältnisse verteilt. Der Bundesrepublik stehen im Europäischen Parlament insgesamt 96 Sitze zu. Alle Bürger der EU sind ab dem 18. Lebensjahr in dem Land ihres Wohnsitzes oder in ihrem Herkunftsland wahlberechtigt.

Die Aufstellung der nationalen Kandidaten ist den nationalen politischen Gruppierungen, in der Regel den Parteien, vorbehalten. Nach der Wahl können sich die Abgeordneten der nationalen Parteien an einer Fraktion im Europäischen Parlament beteiligen oder eine solche gründen. Die Zugehörigkeit zu den Fraktionen im Europäischen Parlament richtet sich nicht nach der nationalen Herkunft, sondern nach der Parteizugehörigkeit der Mandatsträger.

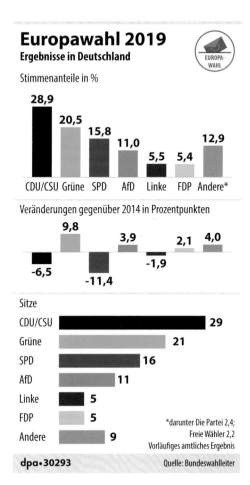

Europawahl 2019
Ergebnisse in Deutschland

Stimmenanteile in %

- CDU/CSU 28,9
- Grüne 20,5
- SPD 15,8
- AfD 11,0
- Linke 5,5
- FDP 5,4
- Andere* 12,9

Veränderungen gegenüber 2014 in Prozentpunkten

- CDU/CSU -6,5
- Grüne 9,8
- SPD -11,4
- AfD 3,9
- Linke -1,9
- FDP 2,1
- Andere* 4,0

Sitze

- CDU/CSU 29
- Grüne 21
- SPD 16
- AfD 11
- Linke 5
- FDP 5
- Andere 9

*darunter Die Partei 2,4;
Freie Wähler 2,2
Vorläufiges amtliches Ergebnis

dpa•30293

Quelle: Bundeswahlleiter

Modul 4

Modul 4

Das Wahlsystem zur Europawahl in Deutschland

Die fünf Wahlgrundsätze, die bei Bundes-, Landtags- und Gemeinderatswahlen in Deutschland gelten, finden auch bei der Europawahl Anwendung.

Im Gegensatz zur Bundestagswahl erfolgt die Europawahl aber nur auf der Grundlage von Listenvorschlägen nach den Grundsätzen der Verhältniswahl. Dadurch besitzt jeder Wähler nur eine Stimme, mit der er für die Liste einer Partei oder Wählervereinigung stimmen kann. Es existiert keine Sperrklausel. Die auf die Wahlvorschläge entfallenden Sitze werden nach den Listenplätzen vergeben. Der Wähler hat auf diese Reihenfolge keinen Einfluss.

Das neue Europaparlament

Hochrechnung: Sitzverteilung

| dpa•30292 | Stand 2.07 Uhr | Quelle: Europäisches Parlament |

Sitzverteilung und Fraktionen im EU-Parlament

1. Erklären Sie das Wahlsystem bei der Europawahl in Deutschland.
2. Beschreiben Sie die Mehrheitsverhältnisse im Europäischen Parlament und ordnen Sie die deutschen Parteien zu.

2.7　Volksbegehren und Bürgerbegehren

Im parlamentarischen System der BRD dominieren die indirekten Elemente der Demokratie in Form der verschiedenen Wahlen. Der Bürger kann so aber nur mittelbar auf politische Entscheidungen Einfluss nehmen, indem er die Zusammensetzung der Parlamente bestimmt. **Plebiszite** sind im Grundgesetz der BRD aufgrund der Erfahrungen in der Zeit der Weimarer Republik quasi nicht mehr vorgesehen. Allerdings gibt es teilweise auf Landes- und Kommunalebene Elemente der direkten Demokratie: Das Volksbegehren (Bundesland) und das Bürgerbegehren (Gemeinde).

Plebiszite:
Hier: Volksbefragung, Volksabstimmung

Volksbegehren und Volksentscheid in Baden-Württemberg

© dpa

Demonstration gegen Stuttgart 21, in der Folge kam es zum Volksentscheid

Die Bürger in Baden-Württemberg können durch Volksbegehren direkten Einfluss auf die Politik nehmen. Zur Beantragung müssen zunächst 10.000 Unterschriften von Wahlberechtigten gesammelt werden. Damit ein Volksbegehren dann zugelassen wird, müssen sich 1/6 der Wahlberechtigten innerhalb von zwei Wochen mit ihrer Unterschrift in entsprechende Listen eintragen. Momentan wären also ca. 1,2 Millionen Unterschriften notwendig. Wird diese Anzahl erreicht, dann muss der Landtag den Gesetzentwurf des Volkes behandeln. Akzeptieren die Abgeordneten ihn unverändert, so gilt das Gesetz als beschlossen und das Verfahren ist beendet. Billigt der Landtag aber die Gesetzesinitiative des Volkes nicht so, wie sie ist, dann kommt es zu einem Volksentscheid.

Die Abgeordneten können dabei der Bevölkerung einen eigenen Alternativentwurf mit vorlegen. Das Gesetz ist durch Volksentscheid angenommen, wenn die Mehrheit der Abstimmenden – mindestens jedoch 30 Prozent der Stimmberechtigten – mit „Ja" stimmt. Bei verfassungsändernden Gesetzen ist es sogar notwendig, dass mehr als die Hälfte der Stimmberechtigten einverstanden ist.

http:beteiligungsportal. baden-württemberg.de

Ein Volksbegehren kann auch die Auflösung des Landtags zum Inhalt haben. Wenn dies 1/6 der Wahlberechtigten verlangen und wenn der entsprechende Volksentscheid mehrheitlich das Verlangen unterstützt, dann muss der Landtag aufgelöst werden – es kommt zu einer Neuwahl.

Die Hürden für Volksbegehren sind in Baden-Württemberg vergleichsweise hoch.

So genügt es in Bayern, wenn zehn Prozent der Wahlberechtigten in einem Volksbegehren einen Volksentscheid fordern. Zudem reicht dann im Volksentscheid selbst die einfache Mehrheit.

Modul 4

Volksabstimmung
über die Gesetzesvorlage
des S21-Kündigungsgesetzes

am 27. November 2011

PRESSESCHAU

Erfolgreiches Volksbegehren: Bayern erzwingen Volksentscheid über Rauchverbot

Watschen für Schwarz-Gelb in Bayern: Das von der Splitterpartei ÖDP angestoßene Volksbegehren gegen die Lockerung des Rauchverbots war erfolgreich. Damit können Bayerns Bürger im nächsten Jahr per Volksabstimmung selbst über das Rauchen in Wirtshäusern entscheiden.

Quelle: Stern 04.12.2009

1. Erklären Sie die Begriffe Volksbegehren und Volksentscheid mit eigenen Worten.
2. Welche Gründe könnten dafür verantwortlich sein, dass bisher in Baden-Württemberg noch nie ein Volksbegehren erfolgreich war?

Bürgerbegehren in Baden-Württemberg

Auch auf der Ebene der Gemeinden können die Bürger in Baden-Württemberg durch das Bürgerbegehren selbst über ihre Angelegenheiten entscheiden. Damit ein Bürgerbegehren erfolgreich ist, muss es eine Begründung und einen Finanzierungsvorschlag enthalten und von mindestens zehn Prozent der wahlberechtigten Gemeindemitglieder unterstützt werden. Werden dem Gemeinderat genügend Unterschriften vorgelegt, kommt es zum angestrebten Bürgerentscheid.

Damit dieser erfolgreich ist, bedarf es zum einen der Mehrheit der abgegebenen Stimmen, zum anderen müssen mindestens 25 Prozent (bis 2005 30 Prozent) aller Wahlberechtigten die Entscheidung befürworten.

Allerdings dürfen nicht alle Fragen einem Bürgerbegehren bzw. Bürgerentscheid unterworfen werden. Dies ist in Artikel 21 der Gemeindeordnung genau geregelt. Ausgegrenzt sind zum Beispiel die Felder Finanzhaushalt, Abgaben und Tarifregelungen für Verkehrs- und Versorgungsbetriebe. Grundsätzlich möglich sind Abstimmungen, wenn es um eine wichtige Gemeindeangelegenheit geht, von der die Bürger unmittelbar betroffen sind: z. B. dem Neubau, dem Abriss oder der Schließung einer öffentlichen Einrichtung (Schule, Freibad oder Stadtbibliothek).

Es kann auch noch auf einem anderen Weg zu einem Bürgerentscheid kommen. Der Gemeinderat selbst kann mit einer Mehrheit von zwei Dritteln seiner Mitglieder beschließen, dass ein Thema einem Bürgerentscheid unterworfen wird. Ähnlich wie beim Volksbegehren sind selbst nach der Änderung von 2005 die Hürden für ein Bürgerbegehren bzw. Bürgerentscheid in Baden-Württemberg vergleichsweise hoch.

Modul 4

PRESSESCHAU

Es überrascht nicht, dass in der bundesdeutschen Staatslehre die Warnung vor „Weimarer Erfahrungen" bereitwillig zur Abwehr direktdemokratischer Mitsprache übernommen und tradiert wurde, obwohl sie sich bei historischer Nachprüfung als oberflächliche Legende erweist. Was den Nationalsozialismus möglich machte, waren nicht die plebiszitären Elemente im Weimarer Regierungssystem, sondern die wirtschaftlichen und politischen Belastungen, unter denen die erste deutsche Republik antreten musste; unter diesen Vorzeichen gesehen ist die Bilanz damaliger Anläufe zur direkten Demokratie ... nicht negativer als die des Parlamentarismus der Weimarer Zeit. Den Weg zur „legalen Machtergreifung" öffneten den Nationalsozialisten nicht Plebiszite, sondern Reichstagswahlen und zuletzt das Ermächtigungsgesetz. ... Die Sorge ist heute nicht mehr, ob die repräsentative Demokratie sich in Deutschland festigt, sondern dass sie sich in Deutschland verfestigt hat zu einem „Parteienabsolutismus", der den gewachsenen Mitsprachebedürfnissen und ausgefächerten Kompetenzen einer pluralistischen Gesellschaft nicht mehr gerecht wird. Die in Art. 21 GG vorgesehene Mitwirkung der Parteien bei der politischen Willensbildung des Volkes hat sich in ein faktisches Politmonopol verkehrt, während sich die Willensbildung des Volkssouveräns darauf beschränkt, bei Wahlen seine Stimme abzugeben. Die Mängelliste der dadurch entstandenen „Zuschauerdemokratie" ist bekannt ...

Die Einführung von Volksbegehren und Volksentscheid hätte hier die Bedeutung einer sinnfälligen Öffnung. Sie wäre in keiner Weise antiparlamentarisch, sondern ein außergewöhnliches Korrektiv zum parlamentarischen Normalverfahren. Es enthielte Elemente zusätzlicher Gewaltenteilung.

Quelle: Evers, Tilman: Volkssouveränität im Verfahren: In: Aus Politik und Zeitgeschichte, B23/91, S. 6 ff.

Unter www.mitentscheiden.de können Sie verfolgen, welche Bürgerentscheide und Bürgerbegehren in Baden-Württemberg aktuell laufen.

1. Überlegen Sie, welche Vorteile und welche Nachteile Plebiszite mit sich bringen.
2. Sind die Hürden für Volksentscheide und Bürgerentscheide in Baden-Württemberg zu hoch? Vergleichen Sie die Situation in Baden-Württemberg mit der in Bayern.
3. Erläutern Sie, was Evers unter „Weimarer Erfahrungen" versteht.
4. Immer häufiger werden Forderungen laut, Plebiszite auch auf der Bundesebene wieder einzuführen, um die Bürger stärker in die politischen Entscheidungen mit einzubinden und das GG weiterzuentwickeln. Wie denken Sie darüber? Beziehen Sie Stellung.
5. Welche weiteren Mitwirkungsmöglichkeiten bieten sich Ihnen neben Wahlen und Abstimmungen, um Politik und Demokratie mitzugestalten?

2.8 Politische Einflussnahme durch Parteien und Interessenverbände

Interessenverbände:
Dies sind Vereinigungen zur Artikulation der Berufs- und Standesinteressen ihrer Mitglieder. Interessenverbände werden vor allem zur Vertretung der gemeinsamen Ziele gegenüber Regierung, Verwaltung und der gesetzgebenden Organe gebildet.

Abgeordneter:
Auf der Ebene des Staates ist dies der vom Wahlvolk in ein Parlament gewählte, „abgeordnete" Repräsentant.

Die Parteien, **Interessenverbände** und Medien sind in der Bundesrepublik die Hauptakteure der politischen Meinungs- und Willensbildung. Die diesbezügliche Rolle der Parteien ist in Art. 21 GG festgelegt.

Die Bürger wählen in der Regel die Parteien und **Abgeordneten** in die Parlamente, die ihrer Meinung nach ihre Interessen am besten berücksichtigen und vertreten. Die Teilhabe am Prozess der politischen Meinungsbildung und Entscheidung beschränkt sich aber keineswegs auf das demokratische Hauptelement der Wahlen. Die Bürger können sich in Parteien oder Interessenverbänden zusammenfinden. Dort können sie ihre Einstellungen, Ziele, Wünsche und Interessen zum Beispiel über die Medien zum Ausdruck bringen und so die Demokratie aktiv gestalten.

Aufgaben und Rechtliche Stellung der Parteien

> **Art. 21 GG**
>
> (1) Die Parteien wirken bei der politischen Willensbildung des Volkes mit. Ihre Gründung ist frei. Ihre innere Ordnung muss demokratischen Grundsätzen entsprechen. Sie müssen über die Herkunft und Verwendung ihrer Mittel sowie über ihr Vermögen öffentlich Rechenschaft geben.
>
> (2) Parteien, die nach ihren Zielen oder nach dem Verhalten ihrer Anhänger darauf ausgehen, die freiheitliche demokratische Grundordnung zu beeinträchtigen oder zu beseitigen oder den Bestand der Bundesrepublik Deutschland zu gefährden, sind verfassungswidrig. Über die Frage der Verfassungswidrigkeit entscheidet das Bundesverfassungsgericht.
>
> (3) Das Nähere regeln Bundesgesetze.

1. Arbeiten Sie mit den Gesetzesauszügen die Aufgaben der Parteien heraus.
2. Beschreiben Sie die Funktionen der Parteien in der Bundesrepublik mit einem prägnanten Satz.
3. Diskutieren Sie, wie Sie Ihre politische Überzeugung in Parteien einbringen können.

Der Einfluss der Interessenverbände

Neben den Parteien versuchen auch andere Organisationen Einfluss auf die Willensbildung im Volk und insbesondere in der Politik zu nehmen. So schließen sich Bürger, Unternehmen oder Organisationen mit gleichen bzw. ähnlichen Zielen, Interessen, Forderungen, Wünschen, Ansichten und **Ideologien** zu Interessenverbänden zusammen, um ihre Position auf diese Weise effektiver artikulieren und durchsetzen zu können.

Ideologie:
Ideen, die der Erreichung politischer und wirtschaftlicher Ziele dienen

Dies ist möglich und politisch erwünscht, da Verbände ein wesentliches Element demokratischer Systeme sind. Sie sorgen dafür, gewisse gesellschaftliche Interessen zu bündeln und auf politischer Ebene zur Geltung zu bringen, z. B. in den Parteien, bei Abgeordneten oder anderen Entscheidungsträgern. Die rechtliche Grundlage finden wir im Art. 9 GG mit dem Grundrecht der Vereinigungsfreiheit. Somit haben Verbände, ähnlich wie die Parteien, eine Art Gelenk- bzw. Vermittlerfunktion zwischen Staat und Gesellschaft. Folgende Übersicht verdeutlicht die Unterschiede zu den Parteien.

Logos von Verbänden

Modul 4

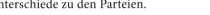

Parteien	**und**	**Verbände**
Betätigung in **allen** politischen Bereichen		Betätigung in **einzelnen** politischen Bereichen (Wirtschaft, Umwelt, ...)
Bündelung **unterschiedlicher Interessen** zu einer gesellschaftlichen Gesamtkonzeption		Artikulierung und Durchsetzung **spezifischer Interessen** (Partikularinteressen)
Teilnahme an Wahlen		**Wahlempfehlungen** und Lobbyismus
Beteiligung an der Regierung oder Arbeit in der Opposition		Versuch der **Einflussnahme** auf Regierung und Verwaltung
umfassende politische Beteiligung		**begrenzte** politische Beteiligung
Verpflichtung zur innerparteilichen Demokratie		**Satzungen** müssen beachtet werden
Mitwirkung an der politischen Willensbildung des Volkes		Wahrung u. **Förderung** der Arbeits-, Lebens-, Wirtschaftsbedingungen
unmittelbares politisches Handeln in allen Politikbereichen		**mittelbares** politisches Handeln in allen Politikbereichen

www.dgb.de

Grafik: Dave Vaugham

http://bdi.eu

1. Nennen Sie Verbände, die gesellschaftliche Interessen vertreten.
2. Informieren Sie sich, welche Verbände Ihre Interessen als Auszubildende vertreten.
3. Bewerten Sie Vor- und Nachteile der Arbeit der Interessenverbände.
4. Diskutieren Sie, wie Sie in Interessenverbänden aktiv werden können.

Zusammenfassung

Die Hürden für Bürgerbegehren und Volksbegehren in Baden-Württemberg sind im Vergleich zu anderen Bundesländern verhältnismäßig hoch.

Bürgerinitiativen und Demonstrationen bilden weitere Möglichkeiten der politischen Einflussnahme.

Wahlen sind in Deutschland das Hauptinstrument der Bürger, um am politischen Willensbildungs- und Entscheidungsprozess teilzunehmen und mitzuwirken.

Der Wähler gibt seine Rechte und damit die Macht im Staat auf Zeit (Wahlperiode) an die gewählten Abgeordneten ab.

Das Grundgesetz der BRD sieht fünf Wahlgrundsätze vor, die eine demokratische Wahl gewährleisten sollen: allgemein, frei, unmittelbar, gleich und geheim.

Eine Partei benötigt entweder mindestens fünf Prozent aller abgegebenen Zweitstimmen oder sie muss drei Direktmandate erringen, um in den Bundestag einzuziehen.

Die Landtagswahl in Baden-Württemberg beinhaltet ebenso Elemente der Mehrheits- und Verhältniswahl. Die Besonderheit besteht darin, dass der Wähler nur über eine Stimme verfügt, die aber quasi doppelt gewertet wird.

Die Abgeordneten des Europäischen Parlaments werden alle fünf Jahre direkt von den EU-Bürgern gewählt. Das Wahlsystem wird momentan noch in den einzelnen Mitgliedstaaten durch nationale Regelungen bestimmt.

Auch Interessenverbände versuchen Einfluss auf die Willensbildung im Volk und insbesondere in der Politik zu nehmen, indem sie gewisse gesellschaftliche Interessen bündeln und auf politischer Ebene zur Geltung bringen.

Wissens-Check

1. Stellen Sie dar, wie ein Volksentscheid herbeigeführt wird.
2. Erklären Sie den Begriff „passives Wahlrecht".
3. Benennen und erläutern Sie die fünf Wahlgrundsätze.

Überprüfen Sie folgende Aussagen auf ihre Richtigkeit:

1. In Deutschland gibt es nur zwei Parteien, die die Politik bestimmen.
2. Jede gesellschaftliche Gruppe besitzt einflussreiche Interessenverbände.

3   Unterschiedliche Interessen im politischen Entscheidungsprozess auf Bundesebene

Nicht immer sind die Vorstellungen der Bundespolitik die gleichen wie die der Länder. Die Zuständigkeit für Bundesgesetze liegt beim Bund, die Landesgesetze werden in den einzelnen Bundesländern verabschiedet und haben dort Gültigkeit. Es gibt aber auch Überschneidungen bei der Zuständigkeit im Gesetzgebungsverfahren.

3.1   Der Föderalismus – Sicherung der Einheit und Vielfalt

Die Bundesrepublik Deutschland setzt sich aus den 16 Bundesländern (s. Karte im Anhang) zusammen, in denen es viele regionale Unterschiede und Besonderheiten, gleichzeitig aber auch viele Gemeinsamkeiten und Parallelen gibt. Der Föderalismus als Organisationsprinzip berücksichtigt diese Voraussetzungen, indem er einen gemeinsamen Rahmen bietet und zugleich die Bewahrung dieser Vielfalt ermöglicht. Er sieht eine Aufgabeteilung zwischen Bund (Rahmen) und Ländern (Vielfalt) vor. Besonders deutlich wird dies bei der Gesetzgebung, einem Kernelement jedes Staatswesens.

So wird die Zuständigkeit bei der Gesetzgebung zwischen dem Bund und den Ländern aufgeteilt.

Gesetzgebungszuständigkeit zwischen Bund und Ländern			
Bund		**Länder**	
Ausschließliche Gesetzgebung	Rahmengesetzgebung	Konkurrierende Gesetzgebung	Ausschließliche Gesetzgebung
Nur der Bund darf Gesetze erlassen.	Der Bund setzt Rahmenvorschriften, innerhalb derer die Länder Detailregelungen treffen können.	Die Länder dürfen in diesen Bereichen Gesetze erlassen, solange und soweit der Bund von seiner Gesetzgebungszuständigkeit nicht durch Gesetz Gebrauch gemacht hat.	Nur die Länder dürfen Gesetze erlassen.
Beispiele: Auswärtige Angelegenheiten, Währungs- und Geldpolitik, Zölle und Außenhandel, Verteidigung, Passwesen, Bundesbahn und Luftverkehr, Soziale Sicherung, Post- und Fernmeldewesen ...	Beispiele: Hochschulwesen, Raumordnung, Bodenverteidigung, Presserecht, Beamtenrecht, Naturschutz, Landschaftspflege ...	Beispiele: Bürgerliches Recht, Strafrecht und Strafvollzug, Vereins- und Versammlungsrecht, Arbeitsrecht, Sozialversicherungsrecht, Sozialhilferecht, Straßenverkehr ...	Beispiele: Kulturwesen, Schulwesen, Kommunalrecht, Gemeindeordnung, Sicherheit und Polizei, Zulassung von Hörfunk und Fernsehen ...

Modul 4

Modul 4

Sitzung im Bundesrat

Die Länder sind auf der Bundesebene durch den Bundesrat vertreten.

Der Bundesrat setzt sich aus den Vertretern der Landesregierungen zusammen. Häufig übernehmen die Ministerpräsidenten selbst diese Aufgabe oder entsenden ihre Fachminister.

Das Gewicht eines Landes im Bundesrat hängt von seiner Einwohnerzahl ab. Insgesamt gibt es im Bundesrat 69 Stimmen. Ein Land kann seine Stimmen im Bundesrat nur einheitlich abgeben.

Über den Bundesrat haben die Länder Einfluss auf die Ausgestaltung der Bundesgesetze. Die Befugnisse des Bundesrates bei der Gesetzgebung hängen dabei stark vom Inhalt der Gesetze ab. Man unterscheidet Zustimmungsgesetze und Einspruchsgesetze. Bei Zustimmungsgesetzen kann der Bundesrat ein Gesetz ablehnen und es damit verhindern.

Zudem bildet der Bundesrat generell ein Gegengewicht zum Bund. Im politischen Alltag kommt es immer wieder vor, dass Bund und Länder unterschiedliche Interessen und Positionen vertreten. Damit es nicht zu einer Benachteiligung der Länder kommt, fungiert der Bundesrat hier als Gegenpol zur Bundesregierung und zum Bundestag. Sichtbar werden diese Konflikte, wenn zum Beispiel im Gesetzgebungsverfahren der Vermittlungsausschuss angerufen wird, um eine Kompromisslösung zwischen Bund und Ländern zu erzielen. Sollte dies nicht möglich sein, steht den Ländern die Möglichkeit offen, gegen die Bundesregierung vor dem Bundesverfassungsgericht zu klagen.

1. Erklären Sie mit eigenen Worten, wie der Föderalismus die Vielfalt erhält und die Einheit sicherstellt.
2. Ein Land kann seine Stimmen im Bundesrat nicht splitten. Welche Auswirkungen hat dies, wenn ein Land durch eine Koalition reagiert wird?

3.2 Gesetzgebungsverfahren im Bund

Die Gesetzgebung ist ein Kernbereich in allen demokratischen Gemeinwesen, bestimmen die Gesetze doch fast unbemerkt unser gesamtes tägliches Zusammenleben. Das bedeutet aber auch, wer die Gesetze beschließt, entscheidet über uns. Die Verfassungsprinzipien sorgen deshalb dafür, dass verschiedene Staatsorgane mit dieser Aufgabe betraut sind.

Insgesamt sind drei Bundesorgane aktiv an der Gesetzgebung beteiligt – haben aber teilweise unterschiedliche Mitwirkungsrechte. Der Bundestag, der Bundesrat und die Bundesregierung können Gesetzesentwürfe in den Bundestag einbringen. Diese Organe verfügen über die **Gesetzesinitiative**.

Gesetzesinitiative:
Recht zur Einbringung von Gesetzesvorschlägen in das Parlament

Die Bundesregierung

Die Bundesregierung lenkt und leitet die staatlichen Tätigkeiten und handelt als Impulsgeber (Regierungstätigkeit). Sie gestaltet die politischen Verhältnisse durch konkrete Maßnahmen (Verwaltungstätigkeit).

Der Bundestag

Der Bundestag wird vom Volk gewählt und ist der Ort, an dem unterschiedliche Auffassungen über den richtigen politischen Weg von den Parteien formuliert und diskutiert werden.

Die wichtigsten Aufgaben des Bundestages sind die Gesetzgebung, die Kontrolle der Regierungsarbeit und die Wahl anderer oberster Verfassungsorgane.

Der Bundesrat

Durch den Bundesrat sind die Bundesländer an der Gesetzgebung und der Verwaltung des Bundes beteiligt. Er kontrolliert die Regierung und wirkt bei der Bestellung anderer Bundesorgane mit.

Bei bedeutsamen Gesetzesvorhaben werden im Vorfeld der Gesetzgebung häufig Kommissionen mit Experten gebildet. Im Bundestag müssen die Gesetzesvorlagen von mindestens fünf Prozent der Abgeordneten oder einer Fraktion unterzeichnet sein. Bei Gesetzesvorschlägen der Bundesregierung muss der Bundesrat Stellung nehmen. **Regierungsvorlagen** sind Gesetzesvorschläge der Bundesregierung. Schlägt der Bundesrat ein Gesetz vor, dann läuft dies über die Bundesregierung, die zum Gesetzesvorschlag Stellung nimmt und den Gesetzentwurf an den Bundestag weiterleitet.

www.bundesregierung.de

www.bundestag.de

www.bundesrat.de

Regierungsvorlagen:
Die Bundesregierung kann ihre Gesetzesvorschläge über die sie stützenden Fraktionen weiter einreichen.

Modul 4

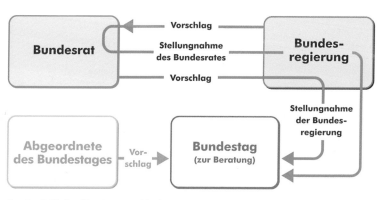

Gesetzesinitiative (Gesetzesvorschlag)

Jeder Gesetzentwurf durchläuft im Bundestag drei Lesungen. Nach der ersten Lesung wird jeder Gesetzentwurf in einem oder mehreren Ausschüssen vertieft behandelt. Ausschüsse sind fachlich spezialisierte Arbeitsgruppen von Bundestagsabgeordneten. Die im Bundestag vertretenen Parteien sind in den Ausschüssen in gleicher Stärke vertreten wie im Bundestag insgesamt. Während der Ausschussberatung können Verbände zum Gesetzentwurf angehört werden (Anhörung oder Hearing).

Findet ein Gesetzentwurf im Bundestag nicht die Mehrheit der anwesenden Abgeordneten, so ist er gescheitert. Gibt es eine Mehrheit, wird der Gesetzentwurf an den Bundesrat weitergeleitet.

Der Föderalismus bietet den Bundesländern über den Bundesrat die Möglichkeit, über die Bundesgesetze mit zu befinden. Dabei ist zu beachten, dass das Gewicht der Mitwirkung des Bundesrates stark von den Inhalten der Gesetze abhängig ist. Bei Zustimmungsgesetzen (Änderung des GG, Gesetze die die Steuern betreffen etc.) hat der Bundesrat ein **Vetorecht**. Lehnt der Bundesrat mit der Mehrheit seiner Stimmen ein solches Gesetz ab, ist es gescheitert. Stimmt er mit der Mehrheit seiner Stimmen zu, tritt das Gesetz in Kraft.

Vetorecht:
Ein den Beschluss aufhebender Einspruch

Dagegen können Einspruchsgesetze (Gesetze, die die Außenpolitik betreffen etc.) selbst dann zustande kommen, wenn der Bundesrat Einspruch gegen den Gesetzentwurf einlegt, da dieser Einspruch vom Bundestag überstimmt werden kann. Der Einspruch des Bundesrates hat lediglich aufschiebende Wirkung.

Gut zwei Drittel aller Gesetze sind Zustimmungsgesetze.

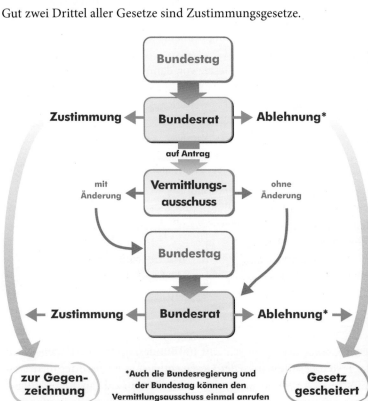

Die Mitwirkung des Bundesrates bei Zustimmungsgesetzen

Die nach den Vorschriften des Grundgesetzes entstandenen Gesetze werden vom Bundeskanzler und den Fachministern gegengezeichnet. Die **Ausfertigung** und **Verkündung** des Gesetzes ist Aufgabe des Bundespräsidenten.

Das Grundgesetz kann nur durch ein Gesetz geändert werden, das den Wortlaut des Grundgesetzes ausdrücklich ändert oder ergänzt. Ein solches Gesetz bedarf der Zustimmung von zwei Dritteln der Mitglieder des Bundestages und zwei Dritteln der Mitglieder des Bundesrates. Eine Änderung des Grundgesetzes, die die Gliederung des Bundes in Bundesländer oder zum Beispiel die in Art. 1 GG und Art. 20 GG niedergelegten Grundsätze berührt, ist unzulässig (Art. 79, Abs. 3 GG).

> Begründen Sie das Verfassungsverbot, dass Art. 1 GG und Art. 20 GG nicht verändert werden dürfen.

Verstößt ein Gesetz in seinem Inhalt gegen das Grundgesetz oder kam es in einer Art zustande, die nicht dem Gesetzgebungsverfahren des Grundgesetzes entspricht, kann dagegen beim Bundesverfassungsgericht Klage erhoben werden.

Ausfertigung:
Unterzeichnung der Originalurkunde des Gesetzes

Verkündung:
Amtliche Bekanntgabe des Gesetzes im Bundesgesetzblatt

Modul 4

3.3 Das Gesetzgebungsverfahren in Baden-Württemberg

Die Abgeordneten des Landtags, die Landesregierung sowie die Bevölkerung durch ein Volksbegehren (s. S. 253 ff.) verfügen über das Recht der Gesetzesinitiative. Gesetzesentwürfe aus der Mitte des Landtags heraus müssen von mindestens acht Abgeordneten oder einer Fraktion unterzeichnet sein. Um sicherzustellen, dass ein Gesetz erst nach gründlicher Überlegung und Prüfung verabschiedet wird, wird es im Landtag in zwei oder drei Lesungen beraten. Hier kommt den **Fachausschüssen** eine wichtige Bedeutung zu, da in ihnen die oft sehr wichtigen Detailfragen eines Gesetzes diskutiert werden. Am Ende der letzten Lesung stimmt der Landtag über den Gesetzesentwurf ab. In der Regel genügt eine einfache Mehrheit, damit das Gesetz angenommen wird.

Der Landtag beschäftigt sich zudem mit den vom Bundestag verabschiedeten Zustimmungsgesetzen (siehe S. 172 ff.). Die Landesregierungen entsenden Vertreter in den Bundesrat. Sie sind gehalten, den politischen Willen der Landesregierung in Abstimmung mit dem Landtag in den Bundesrat einzubringen. Somit kann der Landtag indirekten Einfluss auf das Wirken und Abstimmungsverhalten Baden-Württembergs im Bundesrat ausüben.

Fachausschüsse:
Im Parlament bilden die Fachausschüsse die Arbeitseinheiten, in denen parlamentarische Entscheidungen vorbereitet werden. Vor allem die Gesetzgebungsarbeit findet im Wesentlichen in diesen Ausschüssen statt. Ein wichtiger Fachausschuss ist der Petitionsausschuss. Jeder Bürger im Land besitzt das Recht, sich mit Beschwerden und Bitten **(Petitionen)** an das Parlament zu wenden.

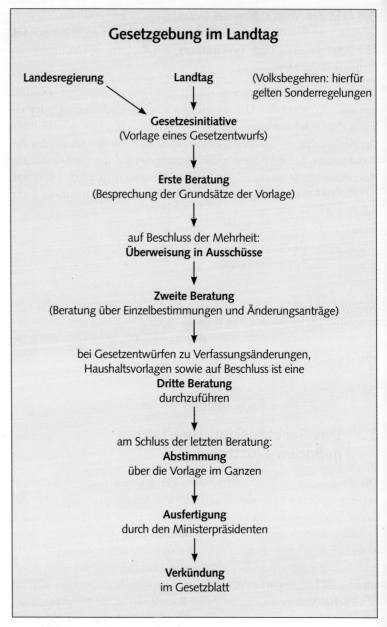

Der Gang der Gesetzgebung im baden-württembergischen Landtag

1. Beschreiben Sie den Gesetzgebungsprozess im Land Baden-Württemberg. Vergleichen Sie ihn mit dem Verfahren auf Bundesebene.

2. Diskutieren Sie die Bedeutung des Etatrechts für das Landesparlament.

3. Kann man den Landtag als „Entscheidungszentrale im Land" bezeichnen? Begründen Sie dies.

3.4   Der Vermittlungsausschuss

Um eine Blockade der Gesetzgebung bei widerstreitenden Interessen zwischen Bund und Ländern im Bereich der Zustimmungsgesetze zu verhindern, gibt es die Möglichkeit, den Vermittlungsausschuss anzurufen. Dieses Gremium bietet die Möglichkeit, einen Kompromiss auszuhandeln, den Entwurf zu bestätigen und erneut im Bundesrat zur Abstimmung zu stellen. Es kann den Entwurf als Ganzes zurücknehmen, womit das Gesetz gescheitert ist.

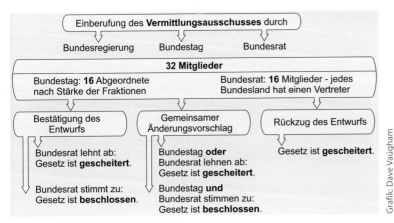

Grafik: Dave Vaugham

Überblick Vermittlungsausschuss

Modul 4

Beschreiben Sie das Schaubild.

Bei der Auslegung und Anwendung von Gesetzen kommt es immer wieder zu unterschiedlichen Meinungen über die Zuständigkeiten. Auch in solchen Fällen wird der Vermittlungsausschuss angerufen.

PRESSESCHAU

Vermittlungsausschuss erzielt Einigung zur Erbschaftsteuer

Bund und Länder haben ihren Streit um die Reform der Erbschaftsteuer beigelegt. Nach mehr als siebenstündiger Beratung beschloss der Vermittlungsausschuss von Bundestag und Bundesrat in der Nacht zum 22. September 2016 einen Kompromissvorschlag.

Die Vermittler einigten sich bei den bis zuletzt strittigen Kriterien zur Unternehmensbewertung ...

Quelle: http://www.vermittlungsausschuss.de/SharedDocs/pm/2016/011-2016.html, Zugriff: 24.10.2016

http://tinyurl.com/hr6u6jz

Dabei kann es vorkommen, dass die Mitglieder derselben Partei auf Bundes- und Landesebene unterschiedliche Meinungen vertreten und Absichten verfolgen.

Modul 4

PRESSESCHAU

Landespolitiker gegen Bundespolitiker

... Die größeren, von den Grünen mitregierten Bundesländer Baden-Württemberg, Hessen, wohl auch Nordrhein-Westfalen, sind froh über den Erbschaftsteuer-Kompromiss. Die Grünen in Baden-Württemberg und Hessen gelten schon wegen der grün-schwarzen beziehungsweise schwarz-grünen Regierungsbündnisse, in denen sie mitwirken, als Repräsentanten des Realo-Lagers in ihrer Partei. ... Gerade in Baden-Württemberg, wo die Grünen bei der jüngsten Landtagswahl vor einem halben Jahr tief ins bürgerliche Milieu, und damit auch in die Wertewelt von Familienunternehmen, vorgestoßen sind, blicken sie mit größerem Wohlwollen auf deren Existenzbedingungen, als das in anderen Ländern gilt. Das hat ihr Mitwirken am Erbschaftsteuerkompromiss befördert.

Im Bund hingegen lautete die Haltung der Grünen, dass alle Ausnahmen und Verschonungsregelungen bei der Erbschaftsteuerbemessung eigentlich ein Geschenk an die Reichen seien ...

So kritisierte die Parlamentarische Geschäftsführerin der Grünen im Bundestag, Britta Haßelmann, die für die grüne Bundestagsfraktion im Vermittlungsausschuss sitzt, das Kompromissergebnis anschließend als untauglich. Die „falsche Grundkonzeption" der alten Regelung sei „weitgehend beibehalten" worden, wahrscheinlich werde auch der jetzt erzielte Kompromiss gegen die Verfassung verstoßen und vom Verfassungsgericht aufgehoben werden.

Haßelmann saß bei der entscheidenden Ausschussrunde im selben Raum wie ihre Parteifreundin, die schleswig-holsteinische Finanzministerin Monika Heinold. Heinold leitete allerdings jene Arbeitsgruppe des Vermittlungsausschusses, die den Kompromiss vorbereitete und in der letzten Sitzung in der Nacht zum Donnerstag auch mit herbeiführte. Doch anschließend mühten sich beide – die erleichterten Grünen-Landespolitiker wie die enttäuschten Grünen-Bundespolitiker – die Situation nicht entgleisen zu lassen.

Quelle: http://www.faz.net/aktuell/politik/inland/die-gruenen-der-kompromiss-bei-der-erbschaftsteuer-zeigt-die-konflikte-innerhalb-der-partei-14449856.html, Zugriff: 24.10.2016

1. Stellen Sie die Haltung der Grünen auf Bundes- und Landesebene gegenüber.
2. Erörtern Sie die Wirkung, die dieses Verhalten auf den Bürger haben könnte.

4 Bedeutung wesentlicher Elemente der Demokratie

Die demokratische Ordnung eines Staates ist ein erworbenes Gut. Sie ist das Produkt langer Kämpfe und bleibt nicht automatisch für die Ewigkeit bestehen. Demokratie muss immer verteidigt und weiterentwickelt werden. Nur wer die wesentlichen Elemente der Demokratie kennt, kann mithelfen, die Demokratie zu sichern.

4.1 Die Garantie der Grundrechte

Die Grundrechte entspringen der Werteordnung unseres Staates und werden jedem Bürger einklagbar garantiert. Die Grundrechte sind für alle staatlichen Institutionen der Orientierungsmaßstab, sind unmittelbar geltendes Recht und stehen über den anderen Rechtsvorschriften unserer Rechtsordnung.

Grundrechte als Bürgerrechte:
Bürgerrechte, die nur deutschen Staatsangehörigen zustehen (z. B. Versammlungsfreiheit, Vereinigungsfreiheit, erkennbar an den Formulierungen: Alle Deutschen …, … jeder Deutsche, … kein Deutscher)

Grundrechte als Menschenrechte:
Grundrechte, die allen Menschen zustehen (z. B. Menschenwürde, Freiheit der Person)

Modul 4

Die Grundrechte
Grundgesetz für die Bundesrepublik Deutschland, Artikel 1 bis 19

Schutz der **1** Menschenwürde
Freiheit der Person **2** **3** Gleichheit vor dem Gesetz
Glaubens- und Gewissensfreiheit **4** **5** Freie Meinungsäußerung
Schutz der Ehe und Familie **6** **7** Elternrechte, staatliche Schulaufsicht
Versammlungsfreiheit **8** **9** Vereinigungsfreiheit
Brief- und Telefongeheimnis **10** **11** Recht der Freizügigkeit
Freie Berufswahl **12** **12a** Wehrdienst/Zivildienst
Unverletzlichkeit der Wohnung **13** **14** Eigentumsgarantie
Überführung in Gemeineigentum **15** **16** Staatsangehörigkeit, Auslieferung
Asylrecht **16a** **17** Petitionsrecht
Aberkennung von Grundrechten **18** **19** Rechtsweggarantie

Volkssouveränität, Widerstandsrecht **20** **101** Anspruch auf den gesetzlichen Richter
Gleicher Zugang zu öffentlichen Ämtern **33** **103** Anspruch auf rechtliches Gehör vor Gericht
Wahlrecht **38** **104** Schutz vor willkürlicher Verhaftung

ZAHLENBILDER
60 110   © Bergmoser + Höller Verlag AG

Schutz der Grundrechte

Der Parlamentarische Rat hat das Grundgesetz und besonders die Grundrechte mit einem Schutz versehen. So lässt sich das Grundgesetz nur mit einer Zweidrittelmehrheit jeweils im Bundestag und im Bundesrat verändern. In der Ewigkeitsklausel (Art. 79 Abs. 3 GG) wird festgelegt, dass wesentliche Teile der Verfassung unveränderbar sind.

> **Art. 79 GG**
>
> (3) Eine Änderung dieses Grundgesetzes, durch welche die Gliederung des Bundes in Länder, die grundsätzliche Mitwirkung der Länder bei der Gesetzgebung oder die in den Artikeln 1 und 20 niedergelegten Grundsätze berührt werden, ist unzulässig.

© Dave Vaughan

1. Beschreiben Sie die nebenstehende Zeichnung.

2. Erklären Sie die Aussage der Zeichnung.

3. Für die Durchsetzung der Grundrechte haben viele Generationen hart kämpfen müssen. Untersuchen Sie, wo die Wurzeln der heutigen Grundrechte liegen.

4. Beschreiben Sie das Menschenbild, das den Grundrechten zugrunde liegt.

5. Durch die Ewigkeitsklausel in Art. 79 (3) GG sind die Verfassungsprinzipien für immer geschützt und unveränderbar. Welche Erfahrungen sprechen für diese Art des Schutzes wichtiger Verfassungsinhalte?

4. Leiten Sie aus Art. 1 GG den „Leitgedanken" des Grundgesetzes ab.

5. Ordnen Sie die Grundrechte nach Freiheitsrechten, Gleichheitsrechten, Verfahrensrechten und Institutionellen Garantien.

6. Recherchieren Sie, welche Pflichten Sie als Staatsbürger haben.

4.2 Gewaltenteilung und Oberste Bundesorgane

Im Grundgesetz wird die Gewaltenteilung im Art. 20 festgelegt und über die Ewigkeitsklausel des Art. 79 (3) jeder Veränderung entzogen.

> **Art. 20 GG**
>
> (1) Die Bundesrepublik Deutschland ist ein demokratischer und sozialer Bundesstaat.
>
> (2) Alle Staatsgewalt geht vom Volke aus. Sie wird vom Volke in Wahlen und Abstimmungen und durch besondere Organe der Gesetzgebung, der vollziehenden Gewalt und der Rechtsprechung ausgeübt ...

Fassen Sie den Inhalt des Art. 20, Abs. 1 und 2 GG mit eigenen Worten zusammen.

In einer parlamentarischen Demokratie müssen die Aufgaben der einzelnen Gewalten auf Staatsorgane übertragen werden. In der Bundesrepublik Deutschland sind dies die *obersten Bundesorgane.* Sie sind für unterschiedliche Aufgaben zuständig. Hinsichtlich der Gewaltenverteilung gilt im Wesentlichen Folgendes:

Modul 4

Tagungsorte der fünf Obersten Bundesorgane

Zu den obersten Bundesorganen zählen in Einzelnen:

Der Bundespräsident

Der Bundespräsident vertritt die Bundesrepublik völkerrechtlich und repräsentiert den Staat. Er ist das formelle Staatsoberhaupt.

Die Bundesregierung

Die Bundesregierung lenkt und leitet die staatlichen Tätigkeiten und handelt als Impulsgeber (Regierungstätigkeit). Sie gestaltet die politischen Verhältnisse durch konkrete Maßnahmen (Verwaltungstätigkeit).

Der Bundestag

Der Bundestag wird vom Volk gewählt und ist der Ort, an dem unterschiedliche Auffassungen über den richtigen politischen Weg von den Parteien formuliert und diskutiert werden.

Die wichtigsten Aufgaben des Bundestages sind die Gesetzgebung, die Kontrolle der Regierungsarbeit und die Wahl anderer oberster Bundesorgane.

Der Bundesrat

Durch den Bundesrat sind die Bundesländer an der Gesetzgebung und der Verwaltung des Bundes beteiligt. Er kontrolliert die Regierung und wirkt bei der Bestellung anderer Bundesorgane mit.

Das Bundesverfassungsgericht

Das Bundesverfassungsgericht in Karlsruhe wacht über die Einhaltung des Grundgesetzes für die Bundesrepublik Deutschland.

Die Arbeit des Bundesverfassungsgerichts hat auch politische Wirkung. Das wird besonders deutlich, wenn das Gericht ein Gesetz für verfassungswidrig erklärt. Das Gericht ist aber kein politisches Organ. Sein Maßstab ist allein das Grundgesetz.

Modul 4

1. Ordnen Sie den Bildern die obersten Bundesorgane zu und bestimmen Sie ihre Funktion im Rahmen der Gewaltenteilung.

2. Entwickeln Sie mithilfe des Grundgesetzes eine Verfassungsskizze (s. hierzu das folgende KOM).

3. Leiten Sie aus Ihrem Schaubild die Gewichtung der einzelnen Verfassungsorgane im System der BRD ab.

4. Herrscht in der BRD eine „Kanzlerdemokratie"? Begründen Sie Ihre Meinung.

KOM – Verfassungsschaubild entwickeln

Verortung/Information:

Ausführliche Texte sind nicht unbedingt der beste und schnellste Weg, Informationen übersichtlich zu präsentieren oder über ein komplexes System einen ersten Überblick zu geben. Durch die Umwandlung eines Textes in ein Schaubild mittels Pfeilen, Gegenüberstellungen und anderer Symbole, werden ein Text oder ein System leichter verständlich.

Ein weiterer Vorteil ist, dass Sie sich den Inhalt so viel besser merken können (Optimale Klassenarbeitsvorbereitung). Mit dieser Übung können Sie das Umwandeln eines Textes in ein Schaubild trainieren.

Analyse/Reflektion:

1. Bilden Sie Gruppen mit maximal 5–6 Mitgliedern.

2. Entwickeln Sie in der Gruppe aus den Verfassungsartikeln ein(e) Verfassungsskizze/-Schaubild in Form eines großen Plakats. Stellen Sie dabei die Verfassungsorgane und ihre Befugnisse auf farbigen Karten (Blau = Exekutive, Grün = Legislative, Rot = Judikative) und die Beziehungen und Abhängigkeiten mit Pfeilen dar.

3. Befestigen Sie nach der Fertigstellung die Plakate an der Tafel und vergleichen Sie diese miteinander.

4. Einigen Sie sich nun in der Klasse auf ein Plakat, das als Ihr gemeinsames Arbeitsergebnis gelten soll. Beachten Sie dabei die Kriterien der Analyse und Erstellung von Verfassungsschaubildern.

Handlung/Urteil/Entscheidung:

Kriterien der Analyse und Erstellung von Verfassungsschaubildern	
Das Schema zerlegen und durchdenken	Welche Ordnung ist erkennbar bzw. wäre sinnvoll (Blöcke, Farben?) Wie sind die einzelnen Blöcke miteinander verbunden bzw. sollten miteinander verbunden sein? Welche Bewegungsrichting haben die Pfeile? Welche Begriffe müssen zum Verständnis geklärt werden? Welche Verfassungsorgane (= Blöcke) rangieren oben und unten; ist diese Hierarchie entsprechend der Wertigkeit in der Verfassung?

Kriterien der Analyse und Erstellung von Verfassungsschaubildern	
Verfassungskriterien: Gesetzgebung und Machtausübung	Wer darf Gesetzesvorschläge machen? Wer erlässt die Gesetze? Wer kann Gesetzesbeschlüsse rückgängig machen? Wer setzt die Gesetze durch? Gibt es Grundsätze, nach denen sich die Gesetzgebung richten muss?
Verfassungskriterien: Wahl, Machtverteilung und Machtkonzentration	Welche Positionen werden durch Wahl bestimmt, welche nicht? Wer darf wählen, wer darf gewählt werden, wer ist von der Wahl ausgeschlossen? Ist die Macht im Staate auf verschiedene Personen/Gruppen/Gremien verteilt oder konzentriert sie sich an einer Stelle?
Was ein Schema oft nicht erklärt, was aber auch wichtig ist	Welche Rechte haben Minderheiten? Warum und bei welcher Gelegenheit wurde die Verfassung verabschiedet? Haben diese Umstände die Verfassung beeinflusst?

Auszüge aus wichtigen Artikeln des GG	
Art. 1–19 Grundrechte	u. a. Menschenrechte, Recht auf freie Entfaltung, Gleichheit aller vor dem Gesetz, Meinungsfreiheit, Pressefreiheit
Art. 20 Verfassungsgrundsätze	Die Bundesrepublik Deutschland ist ein demokratischer und sozialer Bundesstaat. Alle Staatsgewalt geht vom Volke aus. ...
Art. 38–39 Wahl des Bundestages	Die Abgeordneten des Deutschen Bundestages werden in allgemeiner, unmittelbarer, freier, gleicher und geheimer Wahl gewählt. Sie sind Vertreter des ganzen Volkes, an Aufträge und Weisungen nicht gebunden und nur ihrem Gewissen unterworfen. Der Bundestag wird auf vier Jahre gewählt. ...
Art. 50–51 Bundesrat	Durch den Bundesrat wirken die Länder bei der Gesetzgebung und Verwaltung des Bundes mit. Der Bundesrat besteht aus Mitgliedern der Regierungen der Länder, die sie bestellen und abberufen. ...
Art. 54 Wahl des Bundespräsidenten	Der Bundespräsident wird ohne Aussprache von der Bundesversammlung gewählt. ... Das Amt des Bundespräsidenten dauert fünf Jahre. Anschließende Wiederwahl ist nur einmal zulässig. Die Bundesversammlung besteht aus den Mitgliedern des Bundestages und einer gleichen Anzahl von Mitgliedern, die von den Volksvertretungen der Länder (Länderparlamente) nach den Grundsätzen der Verhältniswahl gewählt werden. ...
Art. 58 Gegenzeichnung	Anordnungen und Verfügungen des Bundespräsidenten bedürfen zu ihrer Gültigkeit der Gegenzeichnung durch den Bundeskanzler oder durch den zuständigen Bundesminister. ...
Art. 62 Bundesregierung	Die Bundesregierung besteht aus dem Bundeskanzler und den Bundesministern.

Modul 4

Auszüge aus wichtigen Artikeln des GG	
Art. 63 **Kanzlerwahl**	Der Bundeskanzler wird auf Vorschlag des Bundespräsidenten vom Bundestag ohne Aussprache gewählt. Gewählt ist, wer die Stimmen der Mehrheit der Mitglieder des Bundestages auf sich vereinigt. Der Gewählte ist vom Bundespräsidenten zu ernennen. Wird der Vorgeschlagene nicht gewählt, so kann der Bundestag binnen vierzehn Tagen nach dem Wahlgang mit mehr als der Hälfte seiner Mitglieder einen Bundeskanzler wählen. Kommt eine Wahl innerhalb dieser Frist nicht zustande, so findet unverzüglich ein neuer Wahlgang statt, in dem gewählt ist, wer die meisten Stimmen erhält. Vereinigt der Gewählte die Stimmen der Mehrheit der Mitglieder des Bundestages auf sich, so muss der Bundespräsident ihn binnen sieben Tagen nach der Wahl ernennen. Erreicht der Gewählte diese Mehrheit nicht, so hat der Bundespräsident binnen sieben Tagen entweder ihn zu ernennen oder den Bundestag aufzulösen.
Art. 64 **Bundesminister**	Die Bundesminister werden auf Vorschlag des Bundeskanzlers vom Bundespräsidenten ernannt und entlassen. ...
Art. 65 **Richtlinienkompetenz, Ressort- und Kollegialprinzip**	Der Bundeskanzler bestimmt die Richtlinien der Politik und trägt die Verantwortung. Innerhalb dieser Richtlinien leitet jeder Bundesminister seinen Geschäftsbereich selbstständig und unter eigener Verantwortung. ...
Art. 67 **(konstruktives)** **Misstrauensvotum**	Der Bundestag kann dem Bundeskanzler das Misstrauen nur dadurch aussprechen, dass er mit der Mehrheit seiner Mitglieder einen Nachfolger wählt und den Bundespräsidenten ersucht, den Bundeskanzler zu entlassen. Der Bundespräsident muss dem Ersuchen entsprechen und den Gewählten ernennen. ...
Art. 68 **Vertrauensfrage**	Findet ein Antrag des Bundeskanzlers, ihm das Vertrauen auszusprechen, nicht die Zustimmung der Mehrheit der Mitglieder des Bundestages, so kann der Bundespräsident auf Vorschlag des Bundeskanzlers binnen einundzwanzig Tagen den Bundestag auflösen. Das Recht zur Auflösung erlischt, sobald der Bundestag mit der Mehrheit seiner Mitglieder einen anderen Bundeskanzler wählt. ...
Art. 69 **Amtsdauer**	(...) Das Amt des Bundeskanzlers oder eines Bundesministers endigt in jedem Falle mit dem Zusammentritt eines neuen Bundestages, das Amt eines Bundesministers auch mit jeder anderen Erledigung des Amtes des Bundeskanzlers. ...
Art. 76–78 **Gesetzgebung**	Gesetzesvorlagen werden beim Bundestag durch die Bundesregierung, aus der Mitte des Bundestages oder durch den Bundesrat eingebracht. Vorlagen der Bundesregierung sind zunächst dem Bundesrate zuzuleiten. Der Bundesrat ist berechtigt, innerhalb von drei Wochen zu diesen Vorlagen Stellung zu nehmen. Vorlagen des Bundesrates sind dem Bundestage durch die Bundesregierung zuzuleiten. Sie hat hierbei ihre Auffassung darzulegen. Die Bundesgesetze werden vom Bundestage beschlossen. ... Ein vom Bundestage beschlossenes Gesetz kommt zustande, wenn der Bundesrat zustimmt, ... keinen Einspruch einlegt oder ihn zurücknimmt oder wenn der Einspruch vom Bundestage überstimmt wird.

Auszüge aus wichtigen Artikeln des GG	
Art. 79 **Änderung des GG**	Das Grundgesetz kann durch ein Gesetz geändert werden, das den Wortlaut des Grundgesetzes ausdrücklich ändert oder ergänzt. Ein solches Gesetz bedarf der Zustimmung von 2/3 der Mitglieder des Bundestages und 2/3 der Stimmen des Bundesrates. Eine Änderung des Grundgesetzes, durch welche ... die in den Artikeln 1 und 20 niedergelegten Grundsätze berührt werden, ist unzulässig.
Art. 93–94 **Bundesverfas-** **sungsgericht**	Das Bundesverfassungsgericht entscheidet: ... bei Meinungs-verschiedenheiten oder Zweifeln über die ... Vereinbarkeit von Bundesrecht oder Landesrecht mit diesem Grundgesetz ... Die Mitglieder des Bundesverfassungsgerichtes werden je zur Hälfte vom Bundestage und vom Bundesrate gewählt. ...
Art. 146 **Geltungsdauer** **des GG**	Dieses Grundgesetz ... verliert seine Gültigkeit an dem Tage, an dem eine Verfassung in Kraft tritt, die von dem deutschen Volke in freier Entscheidung beschlossen worden ist.

Machtkontrolle

Die Gewaltenteilung regelt nicht nur Zuständigkeiten, sondern dient auch der Machtkontrolle. Die Bundesregierung verkörpert das Machtzentrum in der BRD. Sie wird im Bundestag durch die jeweilige Opposition kontrolliert. Nur in einem Mehrparteiensystem kann eine wirkungsvolle parlamentarische Opposition entstehen. Sie kann beim Bundesverfassungs-gericht einen Antrag auf Überprüfung der jeweiligen Gesetze stellen.

© Dr. Anja Rieck

In der Verschränkung aller Verfassungsorgane wird sichergestellt, dass in der Bundesrepublik keinem gestattet wird, seine Macht über Gebühr auszubauen.

Bei der Aufteilung der Macht auf die drei Gewalten Legislative, Exekutive und Judikative spricht man von der horizontalen Gewaltenteilung.

1. Beschreiben Sie das Schaubild.
2. Interpretieren Sie das Schaubild.

www.abgeordnetenwatch.de

Neben diesen drei Staatsgewalten gelten die Medien als die vierte Gewalt im Staat. Sie informieren die Bürger, kommentieren politische Entscheidungen und beeinflussen die öffentliche Meinung. Diese wirkt sich auf das konkrete Handeln der Politiker aus. Hieraus ergibt sich eine weitere Form der Machtregulierung. Somit ist die Freiheit und Vielfalt der Medien ein wichtiger Stützpfeiler für die freiheitlich demokratische Grundordnung.

Durch den Föderalismus (Art. 20 GG) soll ebenso eine Machtkonzentration verhindert werden. Bei der Aufteilung der Macht auf Bund, Länder und Gemeinden spricht man von vertikaler Gewaltenteilung.

   Nennen Sie die Grundprinzipien im System der Gewaltenteilung.

4.3 Das Mehrheitsprinzip

> „Die demokratische Gesinnung der Mehrheit erkennt man daran, wie sie ihre Minderheiten behandeln." (Mahatma Gandhi, indischer Widerstandskämpfer, 1869–1948)

Das Ergebnis, das bei demokratischen Entscheidungen die Mehrheit der Stimmen erhält, erlangt dadurch Gültigkeit. So ist das Mehrheitsprinzip definiert. Die Minderheit erkennt die Mehrheitsentscheidung an.

Das Mehrheitsprinzip ist in verschiedenen Ausprägungen umsetzbar. Je nach Situation werden diese – vor allem bei Wahlen – angewendet.

Die einfache/relative Mehrheit

Die Zahl der abgegebenen Ja-Stimmen übersteigt die Zahl der abgegebenen Nein-Stimmen. Dabei werden Stimmenthaltungen nicht berücksichtigt. Dies ist die häufigste Abstimmungsvariante.

Auch wenn es sich um Abstimmungen handelt, bei der sich mehrere Personen um ein Amt bemühen, kann es angewendet werden. (A hat 49 %, B hat 48 %, C hat 3 % bedeutet, dass A sich durchgesetzt hat.)

Die absolute Mehrheit

Die Grundlage ist die Gesamtzahl der Mitglieder. Es muss mindestens eine Person mehr mit Ja stimmen, als die Hälfte der Anzahl der gesamten Mitglieder. Bei 100 Mitgliedern müssen also mindestens 51 Personen mit ja stimmen.

Wenn nur 80 Mitglieder bei einer Ja-Nein-Abstimmung anwesend sind, sind 51 Stimmen mehr als die einfache Mehrheit. In diesem Beispiel wäre die einfache Mehrheit schon bei 41 Ja-Stimmen gegeben.

In Bezug auf die Kanzlerwahl in der Bundesrepublik wird die absolute Mehrheit auch „Kanzlermehrheit" genannt.

Modul 4

Die qualifizierte Mehrheit

Ein festgelegter Teil der Mitglieder – zum Beispiel 2/3 oder 3/4 – muss mit Ja stimmen. Für Änderungen des Grundgesetzes müssen z. B. 2/3 der Mitglieder des Bundestages zustimmen. Auch aus dem Bundesrat müssen 2/3 der Stimmen dafür abgegeben werden.

Die doppelte Mehrheit

Dieses Prinzip findet in der EU Anwendung. Nach dem Vertrag von Lissabon (2014) ist für Beschlüsse des Ministerrates die doppelte Mehrheit nötig: 55 % der Mitgliedsstaaten der EU müssen zustimmen und diese müssen mindestens 65 % der EU-Bevölkerung vertreten. Deshalb spricht man auch von der „55/65-Regel".

Ab 2017 wird diese Regel vollumfänglich angewendet.

© Laz'e-Pete – fotolia.com

Wer hat die relative Mehrheit?

1. Erklären Sie, welche Mehrheitsvariante bei der Wahl zum Klassensprecher angewendet wird.
2. Beschreiben Sie, welche Mehrheitsvariante bei der Bundestagswahl Anwendung findet.
3. Diskutieren Sie, ob die „55/65"-Regel bei Abstimmungen im EU-Ministerrat sinnvoll ist.

Im Grundgesetz ist der Begriff der Mehrheit des Volkes nicht in die grundlegenden Artikel zu Staatsform und Staatsziele übernommen worden. Im Jahre 1952 hat das Bundesverfassungsgericht den Begriff aufgenommen. Anlässlich des Parteienverbotes für die rechtsradikale SRP (Sozialistische Reichspartei) hat es die „freiheitlich demokratische Grundordnung" (FDGO) definiert:

> „Freiheitliche demokratische Grundordnung im Sinne des **Art. 21 II GG** ist eine Ordnung, die unter Ausschluss jeglicher Gewalt und Willkürherrschaft eine rechtsstaatliche Herrschaftsordnung auf der Grundlage der Selbstbestimmung des Volkes nach dem Willen der jeweiligen Mehrheit und der Freiheit und Gleichheit darstellt. Zu den grundlegenden Prinzipien dieser Ordnung sind mindestens zu rechnen: die Achtung vor den im Grundgesetz konkretisierten Menschenrechten, vor allem vor dem Recht der Persönlichkeit auf Leben und freie Entfaltung, die Volkssouveränität, die Gewaltenteilung, die Verantwortlichkeit der Regierung, die Gesetzmäßigkeit der Verwaltung, die Unabhängigkeit der Gerichte, das Mehrparteienprinzip und die Chancengleichheit für alle politischen Parteien mit dem Recht auf verfassungsmäßige Bildung und Ausübung einer Opposition." – **BVerfGE 2, 1** – SRP-Verbot

1. Nennen Sie die grundlegenden Prinzipien der freiheitlich demokratischen Grundordnung.
2. Überprüfen Sie, an welcher Stelle der Definition der FDGO das Mehrheitsprinzip hinsichtlich des Volkswillens genannt ist.

Das Mehrheitsprinzip sagt nichts darüber aus, ob die Entscheidung richtig oder falsch ist. Es sorgt aber dafür, dass Meinungsunterschiede akzeptiert werden.

In seiner reinen Ausprägung lässt das Mehrheitsprinzip die Stimmen der Minderheit unberücksichtigt.

Dennoch müssen die Rechte der Minderheiten gewahrt werden, damit es nicht zur „Tyrannei der Mehrheit" kommen kann. Dies wird u. a. durch die Garantie der Grundrechte im GG (z. B. Meinungsfreiheit, Religionsfreiheit u. a.) verhindert.

> Nennen Sie weitere Grundrechte des GG (Art. 1–19), die immer auch für Minderheiten gelten.

Konsensprinzip statt Mehrheitsprinzip

Weil beim Mehrheitsprinzip die Stimmen der Minderheit nur bedingt berücksichtigt werden, setzen die Vertreter des Konsensprinzips auf Kompromisslösungen. Für kleinere Personengruppen mag dies gelingen und auch gut sein. Dagegen scheint es für größere Personengruppen (z. B. Staaten) nicht realistisch zu sein.

> Überlegen Sie, in welchen Situationen in Ihrem Umfeld das Konsensprinzip angewendet werden könnte.

Zusammenfassung

Der Föderalismus sichert Einheit und Vielfalt in der Bundesrepublik Deutschland.

Die Interessen der Bürger können auf Bundes- und Landesebene unterschiedlich sein.

Der Vermittlungsausschuss kann bei Problemen der Gesetzesauslegung zwischen Bund und Ländern angerufen werden.

Ein wesentliches Element der Demokratie ist die Garantie der Grundrechte.

Die Teilung der Gewalten (Legislative, Exekutive, Judikative) schützt vor Machtmissbrauch.

Das Mehrheitsprinzip ist in der Demokratie unverzichtbar.

Wissens-Check

1. Nennen Sie die obersten Bundesorgane, die im Vermittlungsausschuss vertreten sind.
2. Beschreiben Sie, was ein Einspruchsgesetz ist.
3. Erklären Sie den Begriff „Vetorecht" (Internetrecherche).
4. Nennen Sie die Grundrechte, die nicht geändert werden dürfen.
5. Geben Sie den Begriff „doppelte Mehrheit" mit eigenen Worten wieder.

Modul 4

Modul 5: Entwicklung der Demokratie in Deutschland und ihre Gefährdungen

© Marco2811 – fotolia.com

© Ulf Kläning

Kompetenzen, die Sie u. a. in diesem Modul erwerben:

Fachkompetenz		Personale Kompetenz	
Wissen	Fertigkeiten *(u. a. Analysekompetenz/ Methodenkompetenz)*	Sozialkompetenz *(u. a. Kommunikative Kompetenz, Teamfähigkeit, Einfühlungsvermögen, Konfliktfähigkeit)*	Selbstständigkeit *(u. a. Politische Urteilskompetenz, Lernkompetenz)*
Ich kenne die Entwicklung der Demokratie in Deutschland (Gründung der Bundesrepublik Deutschland, Demokratisierung der Gesellschaft, Überwindung der Diktatur in der DDR). Formen des Extremismus und Populismus sind mir bekannt.	Ich kann historische Quellen ausarbeiten und sie in Beziehung zur eigenen Gegenwart setzen. Ich kenne Möglichkeiten, extremistische und populistische Positionen von demokratischen Positionen abzugrenzen.	In Diskussionen benenne ich populistische und extremistische Positionen. Bei auftretenden Meinungsunterschieden vertrete ich angemessen und sachlich meine Vorstellungen.	Ich kann Strategien zum kritischen Umgang mit Extremisten und Populisten entwickeln und umsetzen.

1 Zeitzeugenbefragung – Historische Quellen auswerten

KOM – Historische Quellen auswerten: Zeitzeugenbefragung

Verortung/Information:

Um sich noch einen besseren Eindruck und ein differenziertes Bild über die damalige Situation und Gefühlslage der Menschen in der Vergangenheit zu verschaffen, sollen Sie sich auf Spurensuche vor Ort begeben. Wie hat die Situation am Tag der Kapitulation Deutschlands am Ende des zweiten Weltkriegs in Ihrem Heimatort ausgesehen? Welche persönlichen Schicksale sind mit diesem Tag und der unmittelbaren Zeit davor und danach verbunden? Finden Sie Spuren, die diese Zeit hinterlassen hat. Machen Sie diese sichtbar und werten Sie sie aus.

Zur Spurensuche vor Ort stehen Ihnen unterschiedliche Informationsquellen zur Verfügung. Sie sollten in Ihre Untersuchung Zeitungsartikel aus der Lokal- und Regionalpresse, Familienalben, Fotos sowie Gegenstände aus dieser Zeit einbeziehen. Stadt- und Schularchive sowie Museen und Friedhöfe können weitere Ausgangspunkte für die Spurensuche sein.

Die ergiebigste Quelle stellen aber Menschen dar, die die Ereignisse selbst miterlebt haben. Diese Zeitzeugen können rückblickend aus ihrer Perspektive über die Geschehnisse berichten. Ihre Erfahrungsberichte machen die Geschichte wieder lebendig, denn sie enthalten die verarbeiteten Emotionen (Freude, Angst, Hoffnung, Trauer etc.) der Zeitzeugen und liefern einen Einblick in die alltägliche Lebenswelt des Untersuchungszeitraums.

Daraus ergibt sich andererseits die Problematik von Zeitzeugenberichten, denn die verschiedenen Betroffenen haben häufig ein historisches Ereignis völlig unterschiedlich wahrgenommen. Bei einer Befragung von Zeitzeugen muss man sich daher ihrer Subjektivität bewusst sein. Ihre Erinnerungen sind teilweise durch später hinzugelerntes Wissen, neue Erfahrungen, veränderte Einstellungen oder unbewusste Verdrängung überlagert, verändert bzw. vermischt. Trotzdem vermitteln Zeitzeugenberichte beeindruckende Einsichten, die über andere Quellen selten erschlossen werden können. Mit diesen Informationen aus erster Hand wird die Geschichte für uns konkreter und letztlich leichter erfahr- und begreifbar (vorstellbar).

© Picture-Factory – fotolia.com

Analyse/Reflektion:

1. Sammeln Sie zu Beginn Grundinformationen zu dem Ereignis/ Thema des Interviews.

2. Erstellen Sie eine Liste möglicher Zeitzeugen, die Ihnen am besten Auskunft zum gewählten Thema geben können. Berücksichtigen Sie dabei Alter, Geschlecht, Beruf etc.

3. Entwickeln Sie einen Fragenkatalog. Beachten Sie dabei, dass Sie die Fragen nicht zu eng und nicht zu offen stellen. Der Zeitzeuge sollte einerseits genügend Raum haben, um aus seinem reichhaltigen Erfahrungsschatz zu berichten, andererseits nicht mit seinen Ausführungen vom Thema abweichen.

4. Überlegen Sie vorab, welche Probleme bei der Durchführung des Interviews auftreten können. Erinnerungen können z. B. Zeitzeugen auch stark belasten und berühren, so dass es ihnen schwerfällt darüber zu berichten. Eine vertrauliche Atmosphäre kann helfen, solche Hürden zu überwinden.

5. Führen Sie das Interview durch und protokollieren Sie das Gespräch lückenlos.

6. Werten Sie die Befragung aus. Berücksichtigen Sie dabei die Subjektivität des Zeitzeugen und schätzen Sie nach Ihrer Meinung die Verlässlichkeit seiner Ausführungen ab. Haben sich vielleicht auch überraschende Aspekte ergeben?

7. Präsentieren Sie Ihre Ergebnisse

Handlung/Urteil/Entscheidung:

Suchen Sie nach Spuren des Kriegsendes und der Nachkriegszeit zu einem ausgewählten Ereignis oder Thema in Ihrem persönlichen Umfeld und in Ihrer Stadt. Führen Sie hierzu auch Zeitzeugenbefragungen durch.

Mögliche Themen für die Spurensuche vor Ort:

Die „Stunde Null" in ...

Der 8. Mai 1945 – Befreiung oder Niederlage?

Der Alltag in der Nachkriegszeit

Die Behandlung durch die Siegermächte

Modul 5

2 Entwicklung der Demokratie in Deutschland

Reaktionär:
Die Reaktion ist vor allem im frühen 19. Jahrhundert die Bezeichnung für antidemokratische und gegen den gesellschaftlichen Fortschritt eingestellte Kräfte bzw. eine Haltung, die rückwärtsgewandt ist.

© dpa

Reichspräsident Friedrich Ebert

Deutschlands Weg in die Demokratie war lang und steinig, er führte durch Monarchie und Diktatur. Es dauerte über hundert Jahre, bis aus den ersten demokratischen Ideen im 19. Jahrhundert eine stabile demokratische Grundordnung entstand.

2.1 Weimarer Republik und Nationalsozialismus

11. November 1918: Mit der Kapitulation des Deutschen Kaiserreichs war die Niederlage im Ersten Weltkrieg besiegelt. Sie markiert das Ende der Monarchie in Deutschland.

In der anschließenden Novemberrevolution setzte sich die SPD durch. Mit Friedrich Ebert an der Spitze verwirklichte sie ihre Vorstellung einer demokratischen Republik.

19. Januar 1919: Bei der Wahl zur verfassungsgebenden Nationalversammlung errangen die demokratischen Parteien der Mitte eine Mehrheit. Diese so genannte Weimarer Koalition aus SPD, Zentrum und DDP arbeitete in der thüringischen Stadt die Verfassung der neuen Republik aus.

1919 bis 1932: In den Jahren der Weimarer Republik wurde deutlich, dass hohe Arbeitslosigkeit, soziale Ungleichheit und wirtschaftliche Probleme Hauptfaktoren für das Entstehen radikaler politischer Parteien sind. Der Lauf der Geschichte zeigt, dass Demokratie ein politisches System ist, das nicht automatisch funktioniert.

Der Friedensvertrag von Versailles

■ Abgetretene Gebiete (* davon Gebiete mit Volksabstimmung)
☐ Nach Volksabstimmung bei Deutschland verblieben
▨ Besetzte Gebiete
▦ Weitere entmilitarisierte Zone
═ Internationalisierte Ströme/Kanäle

Nordschleswig an Dänemark* — 166 Bevölkerungsverlust in 1000
Memelland unter alliierter Verwaltung — 141
Freie Stadt Danzig 331
Wirtschaftsbeschränkungen Besatzungslasten Reparationen
Berlin
Posen und Westpreußen an Polen 2 938
Reichswehr 100 000 Mann Reichsmarine 15 000 Mann Entwaffnung
Eupen-Malmedy an Belgien* 60
Köln
Elbe
Oder
Teile Oberschlesiens an Polen* 893
Verlust der Kolonien
Koblenz
Mainz
Hultschiner Ländchen an Tschechoslowakei 48
Saargebiet 15 Jahre unter Völkerbundsverwaltung
Verbot der Vereinigung mit Österreich
Kehl
Donau
Elsass-Lothringen an Frankreich 1874

ZAHLENBILDER

50 06

Die Ursachen für das Scheitern der Weimarer Republik waren vielfältig:

Der Versailler Vertrag vom 28. Juni 1919 in Verbindung mit der **„Dolchstoßlegende"** belastete die junge Republik. In den Augen der Öffentlichkeit trugen die demokratischen Parteien und Politiker die Verantwortung für die Niederlage und die Kriegsfolgen.

Friedrich Ebert musste mit den alten kaiserlichen Kräften kooperieren, um seine Ziele zu erreichen. Dadurch blieben in vielen wichtigen öffentlichen und staatlichen Institutionen demokratiefeindliche, monarchische Verantwortungsträger im Amt und bekämpften die Demokratie von innen.

Die Schwächen der Weimarer Verfassung ermöglichten dem Reichspräsidenten diktatorische Vollmachten (Präsidialkabinette) und führten zu politisch höchst instabilen Verhältnissen.

Dolchstoßlegende:
Dies ist die Behauptung der obersten Heeresführer Hindenburg und Ludendorff, dass die Novemberrevolution und demokratische Kräfte die Niederlage im 1. Weltkrieg verschuldet hätten.

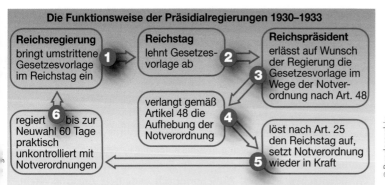

Die Funktionsweise der Präsidialregierungen 1930–1933

Reichsregierung bringt umstrittene Gesetzesvorlage im Reichstag ein **1**

Reichstag lehnt Gesetzesvorlage ab **2**

Reichspräsident erlässt auf Wunsch der Regierung die Gesetzesvorlage im Wege der Notverordnung nach Art. 48 **3**

verlangt gemäß Artikel 48 die Aufhebung der Notverordnung **4**

löst nach Art. 25 den Reichstag auf, setzt Notverordnung wieder in Kraft **5**

regiert **6** bis zur Neuwahl 60 Tage praktisch unkontrolliert mit Notverordnungen

Die Präsidialregierungen beruhten auf der Kombination der Artikel 48 und 25 der Weimarer Verfassung. Durch Androhung und Anwendung beider Artikel konnte der Reichspräsident das Parlament ausschalten.

© Bundesarchiv

Wahlplakat der NSDAP zur Reichstagswahl vom 31. Juli 1932

Modul 5

1929 stürzte die Weltwirtschaftskrise den Großteil der Bürger in eine Existenzkrise. Die radikalen Parteien profitierten von dieser Situation.

Am Ende war die Weimarer Republik eine Republik ohne Republikaner. Die Demokratie wurde für alle Schwierigkeiten und Probleme verantwortlich gemacht. Viele Menschen riefen nach einem „starken Mann".

30. Januar 1933: Adolf Hitler wird zum Reichskanzler ernannt. Die führenden wirtschaftlichen und politischen Kreise waren der Meinung, dass sie Hitler als Marionette für ihre Zwecke nutzen könnten.

© ullstein bild

Propagandaplakat der NSDAP

© Deut. Historisches Museum

Die Nationalsozialisten setzten 1933 ihre Ideologie, die Hitler bereits 1924 im Buch „Mein Kampf" dargelegt hatte, Schritt für Schritt um.

Der Aufbau des Führerprinzips und der Volksgemeinschaft verwandelte die Demokratie in eine totale Diktatur. Die Reichstagsbrandverordnung und das Ermächtigungsgesetz hoben die Grundrechte auf und entmachteten das Parlament. Mithilfe der „Gleichschaltung" durchdrangen und kontrollierten die Nationalsozialisten alle Lebensbereiche der Bürger.

Durch die Vereinigung der Ämter von Reichspräsident und Reichskanzler verfügte Hitler über die uneingeschränkte Macht im Deutschen Reich. Er war nun auch Oberbefehlshaber der Wehrmacht und die Soldaten leisteten ihren Eid auf Hitler persönlich.

Die nationalsozialistische Innen- und Außenpolitik wurde stark durch die Rassenlehre in Verbindung mit der Frage der Erweiterung des Lebensraumes im Osten geprägt. Ziel war die Errichtung eines germanisierten Großdeutschen Reiches. Außenpolitisch bedeutete dies die Nichtbeachtung der Bestimmungen des Versailler Vertrags, die ungehemmte Aufrüstung und Kriegsvorbereitung. Innenpolitisch wurden rassisch „minderwertige" und unerwünschte Minderheiten diskriminiert, entrechtet und verfolgt. Hitlers Rassenlehre gipfelte in einem extremen Judenhass, der im Zweiten Weltkrieg zum **Holocaust** führte.

Mit dem Einsatz gezielter politischer Propaganda täuschten die Nationalsozialisten sowohl die eigenen Bürger als auch das Ausland über ihre wahren Absichten. Sie führte einerseits dazu, dass die Bevölkerung sich mit dem neuen System schnell identifizierte und sich dem Führer in der Volksgemeinschaft bedingungslos unterordnete. Andererseits beschwichtigte die Friedenspropaganda die europäischen Großmächte und führte u. a. am **29. September 1938** zum Münchner Abkommen, das Hitler jedoch nicht einhielt.

Keine zwei Monate später, am **9. November 1938**, wurden in der Reichspogromnacht die jüdischen Synagogen in Deutschland in Brand gesteckt. Der vorgeschobene Grund war das angebliche Attentat eines Juden auf einen deutschen Botschaftsangehörigen in Paris.

1939 bis 1945: Mit dem Einmarsch deutscher Truppen in Polen am **1. September 1939** begann der Zweite Weltkrieg. In diesem bisher größten militärischen Konflikt kämpften sämtliche Großmächte des 20. Jahrhunderts und ungefähr 70 Millionen Menschen verloren ihr Leben. Er endete für Deutschland am **8. Mai 1945** mit der Kapitulation Hitler-Deutschlands.

Holocaust:
Völkermord an den Juden im Dritten Reich

Propagandaplakat der NSDAP

© Bundesarchiv

Modul 5

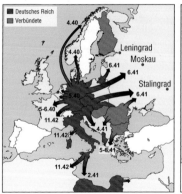  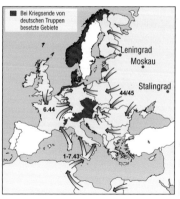

1. Was beinhaltete der Friedensvertrag von Versailles?

2. Wie war die Haltung der Nationalsozialisten zur Demokratie?

Zusammenfassung

Die Niederlage im 1. Weltkrieg markierte das Ende der Monarchie im Deutschen Reich.

In der folgenden Auseinandersetzung (Novemberrevolution) um die zukünftige politische Gestaltung konnte sich die SPD, mit Friedrich Ebert an der Spitze, mit ihrer Vorstellung einer demokratischen Republik durchsetzen.

In den Jahren der Weimarer Republik wurde deutlich, dass hohe Arbeitslosigkeit, soziale Ungleichheit und wirtschaftliche Probleme Hauptfaktoren für das Entstehen radikaler politischer Parteien sind.

Die Ursachen für das Scheitern der Weimarer Republik waren vielfältig:

1. Der Versailler Vertrag in Verbindung mit der „Dolchstoßlegende".

2. Die Schwächen der Weimarer Verfassung ermöglichten dem Reichspräsidenten diktatorische Vollmachten (Präsidialkabinette) und führten zu politisch äußerst instabilen Verhältnissen.

3. Die Weltwirtschaftskrise (1929) stürzte einen Großteil der Bürger in eine Existenzkrise. Die radikalen Parteien profitierten von dieser Situation.

4. Am Ende war die Weimarer Republik eine Republik ohne Republikaner. Die Demokratie wurde für alle Schwierigkeiten und Probleme verantwortlich gemacht. Viele riefen nach einem „starken Mann".

Am 30.01.1933 wurde Hitler zum Reichskanzler ernannt.

Hitler und den Nationalsozialisten gelang es in nicht einmal eineinhalb Jahren, einen totalitären Staat aufzubauen und alle demokratischen Institutionen zu beseitigen.

Die Nationalsozialisten setzten ihre Ideologie, die Hitler bereits 1924 im Buch „Mein Kampf" schriftlich verfasst hatte, Schritt für Schritt um.

Mit dem Einmarsch in Polen entfesselte Hitler den zweiten Weltkrieg, der nach großen Anfangserfolgen für das Deutsche Reich im Mai 1945 mit einer bedingungslosen Kapitulation endete.

Modul 5

Wissens-Check _____

1. Nennen Sie Beginn und Ende des 1. Weltkriegs.
2. Erläutern Sie die Bedeutung des Versailler Vertrags für die Weimarer Republik.
3. Fassen Sie die Gründe für das Scheitern der Weimarer Republik zusammen.
4. Beschreiben Sie die Vorgehensweise der Nationalsozialisten bei ihrer Machtübernahme.
5. Nennen Sie Kernelemente der NS-Ideologie .
6. Benennen Sie Beginn und Ende des 2. Weltkriegs.

KOM – Auf den Spuren der Demokratie: Computergestützt präsentieren

Verortung/Information:

Wenn wir uns mit den Strukturen unseres Staates und unserer Gesellschaft auseinandersetzen, geht das nicht ohne einen Blick in die Geschichte. Denn nur wer die Geschichte kennt, kann die Gegenwart verstehen und die Zukunft gestalten.

Damit ist gemeint, dass unsere heutige Lebenswelt in den verschiedensten Bereichen das Ergebnis langer und **komplexer** Entwicklungen ist, die keineswegs abgeschlossen sind, sondern fortlaufend und weiter gestaltet werden müssen. Daher muss man sich der **historischen** Prozesse bewusst sein und versuchen, aus ihnen zu lernen, um Handlungsalternativen und Leitbilder für die Zukunft zu gewinnen. Entwicklungen verlaufen nicht nach dem Muster einer Einbahnstraße, sondern häufig nehmen sie Umwege und erleiden Rückschläge, bevor sie sich durchsetzen können. Das Wissen über die Motive, **Ideologien**, Zwänge und Handlungsspielräume der damaligen Entscheidungsträger entscheidet darüber, ob und was wir aus der Geschichte lernen, um in der Zukunft aktiv Demokratie zu gestalten.

Erste demokratische Ansätze finden sich bereits im frühen 19. Jahrhundert mit einem ersten Höhepunkt in der **Revolution** von 1848. Danach folgt eine Reihe von Rückschritten, bis der verlorene erste Weltkrieg einen zweiten demokratischen Anlauf ermöglicht, der wiederum in die Katastrophe der NS-Diktatur mündet.

Im Folgenden geht es um die Erstellung einer Info-CD-ROM über die Wurzeln der Demokratie in Deutschland, um das Wesen unseres heutigen parlamentarischen Systems besser einordnen und verstehen zu können.

Komplex:
Vielfältig

Historie:
Geschichte

Ideologie:
Ideen, die der Erreichung politischer und wirtschaftlicher Ziele dienen

Revolution:
Umsturz (gewaltsam) der politischen und sozialen Ordnung

Hambacher Fest

Paulskirche

Kaiserkrönung in Versailles

Ausrufung der Republik

Aufmarsch der NSDAP

Unterzeichnung des Grundgesetzes

Modul 5

Analyse/Reflektion:

1. Bilden Sie Gruppen mit 4–6 Mitgliedern.

2. Suchen Sie sich jeweils eines der obigen Bilder heraus und nehmen es als Ausgangspunkt Ihrer Spurensuche in der Vergangenheit. Achten Sie darauf, dass durch die Gruppen alle Bilder bearbeitet werden, denn jedes Bild steht für eine bestimmte Epoche in der Deutschen Geschichte. Grenzen Sie mithilfe Ihres Gemeinschaftskundelehrers die Epochen ab.

3. Untersuchen Sie nun Ihre Epoche, indem Sie einen kurzen Überblick über den historischen Verlauf erarbeiten. Betrachten Sie diese Zeit unter der Leitfrage der Demokratieentwicklung.

4. Erstellen Sie aus Ihren Ergebnissen eine computergestützte Präsentation, mit der Sie Ihre Mitschüler über Ihre **Epoche** informieren. Beachten Sie, dass zu einer Präsentation immer ein Handout gehört.

Epoche:
Bezeichnung für einen größeren historischen Abschnitt

5. Führen Sie die Präsentationen in Ihrer Klasse durch. Beachten Sie hierbei die Kriterien für eine gelungene Präsentation. Diskutieren Sie anschließend, welche Konsequenzen sich aus diesen Entwicklungen für eine (aktive) Gestaltung unseres Systems heute und in der Zukunft ergeben könnten.

6. Führen Sie die verschiedenen Präsentationen nach eventuell notwendigen Ergänzungen und Korrekturen in einer Gesamtpräsentation zusammen.

7. Erstellen Sie eine CD-ROM mit der Gesamtpräsentation. Bei Interesse können Sie weiteres Material zur Vertiefung der Untersuchung der Epoche auf der CD-ROM verfügbar machen (Texte, Bilder, Karten etc.). Zudem könnten Sie Literatur- und Linkhinweise für Ihre Epoche hinzufügen.

Modul 5

Handlung/Urteil/Entscheidung:

	Kriterien für eine gelungene Präsentation	
Aufbau und Inhalt	Einleitung	persönliche Vorstellung; Interesse wecken; Vortragsübersicht; Überleitung zum Hauptteil
	Gliederung	plausibler, nachvollziehbarer Aufbau; folgerichtige, sachlogische Reihenfolge der Informationen; Übersicht herstellen durch Pausen und Textzusammenfassungen; Behandlung der wesentlichen Punkte; Zielorientierung
	Fachwissen	sachliche Richtigkeit; sachgemäße Argumentation; Fundiertheit der Ausführungen
	Schluss	Abschlussphase nicht länger als 10 % der gesamten Präsentationszeit; keine neuen Argumente und Informationen; Zusammenfassung der wesentlichen Aussagen; evtl. ein Apell, ein Aufruf, ein zusammenfassender Aus- oder Rückblick; Gute „Abrundung"/ guter „Abgang"
Sprachliche Gestaltung	Sprechweise	deutliche Aussprache; Varriierung von Lautstärke und Betonung; ausgeglichenes Sprechtempo; gute Pausentechnik
	Wortschatz, Satzbau	der Situation angemessene, verständliche und sichere Ausdrucksweise; einfache und konkrete Formulierungen wählen; Fremdwörter erklären; Zielgruppe berücksichtigen
	Sicherheit, Genauigkeit	möglichst frei sprechen (nicht ablesen); klare und deutliche Aussagen treffen; knappe aber nicht gedrängte Informationen liefern; kurze sinnvolle Wiederholungen und Zusammenfassungen anbieten; wichtige Begriffe und Regeln herausheben
Auftreten	Blickkontakt	direkten Augenkontakt herstellen; jeder fühlt sich angesprochen; dadurch die Zuhörer aktiv mit einbeziehen
	Mimik, Gestik, Körperhaltung	Verstärkung/Betonung der Ausführungen; Hände nicht in den Taschen, sondern möglichst im Bereich zwischen Gürtellinie und Schulter belassen; stehend vortragen; aufrechte Körperhaltung; sichere, freundliche Ausstrahlung
Medien	Präsentationsmedien (z. B. Overhead-Projektor, Beamer, Folie, Plakat, ...)	sinnvoller Einsatz; einheitliche, kreative Gestaltung; bewusster Einsatz von Farben; Informationen auf die Kernaussagen verdichten und visualisieren; gute Lesbarkeit; angemessener Umfang; sicheres Handling; Folien nicht ablesen
	PC-gestützte Folien	gut geplante und logische Reihenfolge der Folien; Informationen auf jeder Folie haben Bezug zum Thema und sind relevant; Informationen optisch gliedern; Grafiken und Bilder ergänzen den Inhalt; Auswahl der Bilder und Grafiken ist angemessen; der Hintergrund ist dezent und passt zu Textfarben und Grafiken; Nutzung der Masterfolie; Immer gleiches Layout; die Blickfolge beachten; von links nach rechts und von oben nach unten; auf Freiräume achten; nicht zu viele Animationen; Prinzip: Der Inhalt steht im Vordergrund und nicht die Effekte; fehlerfreie Rechtschreibung und Grammatik

2.2 Deutsche Teilung und Wiedervereinigung

Mit der bedingungslosen Kapitulation am 8. Mai 1945 endete der Zweite Weltkrieg und die Schreckensherrschaft der nationalsozialistischen Diktatur. Adolf Hitler hatte sich bereits im April der Verantwortung durch Selbstmord entzogen. Deutschland wurde von den Siegermächten USA, Sowjetunion (UdSSR), Großbritannien und Frankreich besetzt und von den jeweiligen Militärregierungen verwaltet.

Kriegszerstörungen in Berlin

Das Potsdamer Abkommen

Im Juli und August 1945 trafen sich die Siegermächte (mit Ausnahme Frankreichs), um über das weitere Schicksal Deutschlands zu beraten.

Die Regierungschefs der Siegermächte Großbritannien (Churchill), USA (Truman) und Sowjetunion (Stalin) auf der Potsdamer Konferenz.

Die nachfolgenden Ergebnisse des „Potsdamer Abkommens" waren richtungsweisend für Deutschland. Deutschland wurde keine Regierung zugestanden; ein „Alliierter Kontrollrat", gebildet aus den Militärbefehlshabern der vier Siegermächte, verwaltete Deutschland. Sämtliche Gebiete, die östlich der Oder-Neiße-Linie lagen, wurden unter polnische Verwaltung gestellt. Eine Folge war die Vertreibung der in den Ostgebieten lebenden Deutschen. Deutschland wurde in vier Besatzungszonen aufgeteilt.

Die Zonen wurden von den jeweiligen Besatzungsmächten kontrolliert. Eine besondere Stellung nahm Berlin ein. Die ehemalige Reichshauptstadt wurde ebenfalls in vier Zonen aufgeteilt. Durch die Beschlüsse des Potsdamer Abkommens und die unterschiedlichen Interessen der Siegermächte war die Spaltung Deutschlands eingeleitet.

Die Besatzungszonen

Modul 5

Die Einführung zweier Währungen

Die neuen Währungen: D-Mark (oben) und Ostmark (unten)

Durch den Marshall-Plan wurde der Westen (und Westberlin) in das Wiederaufbauprogramm für die zerstörten Länder Europas aufgenommen. So konnte sich die Wirtschaft schneller entwickeln. Die völlig wertlos gewordene Reichsmark wurde durch die Währungsreform in den Westzonen im Juni 1948 durch die Deutsche Mark (DM) abgelöst. Nur fünf Tage später gab die Militärverwaltung der Sowjetunion ebenfalls die Einführung einer Währung (ebenfalls: Deutsche Mark) für die Sowjetische Besatzungszone (SBZ) bekannt. So gab es zwei Währungen gleichen Namens, die im Volksmund Westmark und Ostmark genannt wurden. Damit wurde auch auf wirtschaftlichem Gebiet die Teilung Deutschlands weiter vertieft.

Als Reaktion auf die Währungsreform hat die Sowjetunion vom 24. Juni 1948 bis zum 12. Mai 1949 eine Blockade Westberlins begonnen. Alle Wasser- und Landverbindungen wurden unterbrochen. Mit dieser Aktion wollte die Sowjetunion ihren Anspruch auf das gesamte Berlin untermauern. Die West-Alliierten standen vor der Frage, Berlin aufzugeben oder die Stadt weiter zu halten. Eine Versorgung war nur durch die Luft möglich. So kam es am 26. Juni 1948 zur Einrichtung einer „Luftbrücke". Amerikanische und britische Flugzeuge versorgten Berlin mit den nötigsten Gütern. Dadurch war der Plan der Sowjetunion gescheitert.

© dpa

Luftbrücke zur Versorgung West-Berlins

Informieren Sie sich im Internet, wie die Bürger Westberlins auf die Blockade reagiert haben.

Die Gründung beider deutscher Staaten

Kalter Krieg:
Bezeichnung für den Konflikt zwischen den USA, der UdSSR und ihren Einflussbereichen ohne Austragung eines offenen Krieges

Die zunehmende Feindschaft zwischen den Großmächten USA und UdSSR hatte negative Auswirkungen auf Deutschland. Der **Kalte Krieg** begann und beide Seiten wollten ihren Einfluss auf Mitteleuropa durch die Bindung der jeweiligen Besatzungszonen an ihren Herrschaftsbereich festigen.

Die drei Westmächte und die Länder Belgien, Niederlande und Luxemburg (Benelux) forderten, einen westdeutschen Staat zu gründen, um eine Pufferzone zum Einflussbereich der UdSSR zu installieren. Es wurde der Parlamentarische Rat eingesetzt, der eine Verfassung erarbeiten sollte. Ihm gehörten insgesamt 65 Mitglieder an. Den Vorsitz hatte Konrad Adenauer, der später zum ersten Bundeskanzler der Bundesrepublik Deutschland gewählt werden sollte. Am 23. Mai 1949 verkündete der Parlamentarische Rat die Verfassung für die Westzonen, das Grundgesetz. Es war die Geburtsstunde der Bundesrepublik Deutschland.

Auch in der Sowjetischen Besatzungszone wurde eine neue Verfassung ausgearbeitet. Ein 1948 gewählter Deutscher Volksrat, bestehend aus 400 Mitgliedern, setzte am 7. Oktober 1949 die Verfassung der Deutschen Demokratischen Republik in Kraft. Die Trennung Deutschlands war besiegelt.

Vergleichen Sie die Karte des besetzten Deutschlands mit den heutigen Grenzen der Bundesländer.

Die Entwicklung beider deutscher Staaten

Nach Verkündung des Grundgesetzes war der Weg frei für den Aufbau eines demokratischen Staates mit Bindung an den Westen. Ludwig Ehrhard, damaliger Wirtschaftsminister der Bundesrepublik, gilt als „Vater des Wirtschaftswunders". Zu seiner Amtszeit nahm die Wirtschaft einen enormen Aufschwung und die „soziale Marktwirtschaft" wurde als Wirtschaftssystem eingeführt. Am rasanten Wirtschaftsaufschwung war maßgeblich auch die USA mit den umfangreichen Lieferungen von Rohstoffen, Lebensmitteln, Maschinen und anderen Gütern beteiligt.

© Bundesarchiv

„Vater des Wirtschaftswunders": Ludwig Erhard

Der „Deutschlandvertrag" vom Mai 1955 beendete die Besatzung, die Bundesrepublik wurde größtenteils eigenständig. Allerdings übten die Siegermächte durch Truppenstationierungen in der gesamten Bundesrepublik weiterhin die Kontrolle aus. Im gleichen Jahr setzte Konrad Adenauer, nach der Wiederbewaffnung und der Einführung der allgemeinen Wehrpflicht, auch den Beitritt zur NATO durch.

Der Westbindung der Bundesrepublik entsprach in der neu gegründeten DDR ein klares Bekenntnis zur UdSSR. Ein sozialistischer Staat, der sich stark an die Politik Stalins anlehnte, entwickelte sich. Die DDR begründete in einem kommunistischen System einen zentralen Einheitsstaat. Dabei behauptete die SED (Sozialistische Einheitspartei Deutschlands) ihren alleinigen Führungsanspruch, eine echte Opposition war somit ausgeschlossen.

Erster Staatsratsvorsitzender (das Staatsoberhaupt der DDR hieß vorher „Präsident der DDR") wurde 1960 Walter Ulbricht. Unter seiner Führung gingen die nach Kriegsende enteigneten Güter und Ländereien in Volkseigene Betriebe (VEB) und Landwirtschaftliche Produktionsgenossenschaften (LPG) über. Damit waren alle Produktionsmittel zu Staatseigentum geworden. Das gesamte Wirtschaftsleben wurde jetzt zentral geleitet und geplant (Planwirtschaft oder Zentralverwaltungswirtschaft).

Bereits im Jahre 1953 war es in der DDR zu einem Aufstand gekommen. Auslöser waren die durch die SED-Führung extrem heraufgesetzten **Arbeitsnormen**. Zehntausende Arbeiter demonstrierten in Ostberlin und forderten den Rücktritt der SED-Regierung sowie „freie Wahlen". Sowjetische Panzerverbände schlugen den Aufstand blutig nieder.

Arbeitsnormen:
Zentral gestellte Leistungsziele für die Arbeiter in der DDR

Modul 5

1. Beschreiben Sie die unterschiedliche Entwicklung in der BRD und DDR.
2. Inwiefern kann man von einer West- bzw. Ostintegration beider deutscher Staaten sprechen?

Der Mauerbau in Berlin

Die Abgrenzung der DDR vom Westen, die schlechte wirtschaftliche Lage und die Unzufriedenheit mit der SED-Führung führten zu einer Fluchtwelle von Ost nach West. Fast vier Millionen Menschen flüchteten in die Bundesrepublik. Dies führte zu einem empfindlichen Verlust an Arbeits- und Fachkräften und schwächte die DDR-Wirtschaft nachhaltig. Das Regime sah sich gezwungen zu handeln.

In der Nacht vom 12. auf den 13. August 1961 wurden die Grenzen zwischen Ost- und Westberlin vollständig abgeriegelt. Bis zum Fall der Mauer 1989 hat dieses Bauwerk zahlreichen Menschen das Leben gekostet. Alle Todesopfer waren bei dem Versuch gescheitert, die Grenze zu überwinden, um in den Westen zu gelangen. Sie starben durch Minen und Selbstschussanlagen, die die DDR installiert hatte und durch den befohlenen Schusswaffengebrauch der DDR-Grenzsoldaten.

Berliner Mauer am Brandenburger Tor

© Bundesarchiv

Die Ostpolitik

Nach schwierigen politischen Jahren, in denen keine Annäherung der beiden deutschen Staaten möglich war, setzte Willy Brandt als damaliger Bundeskanzler die 1966 begonnene Ostpolitik mit großer Intensität fort. Die Ostverträge wurden im Jahre 1970 unterzeichnet.

Kniefall Willy Brandts vor dem Mahnmal des ehemaligen Warschauer Ghettos am 07.12.1970

Es wurden u. a. folgende Ziele formuliert:

- Verzicht auf Gewalt und Gewaltandrohung
- Verbesserung der Beziehungen mit Polen und der Sowjetunion
- Anerkennung der Oder-Neiße-Linie (Grenze zu Polen)
- Anerkennung der Grenzen Europas

Innerhalb der Bundesrepublik war die Ostpolitik Brandts (Anerkennung der Ergebnisse des Potsdamer Abkommens) sehr umstritten und wurde hart kritisiert. Gleichwohl erhielt er für seine Verdienste um die Aussöhnung mit Polen und der Sowjetunion 1971 den Friedensnobelpreis.

Wie beurteilen Sie Brandts Ostpolitik? Beziehen Sie Stellung.

Für die Annäherung an die DDR waren die Ostverträge trotz aller Widerstände sehr hilfreich. In einem besseren Gesprächsklima konnte 1973 der „Grundlagenvertrag" in Kraft treten. Wichtige Eckpunkte dieses Vertrages verbesserten die deutsch-deutschen Beziehungen:

- Aufnahme gutnachbarlicher Beziehungen auf gleichberechtigter Basis
- Beilegung von Streitigkeiten ohne Gewalt
- Anerkennung der derzeitigen Landesgrenzen
- Unterstützung der Abrüstungsbemühungen
- Aufnahme diplomatischer Beziehungen und Einrichtung von „ständigen Vertretungen"
- Beschränkung der Hoheitsgewalt auf das eigene Staatsgebiet

Der Grundlagenvertrag stieß in der Bundesrepublik auf geteilte Meinungen. So warf die CDU/CSU-Opposition dem Kanzler vor, er erkenne einen Unrechtsstaat an und hätte die Zustimmung zum Vertrag von der Aufhebung des Schießbefehls und vom Abbau der Selbstschussanlagen an der innerdeutschen Grenze abhängig machen müssen.

Die folgenden Jahre waren gekennzeichnet von Bemühungen der Bundesrepublik, weitere Erleichterungen für die Menschen und für den Güterverkehr auf beiden Seiten der Mauer zu erreichen. Die DDR-Regierung unter Führung von Erich Honecker, der 1971 zum neuen Staatsratsvorsitzenden gewählt worden war, hatte das Ziel der internationalen Anerkennung erreicht und betrieb gegenüber der Bundesrepublik weiter eine Politik der Abgrenzung. Zunehmend wurden Stimmen lauter, die eine Öffnung zum Westen forderten. Massive Unterdrückungen, Bedrohungen, Einschüchterungen und Ausweisungen regimekritischer DDR-Bürger waren die Antwort der Staatsführung.

© dpa/United Archives/WHA

Erich Honecker

Erläutern Sie, welche unserer heutigen Grundrechte durch die DDR-Staatsführung verletzt wurden.

Der Zusammenbruch der DDR und Mauerfall

1985 wurde Michael Gorbatschow zum Generalsekretär der sowjetischen Einheitspartei KPdSU bestimmt. Er wagte einen Umbau der russischen Gesellschaft. Glasnost (Offenheit) und Perestroika (Umbau) waren die Schlagworte, die auch der Oppositionsbewegung in der DDR neuen Aufschwung verliehen. Am 7. Oktober 1989 feierte die DDR ihren 40. Jahrestag.

Modul 5

Einen Monat vorher hatte Ungarn die Grenze zu Österreich geöffnet, so dass der „Eiserne Vorhang" durchlässig geworden war. Tausende DDR-Bürger flüchteten in die Botschaften der Bundesrepublik in Warschau und Prag oder kamen direkt über Ungarn und Österreich in den Westen. Nachdem bei Großdemonstrationen in der DDR die Führung nicht militärisch eingegriffen hatte, war die DDR-Regierung praktisch am Ende. Am 18. Oktober 1989 wurde Honecker von der SED entmachtet und die Regierung trat zurück. Am 9. November 1989 öffnete die DDR alle Grenzübergangspunkte zur Bundesrepublik Deutschland und die Berliner Mauer war gefallen. Hunderttausende Menschen nutzen die neu gewonnene Reisefreiheit zwischen den beiden deutschen Staaten.

> Fassen Sie die Faktoren zur Überwindung der Diktatur in der DDR zusammen.

Die Wiedervereinigung

Die erste demokratische Regierung wurde am 12. April 1990 in der DDR gewählt. Lothar de Maizière (CDU) war der erste frei gewählte Ministerpräsident. So konnte die Grundlage für die Wiedervereinigung geschaffen werden, die sich in vier große Phasen einteilen lässt:

Phase 1

Am 1. Juli 1990 trat der erste Staatsvertrag zur geplanten Wiedervereinigung zwischen beiden deutschen Staaten in Kraft. Ziel dieses Vertrages war die Schaffung einer Wirtschafts-, Währungs- und Sozialunion mit folgenden Punkten:

- Umstellung der Planwirtschaft auf die soziale Marktwirtschaft
- Umstellung der Währung auf die Deutsche Mark (West)
- Einführung der westdeutschen Arbeitsrechtsordnung (Tarifrecht, Betriebsverfassungsrecht usw.)
- Einführung der Sozialversicherungen nach West-Prinzip

© Bundesarchiv

Michael Gorbatschow

Phase 2

Der zweite innerdeutsche Staatsvertrag (Einigungsvertrag) legt die Einzelheiten für die DDR fest, der Bundesrepublik beizutreten. Wichtige Bestimmungen:

- Beitritt der „neuen Bundesländer" Thüringen, Sachsen, Sachsen-Anhalt, Brandenburg und Mecklenburg-Vorpommern zum Bundesgebiet
- Gemeinsame Hauptstadt ist Berlin
- Das Grundgesetz gilt auch für das Beitrittsgebiet

© dpa

Die ersten DDR-Bürger kommen im Westen an.

Die Volkskammer der DDR entschied, dass der Beitritt zur Bundesrepublik am 3. Oktober 1990 erfolgen sollte.

Phase 3

Auch wenn sich die beiden deutschen Staaten einig waren, so musste doch um die Zustimmung der ehemaligen Besatzungsmächte gerungen werden. Bundeskanzler Helmut Kohl hatte nach unzähligen Verhandlungen eine Einigung erzielen können.

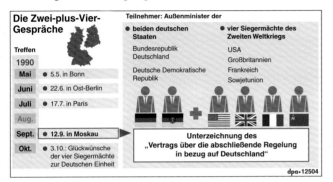

Mit dem Zwei-plus-Vier-Vertrag hatten die Siegermächte von 1945 den Weg für die Wiederherstellung der vollen Souveränität Deutschlands freigemacht.

Phase 4

Am 3. Oktober 1990 wurde die staatliche Einheit Deutschlands mit dem Beitritt der DDR zum Bundesgebiet wieder hergestellt. Seitdem ist der 3. Oktober der Nationalfeiertag der Deutschen.

www.chronikderwende.de

Beschreiben Sie die Bedeutung des Zwei-plus-Vier-Vertrags für die Wiedervereinigung Deutschlands.

Modul 5

Zusammenfassung

Am 8. Mai 1945 erfolgte die bedingungslose Kapitulation Deutschlands.

Im Potsdamer Abkommen 1945 trafen drei Siegermächte Vereinbarungen über das besiegte und besetzte Deutschland.

Im Jahr 1949 wurden zwei deutsche Staaten gebildet: die Bundesrepublik Deutschland und die Deutsche Demokratische Republik.

Das Grundgesetz galt als Verfassung und machte die Bundesrepublik zu einer parlamentarischen Republik.

Die Verfassung der DDR trat am 7. Oktober 1949 in Kraft.

Auf die Flucht- und Abwanderungsbewegung in den Westen reagierte die DDR-Regierung 1961 mit dem Mauerbau.

Die Politik Brandts und der Grundlagenvertrag zwischen der Bundesrepublik und der DDR waren deutliche Zeichen einer Neuorientierung in der Ostpolitik.

Mit Michail Gorbatschow wurden die Gesellschaft und die Wirtschaft der Sowjetunion grundlegend reformiert (Glasnost und Perestroika).

Modul 5

Die Wiedervereinigung vollzog sich in raschen Schritten:

1. Juli 1990 Wirtschafts- und Währungsunion

12. September 1990 Unterzeichnung des Zwei-plus-Vier-Vertrages

3. Okt. 1990 Beitritt der DDR zur BRD

Wissens-Check

Bewerten Sie folgende Aussagen:

1. Die Wiedervereinigung ist ein Glücksfall für Deutschland.
2. Die Wiedervereinigung ist ein langwieriger Prozess.

3   Gefahren für die Demokratie: Extremismus und Populismus

Grundrechte, Wahlen, Gewaltenteilung, soziale Sicherung – kurz, unsere Demokratie – wird mittlerweile von vielen als etwas Selbstverständliches empfunden. Ein Blick in die Deutsche Geschichte lehrt, dass dem nicht so ist. Im Gegenteil, um die Demokratie musste lange hart gekämpft werden. Es dauerte schließlich über 100 Jahre, bis aus den ersten demokratischen Ideen im frühen 19. Jahrhundert eine stabile demokratische Grundordnung entstand. Ein Blick in die zahlreichen Entwicklungsländer verdeutlicht, dass sich die Demokratie noch nicht überall durchsetzen und etablieren konnte. Das Beispiel Weimarer Republik beweist, dass für den Erhalt der Demokratie gekämpft werden muss. Das heißt, sie muss von möglichst allen Bürgern mit Leben gefüllt werden, um richtig zu funktionieren und sich selbst zu erhalten.

Pluralismus:
Gesellschaftsform, in der verschiedene gesellschaftliche Gruppen um sozialen und politischen Einfluss im Wettbewerb stehen

In einer **pluralistischen** Gesellschaft können sich für die Demokratie Probleme entwickeln und Gefahren ergeben.

Der breite Spielraum zur freien Entfaltung der Persönlichkeit basiert auf der Toleranz gegenüber verschiedenen Wertvorstellungen, Meinungen und Interessen. Diese dürfen aber den demokratischen Staat in seinem Bestand nicht gefährden. Kritik an der Demokratie ist durchaus erlaubt und legitim. Das GG der Bundesrepublik hält aber auch Möglichkeiten bereit, sich wirksam gegen seine Gegner zu schützen. Hierzu zählen links- und rechtsextreme Gruppierungen und Parteien und in den letzten Jahren vermehrt religiöse **Fundamentalisten**. Sie stellen die Demokratie und ihre Werte grundsätzlich infrage.

Fundamentalisten:
Sie pflegen einen Traditionalismus, der versucht, die eigenen, althergebrachten Werte zu bewahren und ihnen alleinige Geltung zu verschaffen.

Jeder Bürger ist aufgerufen, sich aktiv mit diesen Problemen und Gefahren auseinanderzusetzen. Zum einen, um ihnen zu begegnen und unsere Werte zu schützen, zum anderen, um dadurch unsere Demokratie mitzugestalten.

1. Beschreiben Sie, was eine pluralistische Gesellschaft ausmacht. Suchen Sie Beispiele, wo der Pluralismus in unserer Gesellschaft deutlich wird.
2. Vergleichen Sie Ihre Ergebnisse aus Aufgabe 1. mit der Situation im Nationalsozialismus.

3.1 Politischer Extremismus

Mit dem Begriff **Extremismus** werden Gruppierungen, Parteien und Bestrebungen bezeichnet, die von den Verfassungsschutzbehörden als verfassungsfeindlich angesehen werden. Sie haben gemein, dass sie die freiheitlich demokratische Grundordnung ablehnen und gegen den Bestand der Bundesrepublik gerichtet sind. Der Einsatz von Gewalt gilt in ihren Reihen durchaus als legitimes Mittel, um ihre Ziele zu erreichen. Extremistische Positionen finden sehr häufig in wirtschaftlich angespannten Zeiten größeren Anklang. Ihre **Propaganda** und **Agitationen** greifen wirtschafts- und sozialpolitische Themen auf, um gezielt die Verunsicherung der Bevölkerung für ihre Zwecke zu nutzen.

Im politischen Bereich lassen sich zwei große, extremistische Richtungen unterscheiden: der Linksextremismus und der Rechtsextremismus.

Rechtsextremismus

Die Rechtsextremisten besitzen keine einheitliche **Ideologie**. Trotzdem gibt es Übereinstimmungen ihrer wesentlichen Grundhaltungen in Anlehnung an den Nationalsozialismus. Die Demokratie wird abgelehnt und an ihre Stelle soll ein Führerstaat treten. Weitere besondere Merkmale des Rechtsextremismus sind:

- Ein übersteigerter, aggressiver Nationalismus
- Die Idee der Volksgemeinschaft, die das kollektive Wohl des Volkes vor die individuellen Menschen-, Bürger- und Freiheitsrechte stellt
- Ein teilweise offener **Rassismus**, der alles Fremde und Andersartige als minderwertig im Vergleich zur eigenen Rasse und Nation ablehnt und für gesellschaftliche Probleme allein die Ausländer verantwortlich macht
- Die Verharmlosung oder Leugnung der Verbrechen des Nationalsozialismus bei gleichzeitiger Hervorhebung positiver Leistungen des Dritten Reichs
- Die Glorifizierung militärischer und soldatischer Werte, die sich in den Organisationsstrukturen der rechtsextremistischen Gruppierungen in Form des Grundsatzes von Befehl und Gehorsam bzw. Über- und Unterordnung widerspiegelt
- Die Idee eines Großdeutschen Reichs in Anlehnung an die Grenzen des wilhelminischen Kaiserreichs (teilweise auch darüber hinaus) bei gleichzeitiger Ablehnung der EU und der Globalisierung

Extremismus:
Der Begriff Extremismus beschreibt die Politik bestimmter Gruppen, die fundamentale Änderungen an der Gesellschafts- und Wirtschaftsordnung anstreben.

Propaganda:
Verbreitung von Ideen und Informationen mit dem Ziel der Manipulation

Agitation:
Aggressive Tätigkeit zur Beeinflussung anderer, vor allem in politischer Hinsicht

Ideologie:
Weltanschauung, Grundeinstellung

Rassismus:
Form der Fremdenfeindlichkeit, die sich auf tatsächliche oder behauptete Rassenunterschiede stützt
Die eigene Rasse wird dabei als höherwertig eingestuft

Modul 5

© AP

Rechtsextremistische Gruppe

Bekannte Beispiele für rechtsgerichtete Parteien sind die NPD (Nationaldemokratische Partei Deutschlands), die Republikaner (REP) und die DVU (Deutsche Volksunion).

Rechtsextremisten findet man zudem häufig in der Skinhead-Szene. Rechtsextremistische Bands versuchen, junge Menschen durch ihre Songs zu beeinflussen.

1. Wofür steht der Begriff Extremismus?
2. Erklären Sie, was den Rechtsextremismus kennzeichnet. Bringen Sie dabei auch Ihre Alltagserfahrungen ein.

Linksextremismus

Auch die Linksextremisten verfügen über keine einheitliche Ideologie. Alle wollen jedoch die freiheitliche Demokratie beseitigen und an ihrer Stelle eine klassenlose Gesellschaftsordnung errichten. Das soll entweder über eine sozialistisch-kommunistische Diktatur oder durch die Einführung der Anarchie geschehen.

Die Anarchisten propagieren eine „freiheitliche Gesellschaft" ohne Herrschaft und Gewalt von Menschen über Menschen. Diese absolute Freiheit will jegliche politischen und gesellschaftlichen Zwänge abschaffen. Die dazu als unumgänglich angesehene Revolution zielt auf die sofortige Auflösung des Staates. In dem dann entstehenden Machtvakuum soll das Zusammenleben der Individuen auf der Grundlage freier Übereinkunft und Selbstverwaltung möglich werden.

Linksextremistische Gruppierungen missachten demokratische Mehrheitsentscheidungen und das Gewaltmonopol unseres Staates. Die Gewaltaktionen der Linksextremisten nahmen beispielsweise in den Siebzigerjahren des 20. Jahrhunderts durch die Rote-Armee-Fraktion (RAF) Formen einer terroristischen Organisation an.

Autonome: Sie stellen den weitaus größten Anteil des gesamten gewaltbereiten linksextremistischen Potenzials. Ihr Ziel ist die Überwindung des kapitalistischen Systems.

Erklären Sie, was den Linksextremismus kennzeichnet.

Ursachen des politischen Extremismus

Die Ursachen für politischen Extremismus sind vielfältig. Der Verfassungsschutzbericht des Landes Baden-Württemberg nennt hauptsächlich drei Faktorengruppen:

- Sozial und wirtschaftliche Unsicherheiten: Arbeitslosigkeit und Perspektivlosigkeit bzw. die Angst vor einem Arbeitsplatzverlust lassen Menschen mit geringerem Bildungsniveau nach einem Sündenbock für ihre Situation suchen. Dies macht sie anfällig für die einfache Argumentation extremistischer Gruppierungen.

- Orientierungslosigkeit: Gerade für junge Menschen wird es immer schwerer, sich in einer sich ständig schneller verändernden Welt zurechtzufinden. Die etablierten politischen Parteien bleiben zu oft Antworten und Lösungen auf die drängenden Fragen schuldig. So können sich die Extremisten z. B. die Ängste der Bevölkerung gegenüber den Auswirkungen der Globalisierung zunutze machen.

- Vereinsamung: Viele Menschen verfügen im Zeitalter der Individualisierung nicht mehr über den Halt in einer stabilen sozialen Gruppe. Das Gemeinschaftsgefühl und die notwendige Geborgenheit werden immer seltener durch die Familie oder Vereine und Kirchen erzeugt. Die extremistischen Gruppierungen erscheinen daher als Alternative.

www.bpb.de/politik/extremismus/

1. Entwickeln Sie Vorschläge, wie der Extremismus bekämpft werden kann.
2. Ermitteln Sie, welche Möglichkeiten das GG hierfür vorsieht.
3. Bewerten Sie die Gefahren durch den politischen Extremismus in der BRD.

3.2 Religiös motivierter Extremismus

Nicht nur im politischen Bereich gibt es extremistische Positionen, die unseren Staat und unsere Gesellschaftsordnung infrage stellen und bekämpfen. Spätestens der Anschlag auf das World Trade Center in New York am 11. September 2001 hat bewiesen, dass islamische Fundamentalisten alle westlichen, an demokratischen Grundsätzen orientierten Staaten bedrohen. Weitere Anschläge in Europa, z. B. in Paris (2014), London (2005), Madrid (2004) oder Berlin (2016), belegen, dass es gut organisierte Netzwerke islamisch-fundamentalistischer Gruppierungen gibt, die auch vor Terroranschlägen solchen Ausmaßes

© AP

Anschlag in New York

Modul 5

nicht zurückschrecken. Die Gefahr des religiös-fundamentalistischen Terrors besteht dabei für die Bundesrepublik Deutschland von außen und von innen.

Der Islamische Staat (IS) im Irak und in Syrien (bis Juni 2014 unter dem Kurznamen ISIS), ist eine seit 2003 aktive dschihadistisch-salafistische Terrororganisation. Die Machtbasis des IS bildet eine Gruppe von ehemaligen Offizieren der irakischen Armee, die zu Dschihadisten geworden sind. Die Organisation war und ist in verschiedenen Staaten unter anderem mit Anwerbung von Mitgliedern, Bombenanschlägen und Beteiligung an Bürgerkriegen aktiv. Sie wurde 2014 in Deutschland durch das Bundesministerium des Innern verboten, da sich ihre Tätigkeit gegen die verfassungsmäßige Ordnung sowie gegen den Gedanken der Völkerverständigung richte.

Bin Laden erklärte 1998

„... das Töten von Amerikanern und deren Verbündeten – von Militärs und Zivilisten – ist eine vorgeschriebene Pflicht eines jeden Moslems, auszuführen in jedem Land, wo es ihm möglich erscheint."

PRESSESCHAU

Ich glaub, das steht irgendwo im Koran

Auch aus Deutschland ziehen junge Menschen für die Terrormiliz IS in den Krieg.

Die Bilder haben die Welt aufgerüttelt: blutüberströmte Leichen, festgebunden an Holzkreuzen, ausgestellt in einem Kreisverkehr; dazu abgetrennte Köpfe, aufgespießt und ausgestellt. Es sind Bilder aus dem Reich des Islamischen Staats (IS), jener Terrorgruppe, die vor einigen Wochen von Syrien aus in den Irak einmarschiert ist, Armeeposten überrannt und mittlerweile das Kalifat ausgerufen hat: eine Diktatur im Namen Allahs. Ihre Anhänger morden, foltern und vergewaltigen, fast zwei Millionen Menschen sind mittlerweile auf der Flucht, mehr als tausend Menschen soll der Islamische Staat bereits getötet haben.

Insgesamt, schätzen Experten, besteht die Miliz des Islamischen Staats aus mindestens 20 000 Kämpfern. Die Gotteskrieger kommen aus über 80 Ländern – auch aus Deutschland. Mehr als 400 Männer und auch einige Frauen sollen bereits in Richtung Syrien und Irak ausgereist sein, in Islamistenkreisen wird behauptet, es seien noch mehr. Manche von ihnen tauchen bald nach ihrer Ausreise in Propagandavideos auf. Die meisten jedoch bleiben der Öffentlichkeit unbekannt.

Quelle: SZ 07.10.2014

Osmanisches Reich (1320–1922):
Türkisches Reich, das sich auf dem Höhepunkt seiner Macht über drei Kontinente erstreckte, von Ungarn im Norden bis nach Aden im Süden und von Algerien im Westen bis zur iranischen Grenze im Osten Den Mittelpunkt bildete das Gebiet der heutigen Türkei.

Die religiös motivierten Extremisten stellen innerhalb Deutschlands laut Landesamt für Verfassungsschutz in Baden-Württemberg das umfangreichste extremistische Potenzial. Die große islamische Organisation, die Islamische Gemeinschaft Milli Görüs (IGMG), wird zum Beispiel vom Verfassungsschutz beobachtet.

Neben der Propagierung nationalistischen Gedankengutes, das sich am **Osmanischen Reich** orientiert, wird ein besonderes Islamverständnis verbreitet. Demnach ist der Islam nicht nur eine religiöse Leitlinie für den Einzelnen, sondern ein umfassendes Regelwerk für das gesellschaftliche Leben, hinter dem die Regeln eines demokratischen Rechtsstaats zurücktreten müssen.

Gemein ist vielen islamisch-fundamentalistischen Gruppierungen die Intoleranz gegenüber Andersgläubigen. Muslime sollen Rechte haben, die anderen Religionsgemeinschaften nicht zugestanden werden. Dabei ist die Frage von Gleichwertigkeit und Gleichberechtigung bereits innerhalb der Muslime problematisch, wenn man die Situation vieler Frauen in diesen Gesellschaften betrachtet. Die Demokratie wird abgelehnt, weil sie nicht im Einklang mit der extremen Auslegung des **Korans** und der **Scharia** steht.

Auch im Christentum gibt es fundamentalistische Positionen. Die Auswirkungen zeigten sich beispielsweise in den Kreuzzügen und in der Vorgehensweise der katholischen Kirche zur Zeit der Kolonialisierung Lateinamerikas. Gruppierungen wie Opus Dei, Piusbruderschaft, Engelwerk, Marienkinder, Una-Voce-Bewegung, Gesellschaft apostolischen Lebens und Montfortaner zeigen, dass auch heute fundamentalistische demokratiefeindliche Positionen im Christentum existieren.

Koran:
Heilige Schrift des Islam
Nach muslimischem Glauben enthält der Koran eine Reihe von Offenbarungen, die Allah an seinen Propheten Mohammed zwischen 608 und 632 in Mekka und Medina richtete.

Scharia:
Im Islam umfasst die Scharia die das Leben eines Gläubigen bestimmenden Gesetze und Regelungen.

Modul 5

PRESSESCHAU

„Amerika ist ein großer Teufel, GB ein kleiner, Israel ein Blut saugender Vampir. Einst waren die Europäer unsere Sklaven, heute sind es die Muslime. Dies muss sich ändern. Heute sind wir abhängig von den Ungläubigen. Sie wollen unsere Religion verbieten ... Wir müssen die Ungläubigen bis in die tiefste Hölle treiben. Wir müssen zusammenhalten und uns ruhig verhalten, bis es soweit ist. Ihr könnt jetzt noch nichts sehen, aber es ist alles in Vorbereitung. Es läuft im Verborgenen. Ihr müsst euch bereithalten für den richtigen Zeitpunkt. Wir müssen die Demokratie für unsere Sache nutzen. Wir müssen ganz Europa mit Moscheen und Schulen überziehen."

Quelle: Hassrede eines Predigers (Milli Görus e. V.),, http://www.pi-news.net/2016/03/schraenkt-daenemark-die-religionsfreiheit-ein/, zirt tie Bayerischen Verfassungsschutz, Zugriff: 06.11.2016

---

1. Erklären Sie, was den religiös motivierten Extremismus kennzeichnet.
2. Diskutieren Sie die Aussagen Bin Ladens und des Predigers der IGMG.
3. Informieren Sie sich über die Entwicklung des IS.

3.3 Populismus in der Politik

www.bpb.de/apuz/75845/
populismus

Politische Systeme und Regierungen können auch in der aufgeklärten Demokratie auf Dauer nur bestehen, wenn sie auch gefühlsmäßig die Wünsche und Erwartungen der Bevölkerung erfüllen. „Wir kümmern uns darum" lautet oft die Parole, was aber konkret geschieht, wird nicht immer klar gesagt.

Oft werden verborgene Ängste geschürt, indem eine mögliche Bedrohung übertrieben dargestellt wird.

Diese Methode kann von der amtierenden Regierung, aber auch von der Opposition, angewandt werden.

Beispielsweise behaupten Oppositionspolitiker, das Rentenniveau würde auf die Armutsgrenze sinken. Von den Experten im Regierungslager wird dies sofort bestritten. Zur Beruhigung wird eine Rentenerhöhung angekündigt.

Bestimmte Interessengruppen schüren Ängste beispielsweise mit der Behauptung, genmanipuliertes Saatgut könne verheerende Auswirkungen mit ungeahnten Folgen für die Menschen haben.

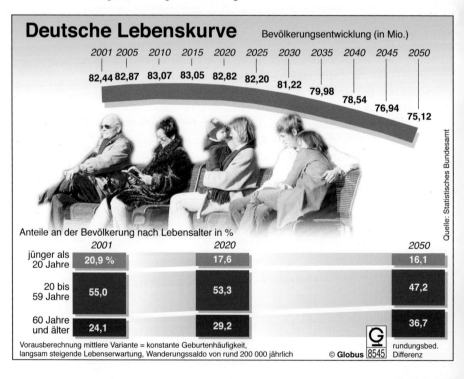

Wenn solche Aussagen mit Hilfe der Massenmedien in die Öffentlichkeit transportiert werden, müssen die Regierenden etwas tun, damit nicht der Eindruck entsteht, sie seien hilf- oder machtlos. Oft wird dann von der Öffentlichkeit nicht so sehr wahrgenommen, was im Einzelnen geschieht; wichtig ist, dass etwas geschieht.

Auch die Behauptung „Das Boot ist voll" soll den Eindruck erwecken, Deutschland könne keine Zuwanderung mehr verkraften. Die nicht ausgesprochene, aber logische Fortsetzung dieses Gedankens wäre, dass das Boot sonst untergeht. Aufgrund der Bevölkerungsentwicklung in Deutschland ist eher das Gegenteil der Fall.

Populismus spricht die Ängste, die steigenden Ansprüche und privaten Glückserwartungen der Bürger an. Daraus soll politisches Kapital geschlagen werden.

Wahlplakat der Republikaner

4 Kritischer Umgang mit Extremismus und Populismus-Leserbrief

KOM – Kritischer Umgang mit Extremismus und Populismus

Verortung/Information:

Die Voraussetzung für eine funktionierende und gesunde Demokratie ist eine breite Beteiligung und Mitwirkung der Bürger. Eine von vielen Möglichkeiten, seine Ideen einzubringen, ist die Form des Leserbriefes. Er bietet die Chance, zu einem Thema seine persönliche Meinung zu äußern und zu begründen. Die Anlässe für einen Leserbrief können ganz unterschiedlich sein. Ein Blick in die Tageszeitung verdeutlicht das. In der Regel sind Leserbriefe Kommentierungen zu Zeitungsartikeln. Einige Leser verschaffen ihrem Ärger über bestimmte Entscheidungen oder Entwicklungen Luft, indem sie diese kritisieren und infrage stellen. Andere nutzen den Weg des Leserbriefes, um bei (regionalen) Problemen Lösungsvorschläge zu formulieren oder Forderungen zu stellen. Wenn man einen Leserbrief schreibt, sollte man einige Dinge beachten, damit er den Weg über die Redaktion in die Zeitung findet.

Themenauswahl:

Das Thema des Leserbriefes sollte auf aktuelle Probleme, Entscheidungen oder Ereignisse bezogen sein. Zudem muss es von allgemeinem Interesse sein.

Schreibstil:

Ein Leserbrief muss möglichst knapp, präzise und sachlich formuliert werden. Lange Ausführungen wird keine Zeitung abdrucken und niemand lesen.

Aufbau und Form:

Einleitung	Die Überschrift benennt den Betreff des Leserbriefes. Die Einleitung dient der Hinführung zum Thema des Leserbriefes. Um Interesse beim Leser zu wecken, bietet es sich an, mit einer provokanten Behauptung, einer klaren Forderung, einem guten Vergleich, einem Sprichwort oder einem Witz zu beginnen. Es darf sich aber nicht um etwas Beliebiges handeln, sondern es muss klar auf das Thema des Leserbriefes bezogen sein. Ferner sollte in einem Satz die eigene Position zum Thema zur Überleitung in den Hauptteil klar formuliert werden.
Hauptteil	Der Hauptteil beinhaltet die Behauptungen und Argumente (Begründungen). Bei mehreren Argumenten sollte schrittweise vorgegangen werden. Zunächst wird eine Behauptung aufgestellt und diese anschließend begründet. Erst dann wird mit der nächsten Behauptung und dem dazugehörigen Argument fortgefahren. Bei der Anordnung der Argumente sollten die schwächsten zu Beginn und das stärkste an das Ende des Hauptteils gestellt werden. Es ist zudem legitim, Gegenargumente zur eigenen Positition zu widerlegen.
Schluss	Im Schlussteil werden die Argumente noch einmal kurz und prägnant zusammengefasst, um die eigene Position zu untermauern. Im Anschluss daran können Verbesserungs- und Lösungsvorschläge, Forderungen, Appelle oder Wünsche formuliert werden, die in einem Zielsatz münden sollten. Insgesamt gilt es zu bedenken, dass persönliche Meinungen und Unterstellungen noch keine Argumente sind.

Abschluss des Briefes:

Der Leserbrief muss unterschrieben werden und ist mit einem Absender zu versehen. Anonyme Einsendungen wandern bei Zeitungen direkt in den Papierkorb.

Analyse/Reflektion:

1. Suchen Sie einige Leserbriefe aus Ihrer Regionalzeitung heraus. Überprüfen Sie, ob die Verfasser die Gestaltungsvorschläge berücksichtigt haben.

2. Schreiben Sie selbst einen Leserbrief und schicken ihn an eine Zeitung.

Handlung/Urteil/Entscheidung:

PRESSESCHAU

1. Februar 2016 –Zeitungstext-

USA Nirgendwo kommt der Populismus so nackt daher wie in den USA

Dieser Populismus ist die vielleicht größte Gefahr für westliche Demokratien. Überall in Westeuropa nagt er an den Systemen – in Frankreich durch eine Marine Le Pen, in Deutschland durch eine AfD. Nirgendwo aber kommt er so nackt und brutal daher wie in den USA, wo das demokratische System allemal härter austeilt und einsteckt, wo der politische Lebenszyklus schneller, aber das Land dank seiner Größe auch gnädiger ist ...

Die Populisten spielen mit der Angst und dem Zorn, was einen wichtigen Wesenszug vieler Amerikaner trifft: Angst schweißt das Land zusammen, verschafft ihm einen gemeinsamen Feind, verleitet zu Höchstleistungen. Angst treibt die Menschen zu Hamsterkäufen in die Supermärkte, wenn 70 Zentimeter Schnee fallen, Angst macht aus dem Land ein gewaltiges Waffenlager. Die Angst vor Immigranten, Terroristen, der Welt da draußen und dem wirtschaftlichen Absturz führt sie nun zu Donald Trump.

Quelle: www.sueddeutsche.de, Zugriff: 02.06.2016

PRESSESCHAU

10. Februar 2016 –Leserbrief –

Was ist Populismus – Populismus kann alles sein.

... Was lernen wir daraus? Populisten können gut und schlecht sein. Was ist also Populismus? Populismus ist keine politische Ausrichtung per se. Populismus kann links und rechts sein, demokratisch oder eben auch undemokratisch. Das Wort Populismus wird aber so gut wie immer abwertend gebraucht. Abwertend gebraucht von den etablierten Parteien, Machthabern und Funktionseliten. Und dies zeigt bereits, worum es auch geht. Es geht um Macht und Machtverlust, um Deutungshoheit und Bedeutungslosigkeit. Der Populismusvorwurf grassiert besonders häufig in den Medien, wenn Krisenzeiten herrschen. Krise ist ja das griechische Wort für Entscheidung. Es muss etwas entschieden werden, etwas geändert werden, da es nicht mehr so weitergehen kann. Die bisherigen Konzepte und Vorgehensweisen greifen nicht mehr. Immer mehr Menschen sehen, dass vieles nicht mehr vernünftig funktioniert, dass der Staat mehr und mehr versagt, dass Märkte nicht funktionieren ohne Staatseingriffe, ohne Staatszuschüsse – und sie werden deshalb immer zorniger und suchen sich zornige Politiker. *Dr. Anton Weber*, Regensburg

Quelle: www.sueddeutsche.de, Zugriff: 02.06.2016

Modul 5

Diskutieren Sie Möglichkeiten zum kritischen Umgang mit Extremismus und Populismus.

Modul 5

Zusammenfassung

Zu den Gefahren für die Demokratie zählt der Extremismus.

Der Extremismus wendet sich, auch mit Gewalt, gegen die bestehende Ordnung. Hierzu zählen links- und rechtsextreme Gruppierungen und Parteien und in den letzten Jahren vermehrt religiöse Fundamentalisten. Sie stellen die Demokratie und ihre Werte grundsätzlich infrage.

Formen des politischen Extremismus sind:
1. Der Rechtsextremismus, der weitgehend durch Rassismus und Nationalismus geprägt ist.
2. Der Linksextremismus, der durch sozialistisches, kommunistisches und anarchistisches Gedankengut gekennzeichnet ist.

Die Ursachen für politischen Extremismus sind vielschichtig. Es lassen sich im Wesentlichen drei Faktorengruppen unterscheiden:
1. Vereinsamung durch Auflösung sozialer Bindungen
2. Orientierungslosigkeit und Zukunftsangst
3. Soziale und wirtschaftliche Unsicherheiten

Der religiös motivierte Extremismus ist heute eine der größten Gefahrenquellen für alle westlichen Demokratien. Besonders islamisch-fundamentalistische Terrornetzwerke schrecken vor brutalsten Anschlägen nicht zurück, um ihre antidemokratischen Ziele zu erreichen.

Der islamische Fundamentalismus will in allen seinen unterschiedlichen Ausprägungen letztlich einen Gottesstaat an die Stelle der Demokratie setzen.

Populistische Parteien nehmen die verborgenen Ängste in der Bevölkerung auf und verstärken diese.

Mit populistischen Argumentationen agieren viele Parteien.

Wissens-Check

1. Erläutern Sie die Form des politischen Extremismus.
2. Beschreiben Sie die Ursachen des Extremismus.
3. Kennzeichnen Sie den religiösen Extremismus.
4. Worin sehen Sie den hauptsächlichen Gegensatz des islamischen Fundamentalismus zur freiheitlich demokratischen Grundordnung?
5. Welche Freiheitsrechte würden Sie verlieren, wenn Extremisten in der Bundesrepublik die Macht erlangten?
6. Nennen Sie Ihnen bekannte populistische Wahlslogans.

Modul 6: Grund- und Menschenrechte

© ullstein bild

© Ulf Kläning

1 Grundrechte beschreiben
2 Vergleich Grundgesetz und UN-Menschenrechtserklärung
3 Menschenrechtsverletzungen-Schutz der Menschenrechte
4 Handlungsmöglichkeiten bei Grundrechtskonflikten

Kompetenzen, die Sie u. a. in diesem Modul erwerben:

Fachkompetenz		Personale Kompetenz	
Wissen	**Fertigkeiten**	**Sozialkompetenz**	**Selbstständigkeit**
	(u. a. Analysekompetenz/ Methodenkompetenz)	*(u. a. Kommunikative Kompetenz, Teamfähigkeit, Einfühlungsvermögen, Konfliktfähigkeit)*	*(u. a. Politische Urteilskompetenz, Lernkompetenz)*
Ich kenne die Grund- und Menschenrechte des Grundgesetzes. Die UNO-Menschenrechtserklärung ist mir ebenso bekannt.	Ich kann durch Textvergleich und Textinterpretation die Unterschiede und Übereinstimmungen zwischen GG und UNO-Menschenrechtserklärung herausarbeiten.	Menschenrechtsverletzungen benenne ich und weise dabei auf die Bedeutung des Europäischen Gerichtshofes für Menschenrechte hin.	Ich setze mich in meinem sozialen Umfeld für die Einhaltung der Grund- und Menschenrechte ein (Bürgerinitiativen, Aktionsgruppen).

Inschrift am Landgericht in Frankfurt am Main

Modul 6

1 Grundrechte beschreiben

> *Die Grundrechte bilden den rechtlichen Rahmen für das Zusammenleben in der Bundesrepublik*

Nach der bedingungslosen Kapitulation am 7. Mai 1945 traten auf Empfehlung der drei westlichen Militärgouverneure am 1. September 1948 Mitglieder der 11 West-Landtage zu einem „Parlamentarischen Rat" zusammen. Sie sollten eine gemeinsame Verfassung für die drei Westzonen erarbeiten. Am 8. Mai 1949 wurde von diesem Rat das Grundgesetz für die Bundesrepublik Deutschland verabschiedet. Es hieß Grundgesetz, um seinen provisorischen Charakter gegenüber einer endgültigen Verfassung darzustellen, die einem vereinten Deutschland vorbehalten war. Am 23. Mai 1949 wurde in einem feierlichen Staatsakt in Bonn das Grundgesetz verkündet und damit die Bundesrepublik Deutschland gegründet.

 Beschreiben Sie, wie es zur Formulierung des Grundgesetzes kam.

Das Grundgesetz gibt die Struktur, die Arbeitsteilung und das Zusammenspiel von Legislative, Judikative und Exekutive vor und legt fest, wer an politischen Entscheidungen auf welche Weise beteiligt ist. Dazu enthält es in den Artikeln 1 bis 19 die Grundrechte, die die Freiheit des Einzelnen gegenüber der öffentlichen Gewalt schützen.

Viele Nationen der Erde haben sich Leitsätze gegeben, die ihren Bevölkerungen Identität verleihen. So steht an vielen Rathäusern Frankreichs „Liberté, Égalité, Fraternité", das Motto der Französischen Revolution und der heutigen Französischen Nation. Auf der Fahne Brasiliens ist das Motto „Ordem e Progresso" zu lesen, also „Ordnung und Fortschritt" als Leitgedanke.

http://tinyurl.com/zmvhteo

Die Grundrechte
Grundgesetz für die Bundesrepublik Deutschland, Artikel 1 bis 19

Schutz der ❶ Menschenwürde
Freiheit der Person ❷ ❸ Gleichheit vor dem Gesetz
Glaubens- und Gewissensfreiheit ❹ ❺ Freie Meinungsäußerung
Schutz der Ehe und Familie ❻ ❼ Elternrechte, staatliche Schulaufsicht
Versammlungsfreiheit ❽ ❾ Vereinigungsfreiheit
Brief- und Telefongeheimnis ❿ ⓫ Recht der Freizügigkeit
Freie Berufswahl ⓬ 12a Wehrdienst / Zivildienst
Unverletzlichkeit der Wohnung ⓭ ⓮ Eigentumsgarantie
Überführung in Gemeineigentum ⓯ ⓰ Staatsangehörigkeit, Auslieferung
Asylrecht 16a ⓱ Petitionsrecht
Aberkennung von Grundrechten ⓲ ⓳ Rechtsweggarantie

Volkssouveränität, Widerstandsrecht ⑳ 101 Anspruch auf den gesetzlichen Richter
Gleicher Zugang zu öffentlichen Ämtern 33 103 Anspruch auf rechtliches Gehör vor Gericht
Wahlrecht 38 104 Schutz vor willkürlicher Verhaftung

ZAHLENBILDER
60 110 © Bergmoser + Höller Verlag AG

1. Untersuchen Sie die Grundrechte aus dem Grundgesetz und leiten Sie daraus einen Leitgedanken der Bundesrepublik Deutschland ab.
2. Nennen Sie Grundrechte, die Ihnen besonders wichtig sind.
3. Begründen Sie Ihre Auswahl.

Bedeutung der Grundrechte

PRESSESCHAU

Frau muss sich auf Polizeirevier nackt ausziehen

Augsburg (dpa) – Eine 22-jährige Frau aus Augsburg, die bei einer Polizeikontrolle angetroffen wurde, musste sich bei der Überprüfung auf einem Augsburger Polizeirevier nackt ausziehen. Sie wurde von einer Beamtin nach Waffen und Hinweisen auf Rauschgiftsucht untersucht. Die 22-jährige schleppte in der Augsburger Innenstadt mit ihrem Auto den Wagen eines Bekannten ab, als auf einer Kreuzung das Seil riss. Einer Polizeistreife fiel die Frau auf, bei der Kontrolle stellte sich heraus, dass sie weder Personalausweis noch Führerschein dabei hatte. Die Maßnahme der Polizei, so ein Sprecher am Montag habe „der Eigensicherung der Frau" gedient. Gleichzeitig räumte er jedoch ein, dass in Augsburg „etwas falsch gelaufen" sei. ... Keinesfalls müsse sich jeder, der zur Personenüberprüfung auf einem Revier sei, nackt ausziehen. Die Polizei, so der Sprecher, habe sich mittlerweile bei der Frau entschuldigt.

Quelle: www.augsburger-allgemeine.de, Zugriff: 28.04.2016

Nennen Sie Argumente, mit denen Sie sich wehren würden, wenn Sie sich ohne wichtigen Grund bei der Polizei nackt ausziehen müssten.

Modul 6

Indem das Grundgesetz die Grundrechte (Artikel 1 bis 19) an seinen Anfang stellt, misst es dem Einzelnen eine hohe Wertschätzung bei. Dem parlamentarischen Rat als verfassungsgebende Versammlung erschien es 1949 als unerlässlich, dass die Achtung der Menschenwürde und die alten Freiheitsrechte wieder Geltung erlangen sollten. Damit wurde der Idee des **Kollektivismus** der nationalsozialistischen Ideologie und des Kommunismus bewusst entgegengewirkt. Das Grundgesetz verschafft dem Einzelnen allerdings nicht schrankenlose Freiheiten. Der Staat kann die Rechte des Einzelnen durch Gesetz beschränken.

Kollektivismus:
Vorrang der Gesamtheit, der Gesellschaft oder des Volkes vor dem Einzelnen

2 Vergleich Grundgesetz und UN-Menschenrechtserklärung

Die Menschenrechte sind in die Verfassungen vieler Länder eingegangen. Auch im Grundgesetz der Bundesrepublik Deutschland haben sie einen unübersehbaren Stellenwert eingenommen.

2.1 Besondere Stellung der Grund- und Menschenrechte im GG

Die besondere Stellung der Grundrechte innerhalb des Grundgesetzes ist auch daran zu erkennen, dass diese am Anfang der Verfassung stehen. Dazu wird ihnen mit der „Ewigkeitsklausel" ein Rang eingeräumt, der auch durch Mehrheitsbeschlüsse nicht verändert werden kann und somit, unabhängig von politischen Mehrheiten, unveränderbar ist.

> **Art 79 Abs. 3 GG**
>
> (3) Eine Änderung dieses Grundgesetzes, durch welche die Gliederung des Bundes in Länder, die grundsätzliche Mitwirkung der Länder bei der Gesetzgebung oder die in den Artikeln 1 und 20 niedergelegten Grundsätze berührt werden, ist unzulässig

Die Grundrechte sind unmittelbar geltendes Recht und binden Legislative, Judikative und Exekutive.

1. Untersuchen Sie, was mit der Aussage „die in den Artikeln 1 und 20 niedergelegten Grundsätze" gemeint ist.
2. Interpretieren Sie den Begriff „Würde des Menschen".

Modul 6

Die Grundrechte lassen sich in Menschen- und Bürgerrechte unterscheiden.

Grundrechte				
Grundrechte Das sind Rechte, die <u>allen Menschen</u>, jedermann, zustehen			**Bürgerrechte** Das sind Rechte, die nur den <u>deutschen Staatsangehöigen</u> zustehen	
Freiheits-rechte Art. 2 Abs. 1 GG Freie Entfaltung der Persönlichkeit	**Gleichheits-rechte** Art. 3 Abs. 1 GG Gleichheit aller Menschen vor dem Gesetz	**Unverletzlich-keitsrechte** Art. 2 Abs. 1 GG Recht auf Leben und Recht auf körperliche Unversehrtheit	**Soziale Rechte** Art. 6 Abs. 1 GG Schutz von Ehe und Familie	**wie z. B.** Art. 8 Abs. 1 GG Versammlungs-freiheit

1. Nennen Sie weitere Grundrechte.
2. Nennen Sie weitere Bürgerrechte.

Der Schutz der Grundrechte wird durch das unabhängige Verfassungsgericht sichergestellt, daneben sind nach Art. 20, Abs. 4 GG alle Deutschen aufgerufen, diese Ordnung zu verteidigen, wenn andere Abhilfe nicht möglich ist. Vereinigungen und Parteien, die gegen die freiheitlich demokratische Grundordnung gerichtet sind, wird mit Verbot gedroht. Wer die Grundrechte im Kampf gegen die freiheitlich demokratische Grundordnung missbraucht, verwirkt diese Grundrechte.

© dpa

Bundesverfassungsrichter i[...] Karlsruhe mit roter Robe

Modul 6

Die besondere Einbindung des Grundgesetzes in die internationale Staatengemeinschaft verdeutlicht der Artikel 1 Abs. 2 GG.

Art. 1 Abs. 2 GG:

Das deutsche Volk bekennt sich darum zu unverletzlichen und unveräußerlichen Menschenrechten als Grundlage jeder menschlichen Gemeinschaft, des Friedens und der Gerechtigkeit in der Welt ...

1. Erläutern Sie die besondere Stellung der Grund- und Menschenrechte im Grundgesetz.
2. Es wird oft behauptet, dass Verfassungstheorie und Verfassungswirklichkeit auseinanderklaffen. Nehmen Sie Stellung.

2.2 UN – Menschenrechtserklärung

Ansätze menschenrechtliche Mindeststandards zu formulieren gab es schon vor mehr als zweieinhalbtausend Jahren, wobei damals unter

www.un.org/depts/german/
menschenrechte/aemr.pdf

„Menschen" nur „Männer" verstanden wurden. Erst das vernunftgeleitete Denken zur Zeit der Aufklärung führte aus religiöser und staatlicher Bevormundung und machte den Weg frei für die Formulierung neuer Rechte. Mit der amerikanischen Unabhängigkeitserklärung 1776, der französischen Revolution von 1789 und dem Grundrechtekatalog der Frankfurter Paulskirche 1884 wurden die Grundlagen für die Menschenrechte gelegt.

Unter dem Eindruck der ungeheuerlichen Menschenrechtsverletzungen der nationalsozialistischen Herrschaft wurden 1945 die Vereinten Nationen (UNO – United Nations Organisation) gegründet. Sie verabschiedeten 1948, die „Allgemeine Erklärung der Menschenrechte", die überall und für alle Menschen gelten. In den folgenden Jahren wurde sie durch **Konventionen** ergänzt und präzisiert.

Konventionen:
Völkerrechtliches Abkommen

Am 1. Dezember 2009 trat die „Charta der Grundrechte der Europäischen Union" für alle EU Staaten (mit Ausnahme Polens und des Vereinten Königreiches) in Kraft. Sie enthält allgemeine Menschen- und Bürgerrechte sowie wirtschaftliche und soziale Rechte in einem Dokument.

NUR ZUR SICHERHEIT

1. Beschreiben Sie die Karikatur.

2. Interpretieren Sie die Darstellung.

3. Untersuchen Sie den Bezug der Karikatur zu den Grund- und Menschenrechten.

4. Vergleichen Sie die Grundrechte der Bundesrepublik Deutschland mit der UNO – Menschenrechtskonvention.

3 Menschenrechtsverletzungen – Schutz der Menschenrechte

*Zum Schutz der Menschenrechte beschloss die Staatengemeinschaft durch das „Römische **Statut**" 1998 die Bildung eines internationalen Strafgerichtes mit Sitz in Den Haag. Er ist zuständig für die seither begangenen Kernverbrechen des Völkerstrafrechtes, also Völkermord, Verbrechen gegen die Menschlichkeit, Kriegsverbrechen und Verbrechen der Aggression.*

Statut:
Völkerrechtlicher Vertrag, Abkommen

3.1 Der internationale und der europäische Strafgerichtshof

Recherchieren Sie aktuelle Untersuchungen bzw. Verfahren des Internationalen Strafgerichtshofes (s. nebenstehenden QR-Code).

www.lto.de/gerichte/aktuelle-urteile-und-adresse/internationaler-strafgerichtshof-istgh/

Zusätzlich gibt es kontinental begrenzte Gerichte für Menschenrechte, so den „Europäischen Gerichtshof für Menschenrechte" (EGMR) in Straßburg. Seine Grundlage ist die „Europäische Menschenrechtskonvention" von 1950. Er kann von Bürgern und Staaten wegen behaupteter Menschenrechtsverletzungen angerufen werden, nachdem innerstaatliche Rechtsmittel ausgeschöpft sind.

Neben den oben genannten Gerichten gibt es spezielle Strafgerichtshöfe wie den „Internationalen Strafgerichtshof für das ehemalige Jugoslawien" in Den Haag.

© dpa

Europäischer Gerichtshof für Menschenrechte in Straßburg

Obwohl die Menschenrechte klar formuliert sind und von allen in den Vereinten Nationen versammelten Staaten anerkannt werden (zur Zeit 193 Staaten) gibt es nach wie vor Menschenrechtsverletzungen in vielen Staaten der Erde. Nach dem Völkerrecht sind allein die Staaten und ihre Organe (Polizei, Militär und Justiz) für die Einhaltung der Menschenrechte verantwortlich.

1. Recherchieren Sie die Länder, die die Europäische Menschenrechtskonvention von 1950 ratifiziert haben.
2. Untersuchen Sie Entscheidungen des „Europäischen Gerichtshofes für Menschenrechte", die für Deutschland von Bedeutung sind bzw. sein könnten.

http://tinyurl.com/z8cjbxn

Modul 6

3.2 Die Verletzung der Pressefreiheit

Das Recht auf Meinungsfreiheit und freie Meinungsäußerung ist im Artikel 19 der „Allgemeinen Erklärung der Menschenrechte" festgeschrieben.

Artikel 19 (Meinungs- und Informationsfreiheit)

Jeder hat das Recht auf Meinungsfreiheit und freie Meinungsäußerung; dieses Recht schließt die Freiheit ein, Meinungen ungehindert anzuhängen sowie über Medien jeder Art und ohne Rücksicht auf Grenzen Informationen und Gedankengut zu suchen, zu empfangen und zu verbreiten.

Autoritäre Staaten schützen die Meinungsfreiheit häufig nicht. In den Medien und sozialen Netzwerken wird die Meinungsfreiheit dort durch Verbote, Gerichtsurteile oder Morde unterdrückt. Die NGO (Nichtregierungsorganisation) „Reporter ohne Grenzen" berichtet, dass im Jahr 2017 weltweit 65 Journalisten getötet worden seien. Im Jahr 2005 ist der türkische Schriftsteller Orhan Pamuk, Träger des Friedenspreises des Deutschen Buchhandels (und Literaturnobelpreisträger 2006) wegen öffentlicher Herabsetzung des Türkentums in Istanbul angeklagt worden. Der Prozess wurde im Februar 2006 aus formalen Gründen eingestellt. Auch wird durch das Filtern von bestimmten „websites" versucht, kritische Meinungen in autoritären Staaten zu unterdrücken. Nicht selten liefern hier bekannte, große Softwarefirmen die entsprechenden Programme dazu – in ihren Internetportalen sind dann bestimmte Begriffe gesperrt. Dazu kommt, dass kulturbedingt Meinungsfreiheit durchaus unterschiedlich gesehen wird.

Whistleblowing:
Skandalaufdeckung, Enthüllung, „Verpfeifen"

1. Nennen Sie Beispiele, in welchen Ländern die Pressefreiheit unterdrückt ist.

2. Beurteilen Sie **„Whistleblowing"** im Zusammenhang mit Meinungsfreiheit.

Da sich die Welt unter dem Einfluss des weltweiten Daten- und Warenaustausches immer schneller verändert, werden traditionelle Werte, Vorstellungen und Lebensweisen immer mehr in Frage gestellt. Das erzeugt Ängste, die sich dann zum Teil in Sexismus, Rassismus, **Diskriminierung** und Fremdenfeindlichkeit äußern.

Diskriminierung.
Benachteiligung oder Herabwürdigung einer Gruppe oder einzelner Personen

3.3   Sexuelle Diskriminierung, Belästigung und Ungleichbehandlung

Stark verbreitet ist die Diskriminierung aus sexuellen Gründen, auch wenn sie durch entsprechende Gesetze inzwischen weitgehend abgeschafft wurde.

PRESSESCHAU

Homosexualität im Sport Beschimpfung auf und neben dem Spielfeld

Homosexualität ist im Sport immer noch ein Tabu. Laut der bisher größten Umfrage dieser Art müssen Sportler, die sich outen, weiterhin Anfeindungen und Gewalt fürchten. Sogar Fans können oft nicht ungefährdet zu ihrer Sexualität stehen.

Quelle: www.sueddeutsche.de/wissen/homosexualitaet-im-sport-beschimpfung-auf-und-neben-dem-spielfeld-1.2470669, Zugriff: 28.04.2016

Neben diesen Diskriminierungen gibt es Länder, in denen Homosexualität mit Haft oder sogar Todesstrafe bedroht ist.

Sexuelle Diskriminierung in Deutschland ist auch auf anderer Ebene immer noch ein Thema.

PRESSESCHAU

Sexuelle Belästigung im Job

Muss ich mir das gefallen lassen?

Ein schmutziger Witz, ungewollte Körpernähe, ein zweideutiges Angebot: Das ist Alltag im Job. Wo fängt Belästigung an? Was können Betroffene tun? ...

Quelle; www.spiegel.de/karriere/berufsleben/sexuelle-belaestigung-am-arbeitsplatz-fakten-und-hilfe-a-1071621.html Zugriff: 28.04.2016

© ullstein bild

Equal Pay Day Symbol

Modul 6

1. „Homosexualität ist im Sport immer noch ein Tabu" ist die Aussage einer Überschrift in der Süddeutschen Zeitung. Nehmen Sie dazu Stellung.

2. Recherchieren Sie aktuelle Fälle zum Thema „Sexuelle Belästigung".

Dazu kommt die oft ungleiche Bezahlung von Frauen und Männern. Nach statistischen Angaben (2015) verdienten Frauen bei gleicher Qualifikation im Durchschnitt 21,6 % weniger als Männer.

© dpa

3.4 Rassismus und Dogmatismus

Es ist zusehends schwieriger geworden, sich in der Welt zurechtzufinden. Mehr und mehr Dinge beeinflussen unser Leben, ohne dass wir die dahinter stehenden Zusammenhänge sofort erkennen. Da verlocken einfache Erklärungsmuster, die einfache Lösungen für sehr vielschichtige Fragestellungen anbieten. Zusätzlich haben wir alle durch unsere Erziehung und das uns umgebende Umfeld Normen, Regeln und Vorstellungen übernommen, die dieser komplexen Welt nicht unbedingt gerecht werden. Mit Vorstellungen, die schon in den 1930er-Jahren ins Verderben führten (Rassismus), lässt sich schwer das 21. Jahrhundert meistern.

 Stellen Sie dar, wo Ihnen Rassismus und Vorurteile begegnet sind.

Dogmatismus:
Anspruch auf alleinige Richtigkeit und Gültigkeit der eigenen Ansichten

Die Geschichte der Menschheit ist geprägt durch Religionen, die nicht selten durch ihren **Dogmatismus** allen anders denkenden Menschen das Leben schwer machten, sie verfolgten oder ermordeten. Auch in der Geschichte des Christentums lassen sich hierfür viele Beispiele finden, von den Kreuzzügen über die Hexenverfolgung bis zur Kolonisierung Lateinamerikas. Die westlichen Industriestaaten sind heute geprägt durch die Trennung von Kirche und Staat. Religion ist hier die Privatangelegenheit eines jeden einzelnen Menschen. Es gibt religiöse Strömungen, die andere Lebensweisen nicht akzeptieren. Falls andere Religionen dadurch unterdrückt oder Menschen anderer Religionszugehörigkeit benachteiligt werden, ist das nicht mit den Menschenrechten vereinbar. Spätestens wenn bestimmte religiöse Minderheiten verfolgt werden, ist die internationale Gemeinschaft gefordert, um sicher zu stellen, dass die Menschenrechte eingehalten werden. Doch auch in unserer Gesellschaft ist es wichtig, Stellung zu beziehen, um dem Grundgesetz bzw. den Menschenrechten Geltung zu verschaffen.

Modul 6

1. Beschreiben Sie die Karikatur.
2. Analysieren Sie die Darstellung.
3. Stellen Sie dar, wo Ihnen in Ihrem persönlichen Leben dogmatische Vorstellungen begegnet sind.
4. Erörtern Sie aktuelle, religiöse Verfolgungen.

Die Welt erlebt immer wieder, dass Menschen wegen Ihrer **ethnischen** Zugehörigkeit **Repressalien** ausgesetzt sind, vertrieben oder gar verfolgt werden. Es finden sich schnell Gründe, die dieses Vorgehen rechtfertigen. Auch in der jüngeren deutschen Geschichte gibt es hierfür Beispiele. Dazu ist sicher die Flucht und Vertreibung der Deutschen aus Mittel- und Osteuropa, die „ethnischen Säuberungen" nach dem Zerfall Jugoslawiens sowie die Flucht und Vertreibung arabischer Bevölkerung aus Palästina zu zählen. Nicht selten enden diese Verfolgungen dann in Mordorgien, bis hin zum Völkermord (siehe Ruanda).

Ethnie:
Menschengruppe einer einheitlichen Kultur, Sprache, Abstammung, Geschichte, Volks- oder Stammeszugehörigkeit ...

Repressalie:
Unterdrückung individueller Entfaltung

Nennen Sie Beispiele ethnischer Verfolgung aus dem jüngeren bzw. aktuellen Weltgeschehen.

Der Artikel 5 der UN-Menschenrechtscharta drückt klar aus, dass niemand der Folter oder grausamer, unmenschlicher oder erniedrigender Behandlung oder Strafe unterworfen werden darf. Die darauf gründende UN Antifolterkonvention von 1987 wurde bisher von 156 Staaten ratifiziert sowie danach zusätzlich ergänzt, und doch existiert die Folter in vielen Teilen der Welt weiterhin. Das liegt einerseits an der schwachen Stellung der UN, andererseits an unklaren Formulierungen der Konvention, die viel Interpretationsraum lässt. Es gibt zusätzlich viele Länder, in denen das Regelwerk nur halbherzig umgesetzt wird, weil die vorherrschenden staatlichen Interessen andere sind. Auch in Deutschland bzw. unseren Nachbarstaaten ist die Diskussion über eventuelle Notwenigkeit von Folter nicht gänzlich verstummt.

PRESSESCHAU

Urteil wegen Folterdrohung im Polizeiverhör bestätigt

Verurteilter Kindsmörder Gäfgen erhält Entschädigung

Quelle: http://tinyurl.com/9623v7r, Zugriff: 28.04.2016

1. Nennen Sie Länder, in denen aktuell gefoltert wird.
2. Untersuchen Sie, weshalb die Antifolterkonvention in vielen Ländern zur Zeit nicht durchzusetzen ist.
3. Erörtern Sie, inwieweit es Ausnahmen vom Folterverbot geben könnte.

Modul 6

© artush – fotolia.com

Viele Menschen verschwanden
wie hinter einer undurchsichtigen
Nebelwand

Gleich mehrere Menschenrechtsverletzungen kommen beim Verschwindenlassen von politischen Gegnern zusammen. Inzwischen gibt es eine eigene UN-Konvention dagegen. Wenn Angehörige nicht wissen, wo ihre Verwandten festgehalten werden, können sie auch keinen Rechtsbeistand organisieren bzw. die Öffentlichkeit mobilisieren, um die Opfer zu schützen oder um sie wieder frei zu bekommen. Zusätzlich weigern sich die staatlichen Stellen oft Nachforschungen anzustellen bzw. die Täter agieren mit Wohlwollen staatlicher Stellen. In neuerer Geschichte wurde das „Verschwindenlassen" von der „geheimen Staatspolizei" während des Zweiten Weltkrieges in den besetzten Ländern gegen Widerstandskämpfer angewendet. Hintergrund war der „Nacht und Nebel Erlass" Hitlers. Später dann wendeten die Diktaturen Lateinamerikas das gleiche System an. Auch heute verschwinden immer noch politisch unliebsame bzw. kritische Personen.

Untersuchen Sie das System des „Verschwindenlassens" anhand aktueller Geschehnisse.

Davon ausgehend, dass die Menschenrechte das „uneingeschränkte Recht auf Leben" für alle Menschen beanspruchen, ist damit natürlich auch die Todesstrafe geächtet. Die Generalversammlung der Vereinten Nationen fordert seit 2007 ein Aussetzen der Vollstreckung. 102 Staaten haben die Todesstrafe bisher vollständig abgeschafft.

Modul 6

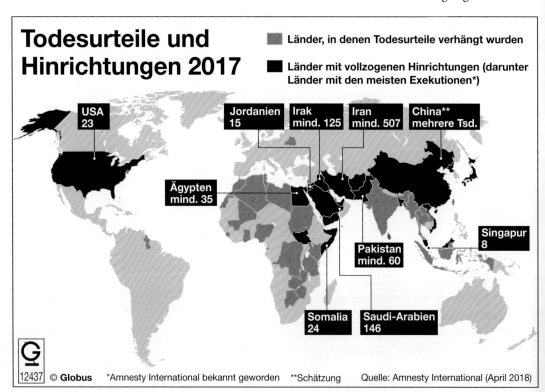

Todesurteile und Hinrichtungen 2017

■ Länder, in denen Todesurteile verhängt wurden

■ Länder mit vollzogenen Hinrichtungen (darunter Länder mit den meisten Exekutionen*)

USA
23

Jordanien
15

Irak
mind. 125

Iran
mind. 507

China**
mehrere Tsd.

Ägypten
mind. 35

Singapur
8

Pakistan
mind. 60

Somalia
24

Saudi-Arabien
146

12437   © **Globus**   *Amnesty International bekannt geworden   **Schätzung   Quelle: Amnesty International (April 2018)

1. Vergleichen Sie die Anzahl der Exekutionen in den Ländern, die die Todesstrafe praktizieren.

2. Erörtern Sie die unterschiedlichen Gründe, die in den verschiedenen Ländern zur Todesstrafe führen (Internetrecherche).

3.5   Diskriminierung und Gewalt gegen Frauen und Kinder

Die schwächsten Glieder vieler Gesellschaften sind Frauen und Kinder. Die Vereinten Nationen haben daher 1979 ein „Übereinkommen zur Beseitigung jeder Form von Diskriminierung der Frau" verabschiedet, ergänzt durch die „Erklärung zur Beseitigung von Gewalt gegen Frauen". Zusätzlich wurde auf der UN-Frauenkonferenz 2013 beschlossen, dass Frauen und Mädchen die gleichen Rechte und der gleiche Schutz gewährt werden soll wie Jungen und Männern.

PRESSESCHAU

Mehr Rechte für Frauen

Wertewandel, jetzt weltweit

Die Uno hat es nun verbrieft: Mütter, Töchter, Ehefrauen zu schlagen oder zu vergewaltigen, sie rechtlich und sozial auszugrenzen, das gilt nicht (mehr) als Folklore, als „kulturelle Besonderheit", als ethnisch oder religiös begründbare Eigenheit einer „Kultur"

Quelle: /www.tagesspiegel.de/meinung/mehr-rechte-fuer-frauen-wertewandel-jetzt-weltweit/7939958.html, Zugriff: 28.04.2016

© Amnesty International

www.un.org/Depts/german/
uebereinkommen/ar48104.pdf

Modul 6

In vielen Ländern gibt es, bedingt durch Kultur oder Religion, ein eigenes Verständnis von der Stellung der Frau in der Familie und Gesellschaft. Diese über Jahrtausende gewachsenen Strukturen werden selten kurzfristig geändert.

1. Stellen Sie die Entwicklung der Gleichberechtigung der Frau in Deutschland dar.

2. Erläutern Sie die Inhalte der UN-Erklärung zur Beseitigung von Gewalt gegen Frauen

Gewalt gegen Frauen ist kein importiertes Phänomen, die Täter kommen aus allen gesellschaftlichen Schichten, unabhängig von Einkommen und Bildung. Es ist auch kein auf Deutschland begrenztes Erscheinungsbild. Neben der körperlichen Gewalt gibt es noch andere Formen der Gewalt gegen Frauen, die benannt und bekämpft werden müssen. Es gibt auch Gewalt von Frauen gegen Männer, die unter dem Begriff „häusliche Gewalt" erforscht wurde. Nach einer entspre-

© dpa

Hatun Sürücü, Opfer eines Ehrenmordes 2005 in Berlin

chenden Studie aus dem Jahr 2004 hatten 25 % der befragten Männer Gewalt innerhalb ihrer Partnerschaft in irgendeiner Form erfahren, wenige davon mehr als zweimal.

Körperliche, sexuelle und psychische Gewalt/Körperliche und/oder sexuelle Gewalt durch einen Partner/eine Partnerin oder einen Nicht-Partner/eine Nicht-Partnerin seit dem 15. Lebensjahr

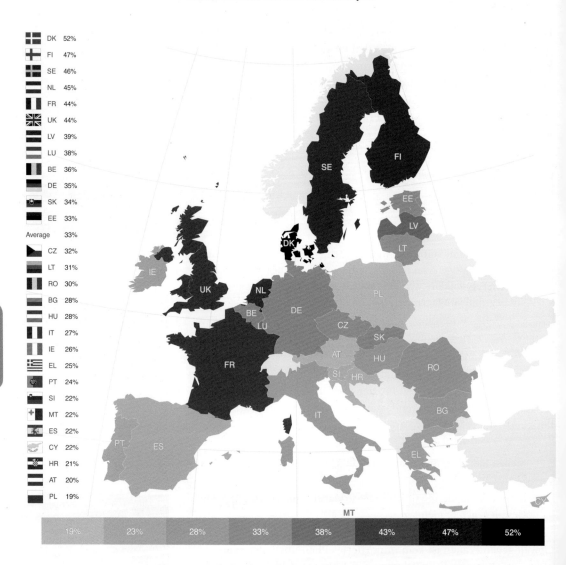

Modul 6

 Untersuchen Sie die verschiedenen Formen der „Gewalt gegen Frauen" in Deutschland (Internetrecherche).

Gewalt gegen Kinder ist in Deutschland, auch in Form der Körperstrafe, seit dem Jahr 2000 grundsätzlich verboten, und zwar jede Art der Körperstrafe, unabhängig von ihrer Härte. Statistiken zeigen auf, dass auch hier die soziale Schichtung nur eine geringe Rolle spielt, sie kommt offensichtlich überall vor.

A G'SUNDE WATSCHN' HAT NOCH **KEINEM GESCHADET**

WER WEGSCHAUT, IST MITTÄTER: **WWW.SCHERASADE.AT**
EINE INITIATIVE VON 3C-DESIGN UND DEM VEREIN SCHERASADE. KEINE GEWALT GEGEN KINDER!

© 3c design; shutterstock.com

1. Beschreiben Sie, wo Ihnen persönlich schon Gewalt gegen Kinder begegnet ist.
2. Stellen Sie dar, welche Verhaltensmöglichkeiten Sie haben, falls Sie Zeuge von Gewalt gegen Kinder werden.

© dpa

Kinderarbeit in den Minen von Katanga im Ost-Kongo, Demokratische Republik Kongo

Gewalt gegen Kinder gibt es überall auf der Welt, bloß kommt zur körperlichen Gewalt noch die materielle Gewalt dazu. Um selbst zu überleben und das Überleben der Familie zu unterstützen arbeiten mehr als 100 Millionen Kinder unter ausbeuterischen und teilweise menschenverachtenden Verhältnissen. Und häufig profitieren wir von dieser Sklavenarbeit.

PRESSESCHAU

Children as young as seven mining cobalt used in smartphones, says Amnesty

Amnesty International says it has traced cobalt used in batteries for household brands to mines in DRC, where children work in life-threatening conditions.

http://www.theguardian.com/global-development/2016/jan/19/children-as-young-as-seven-mining-cobalt-for-use-in-smartphones-says-amnesty (Zugriff 28.04.2016)

Wir benutzen viele elektrische und elektronische Geräte, in denen Metalle verarbeitet werden, die unter ausbeuterischen Bedingungen

Übersetzung:
Schon siebenjährige Kinder bauen Kobalt ab, das in Smartphones verwendet wird, sagt Amnesty

Übersetzung:
Amnesty International sagt, sie haben Kobalt aufgespürt, das in Haushaltsbatterien gebraucht wird, aus Minen in der Demokratischen Republik Kongo, in denen Kinder unter lebensbedrohlichen Bedingungen arbeiten.

Modul 6

gewonnen wurden. Das geschieht sehr oft auch mit Hilfe von Kinderarbeit. Die Rechte von Kindern werden in einer UN-Konvention von 1989 zusammengefasst, so auch das Recht vor wirtschaftlicher und sexueller Ausbeutung.

1. Untersuchen Sie, welche Formen der Kinderarbeit noch weltweit praktiziert werden.
2. Führen Sie aus, wo wir in Deutschland von dieser Kinderarbeit profitieren.
3. Analysieren Sie, wie Sie durch Ihr eigenes Verhalten Kinderarbeit entgegenwirken können.

3.6 Asyl und Menschenrecht

Asyl:
Schutz vor Gefahr und Verfolgung, die zeitweise Aufnahmen von Verfolgten

Die Geschichte der Menschheit ist durchzogen von Wanderungs- und Fluchtbewegungen. Falls die Lebensbedingungen im Geburtsland zu schwierig wurden, oder die Verfolgung aus religiösen bzw. politischen Gründen untragbar, dann machten sich die Menschen auf den Weg um woanders ihr Glück zu finden, auch aus Deutschland. In der amerikanischen Unabhängigkeitserklärung von 1776 wird das „Recht auf Streben nach Glück" ausdrücklich in einem Zusammenhang mit den anderen Grundrechten genannt.

Afrikanische Flüchtlinge auf dem Weg durch die Sahara

Durch die sich ständig ändernde Welt und die Globalisierung sind Fluchtbewegungen, auch in Deutschland angekommen.

Modul 6

> **Art. 14 der UN-Menschenrechtscharta:**
>
> (1) Jeder hat das Recht, in anderen Ländern vor Verfolgung Asyl zu suchen und zu genießen
>
> **Art. 16 a GG:**
>
> (1) Politisch Verfolgte genießen Asylrecht ...

Da das Grundgesetz nur politisch Verfolgten Schutz gewährt, unterzeichnete die Bundesrepublik 1954 die Genfer Flüchtlingskonvention der Vereinten Nationen. Jetzt haben auch Asylsuchende ein Recht auf Schutz, die wegen ihrer „Rasse, Religion, Nationalität und Zugehörigkeit zu einer bestimmten sozialen Gruppe" verfolgt wurden. Zusätzlich muss die Bundesrepublik, entsprechend der Konvention, ein Recht auf Bildung und Arbeit gewähren. Es ist ihr verboten, Asylsuchende in ein Gebiet abzuschieben, in dem das Leben oder die Freiheit bedroht sind.

1. Untersuchen Sie (Internetrecherche) Auswanderungs- und Fluchtbewegungen aus Deutschland in der deutschen Geschichte.
2. Stellen Sie die Beweggründe (Internetrecherche) für die Migration nach Europa dar.

Inzwischen wurde das Asylrecht in Deutschland unter dem Eindruck vieler Asylanträge durch Grundgesetzänderung ergänzt und stark eingeschränkt. Richtlinie dabei war das Dubliner Abkommen, mittlerweile Dublin III. Danach darf Deutschland das Grundrecht auf Asyl verwehren, wenn ein Flüchtling über ein EU-Land nach Deutschland eingereist war oder über ein anderes Land, das die Genfer Flüchtlingskonvention unterzeichnete. Dies ist als „Drittstaatenregelung" bekannt. Das bedeutet, gemäß Dublin III sind die Staaten zur Prüfung eines Asylantrages verpflichtet, deren Außengrenze ein Flüchtling das erste Mal überschritt. Dazu ergänzend kann die Bundesregierung mit Zustimmung des Bundesrates Staaten als sichere Herkunftsstaaten einstufen, wenn dort „weder politische Verfolgung noch unmenschliche oder erniedrigende Bestrafung oder Behandlung stattfindet".

Seit 2011 gilt der „**subsidiäre** Schutz", der Menschen gewährt wird, die weder Flüchtlingsschutz noch Asylberechtigung haben. In ihrem Herkunftsland muss ihnen ein „ernsthafter Schaden" drohen, zum Beispiel Folter, Todesstrafe oder wenn Krieg oder Bürgerkrieg herrschen. Zusätzlich hat der Bundestag für diese Personen die Residenzpflicht und das Arbeitsverbot gelockert.

Subsidiär:
unterstützend, Hilfe leistend

Modul 6

Lösen Sie die folgenden Aufgaben, wenn nötig durch Internetrecherche:

1. Beschreiben Sie Projekte und Maßnahmen aus Ihrem Umfeld zur Integration von Flüchtlingen.

2. Untersuchen Sie die Verteilung der Flüchtlinge in Deutschland nach Bundesländern.

3. Stellen Sie die Leistungen dar, die Flüchtlinge in Deutschland bekommen.

4. Erörtern Sie die aktuelle Flüchtlingspolitik der EU.

Überfülltes Flüchtlingsboot vor der Libyschen Küste

© dpa

Durch die hohe Zahl der nach Deutschland geflüchteter Menschen ist die Bundesrepublik vor neue Herausforderungen gestellt, die von Seiten der Politik und Gesellschaft bewältigt werden müssen. Deutschlands Geschichte und seine Rolle in Weltpolitik und Weltwirtschaft weist ihm dabei eine besondere Stellung zu.

4 Handlungsmöglichkeiten bei Grundrechtskonflikten

> *Der Leitgedanke des Grundgesetzes, durch die Ewigkeitsklausel festgeschrieben, gibt den Rahmen des Zusammenlebens im Staate vor. Es gibt Möglichkeiten, gegen Verstöße dieser Grundlagen vorzugehen.*

4.1 Verfassungsbeschwerde

Wer sich in seinen Grundrechten beeinträchtigt fühlt, kann Verfassungsbeschwerde einlegen.

Modul 6

PRESSESCHAU

Merkblatt über die Verfassungsbeschwerde zum Bundesverfassungsgericht

I. Allgemeines

Jedermann kann Verfassungsbeschwerde zum Bundesverfassungsgericht erheben, wenn er sich durch die öffentliche Gewalt in einem seiner Grundrechte (vgl. Art. 1 bis 19 GG) oder bestimmten grundrechtsgleichen Rechten (Art. 20 Abs. 4, Art. 33, 38, 101, 103, 104 GG) verletzt glaubt.

Das Bundesverfassungsgericht kann die Verfassungswidrigkeit eines Aktes der öffentlichen Gewalt feststellen, ein Gesetz für nichtig erklären oder eine verfassungswidrige Entscheidung aufheben und die Sache an ein zuständiges Gericht zurückverweisen.

Andere Entscheidungen kann das Bundesverfassungsgericht auf eine Verfassungsbeschwerde hin nicht treffen. Es kann z. B. weder Schadensersatz zuerkennen noch Maßnahmen der Strafverfolgung einleiten.

Der einzelne Staatsbürger hat grundsätzlich auch keinen mit der Verfassungsbeschwerde verfolgbaren Anspruch auf ein bestimmtes Handeln des Gesetzgebers.

Quelle: www.bundesverfassungsgericht.de/DE/Homepage/_zielgruppeneinstieg/Merkblatt/Merkblatt_node.html, Zugriff: 09.06.2016

Diskutieren Sie, welche Maßnahmen Sie ergreifen würden, um gegen Grundrechtsverletzungen vorzugehen.

4.2 Individuelle Aktivitäten

Neben den oben genannten Möglichkeiten, die staatlichen Organe bei Grundrechtsverletzungen zu informieren, gibt es auch die Möglichkeit, persönlich aktiv zu werden.

Als Mitglied in einer Organisation, die sich für Menschenrechte einsetzt, gibt es Möglichkeiten, sich aktiv geben Grundrechtsverletzungen zu engagieren.

PRESSESCHAU

Die Lage ist ernst: Nach Schätzungen der Nichtregierungsorganisation Terre Des Femmes sind bereits 20.000 in Deutschland lebende Frauen und Mädchen an den Genitalien verstümmelt worden. 6.000 Mädchen sind zumindest dem Risiko ausgesetzt, hierzulande oder in den Ferien im Herkunftsland der Eltern genitalverstümmelt zu werden. Aus unserer Sicht muss an vorderster Stelle ein eindeutiges Signal an die betroffen in Deutschland lebenden Frauen und Mädchen stehen: In unserem Land ist die Verstümmelung der weiblichen Genitalien ein Verbrechen! Staat und Gesellschaft übernehmen Verantwortung und schützen Frauen und Mädchen vor diesem schwerwiegenden Eingriff in ihre körperliche Unversehrtheit durch Schaffung von Rechtsklarheit und Bewusstsein für das Thema in der Öffentlichkeit.

Quelle: www.gruene-bundestag.de/themen/frauen/ein-laengst-ueberfaelliges-gesetz.html, Zugriff 24.04.2016

https://www.amnesty.de/

Modul 6

PRESSESCHAU

Genitalverstümmelung, um weibliche Treue zu sichern

Befürworter der Genitalverstümmelung nennen als Begründung oft die Sicherstellung der Jungfräulichkeit und der sexuellen Treue ... Für Terre des Femmes wäre die erlaubte Beschneidung bei Jungen in Abgrenzung zu Mädchen ohnehin nur ein Kompromiss. Sie lehnen religiös motivierte körperliche Eingriffe an Kindern grundsätzlich ab und sind gegen die kürzlich verabschiedete Resolution.

„Das im Grundgesetz verankerte Recht auf ungestörte Religionsausübung und das Erziehungsrecht der Eltern haben keinen Vorrang gegenüber dem vom Grundgesetz verbrieften Recht des Kindes auf körperliche Unversehrtheit und Selbstbestimmung", sagt Irmingard Schewe-Gerigk, die Vorsitzende von Terre des Femmes.

Quelle: www.focus.de, Zugriff: 10.06.2016

http://tinyurl.com/c3dp5zr

1. Diskutieren Sie Ihre Möglichkeiten, gegen diese Praktiken vorzugehen.
2. Stellen Sie Ihre Position zur Beschneidungsmöglichkeit von Jungen in der BRD dar (s. nebenstehenden QR-Code).

Zusammenfassung

Die Grundrechte bilden den gesetzlichen Rahmen, in dem wir in unserer Gesellschaft zusammenleben.

Die Grundrechte lassen sich in Bürger- und Menschenrechte unterteilen.

Die Ewigkeitsklausel schützt die Grundrechte.

Das Verfassungsgericht wacht über die Gültigkeit und Anwendung der Grundrechte.

Die Grundrechte werden ergänzt durch die „Allgemeine Erklärung der Menschenrechte" und darauf basierende Folgekonventionen.

Zum Schutz vor Menschenrechtsverletzungen gibt es das „internationale Strafgericht" in Den Haag.

Für Europa zusätzlich gibt es den „Europäischen Gerichtshof für Menschenrechte" in Straßburg.

Die Menschenrechte werden an vielen Orten der Welt verletzt und missachtet.

Das Recht auf freie Meinungsäußerung muss immer wieder verteidigt werden.

Das Recht auf „sexuelle Selbstbestimmung" steht in weiten Teilen der Welt nur auf dem Papier.

Rassismus gibt es auch in Deutschland, trotz der Grundrechte.

Es gibt immer noch Gewalt gegen Frauen und Kinder.

Kinderarbeit führt auch zu kostengünstigen Produkten in Deutschland.

Weltweite Konflikte führen zu immer mehr Flüchtlingen.

Die Grundrechte und internationale Abkommen verpflichten Deutschland zur Aufnahme von Flüchtlingen.

Modul 6

Wissens-Check _____

1. Erläutern Sie den Begriff Grundrechte.

2. Erklären Sie die Aufgaben des Verfassungsgerichtes.

3. Erläutern Sie den Unterschied zwischen Grundrechten und Menschenrechten.

4. Inwieweit ergänzen die Menschenrechte die Grundrechte?

5. Erörtern Sie aktuelle Menschenrechtsverletzungen.

6. Zeigen Sie Lösungen für Menschenrechtsverletzungen auf.

7. Erläutern Sie die Asylsituation in Deutschland für ankommende Flüchtlinge.

Modul 7: Europa im 20. und 21. Jahrhundert

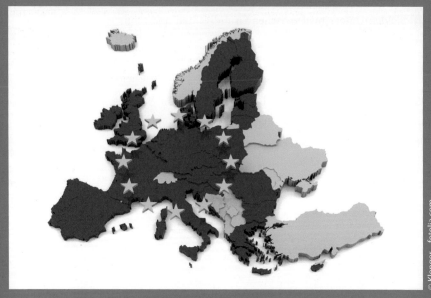

© Klenger – fotolia.com

© Ulf Kläning

Kompetenzen, die Sie u. a. in diesem Modul erwerben:

Fachkompetenz		Personale Kompetenz	
Wissen	**Fertigkeiten** *(u. a. Analysekompetenz/ Methodenkompetenz)*	**Sozialkompetenz** *(u. a. Kommunikative Kompetenz, Teamfähigkeit, Einfühlungsvermögen, Konfliktfähigkeit)*	**Selbstständigkeit** *(u. a. Politische Urteilskompetenz, Lernkompetenz)*
Ich kenne die wesentlichen Etappen des europäischen Einigungsprozesses (Römische Verträge, Vertrag von Maastricht, Schengener Abkommen). Die Institutionen der EU sind mir bekannt (EU-Parlament, Europäischer Rat, Rat der Europäischen Union).	Die Inhalte von Verträgen und Vorschriften kann ich herausarbeiten. Mithilfe von Textvergleichen und Vertragsanalysen bin ich in der Lage, Unterschiede und Übereinstimmungen zu benennen.	Menschenrechtsverletzungen benenne ich und weise dabei auf die Bedeutung des Europäischen Gerichtshofes für Menschenrechte hin.	Ich könnte mir irgendwo in Europa einen Arbeitsplatz organisieren. Meine erworbenen Kenntnisse und Berufserfahrungen kommen dabei zur Geltung. Bei Bedarf könnte ich meinen Lebensmittelpunkt nach dort verlegen.

1 Die EU und ich

Die Europäische Union (EU) ist ein Erfolgsmodell. Jedes europäische Land (Ausnahme: Norwegen und die Schweiz) hatte oder hat den Wunsch, Mitglied der EU zu werden. Selbst außereuropäische Staaten sehen die Vorteile für ihr Land und bemühen sich um eine enge Anbindung.

© Europäische Union

Entfaltungsmöglichkeiten in der EU

Die Europäische Union bietet den Menschen viele Chancen, sich zu verwirklichen. Hier einige Beispiele:

- **Arbeiten in Europa**

  EU-Bürger (ggf. nach Übergangsfrist) können überall in der Europäischen Union auf Arbeitssuche gehen und einen Arbeitsvertrag eingehen, ohne eine Arbeitserlaubnis zu beantragen. Diese Freiheit garantiert das europäische Recht.

- **Soziale Sicherung**

  Grundsätzlich ist man in dem Land versichert, in dem man wohnt und arbeitet. Dies gilt für die drei Hauptpfeiler der Sozialversicherung: Renten-, Kranken- und Arbeitslosenversicherung.

  Bürger aus anderen EU-Staaten genießen den gleichen arbeitsrechtlichen Schutz und erhalten dieselben finanziellen Leistungen.

Jeder EU-Bürger kann in jedem EU-Land arbeiten oder studieren.

Modul 7

Heute selbstverständlich: Reisen quer durch Europa

© Claus

Ehemalige Grenzübergangsstelle: Einfuhrkontrollen für Privatpersonen gibt es nicht mehr.

- **Chancen für Auszubildende und Berufsfachschüler**

  Die EU bietet mit dem Leonardo-Programm Auszubildenden oder Berufsfachschülern die Möglichkeit, einen Teil ihrer Ausbildung in einem anderen EU-Land zu absolvieren.

- **Studieren in der EU**

  EU-Bürger können ihren Studienort innerhalb der EU frei wählen. Beim Zugang zum Studium und bei der Zahlung von Studiengebühren dürfen Studenten aus anderen EU-Ländern nicht benachteiligt werden. Es wird angestrebt, die Studienabschlüsse gegenseitig anzuerkennen.

- **Reisen in der EU**

  Unionsbürger können im Binnenmarkt frei reisen. Gepäck und Waren werden an den Grenzen nicht mehr kontrolliert. Das nächste Ziel ist die vollständige Abschaffung der Personenkontrollen bei Reisen in alle EU-Länder.

- **Rentner: Leben, wo es schön ist**

  Rentner können überall in der Europäischen Union ihren Lebensabend verbringen. Voraussetzung für die Aufenthaltsgenehmigung ist eine Krankenversicherung und ein Einkommen, das über dem Sozialhilfesatz des Gastlandes liegt.

- **Privater Einkauf im Binnenmarkt**

  Verbraucher können überall im Binnenmarkt einkaufen und die Waren problemlos über die Grenzen mitnehmen. Ein Auslandskauf wird wie ein Inlandskauf behandelt. Voraussetzung: Die mitgebrachten Waren müssen für den privaten Gebrauch bestimmt sein. Dabei gelten Obergrenzen für die Einfuhr bei bestimmten Waren.

- **Wohnen in Europa**

  Ob Arbeitnehmer, Selbstständiger oder Student: Unionsbürger können überall in der EU leben und arbeiten. Natürlich dürfen sie auch ihre Familienangehörigen mitnehmen.

- **Europawahlen und Kommunalwahlen**

  EU-Bürger wählen bei der Europawahl dort, wo sie wohnen. Auch bei Kommunalwahlen können Unionsbürger in dem Mitgliedstaat wählen gehen und sich als Kandidat aufstellen lassen, in dem sie wohnen.

- **Auto: Europäische Betriebserlaubnis**

  Wer ein neues Auto aus einem anderen EU-Land einführt, muss keine aufwändigen technischen Umrüstungen vornehmen.

- **Der gleiche Führerschein in ganz Europa**

  In der gesamten EU wird künftig der Führerschein nach einer einheitlichen Fahrprüfung und Klasseneinteilung gemacht.

KOM – Kenntnisse über die EU-Wandzeitung

Verortung/Information:

Um den gemeinsamen Wissensstand darzustellen, bietet eine Wandzeitung bzw. ein Plakat eine gute Möglichkeit. Dazu sind verschiedene Arbeitsschritte einzuhalten, um ein möglichst informatives Ergebnis zu erhalten.

Analyse/Reflektion:

1. In einem ersten Schritt sollten die zu erarbeitenden Themen festgelegt und verteilt werden. Das kann zum Beispiel mit Hilfe einer Mindmap geschehen. In unserem Fall geht es um die Auswirkungen der europäischen Einigung auf die Lebens- und Arbeitswelt. Mögliche Themen könnten – grenzüberschreitendes Reisen, – europaweites online Einkaufen, – rechtliche europäische Vorgaben beeinflussen das Leben, – arbeiten im europäischen Ausland, – Ausbildungsmöglichkeiten und Möglichkeiten für ein berufliches Praktikum während der Ausbildung, – Freiwilligenjahr für Alle innerhalb Europas, – Urlaub innerhalb der EU, – Fremdsprachen lernen (mit finanzieller Förderung), – ...

2. Im zweiten Schritt werden in Gruppenarbeit die Fachinformationen zusammengetragen. Hier sind eigene Erfahrungen und Erlebnisse wichtig, aber auch all die Informationen, die online erhältlich sind – dazu gehören auch Bilder, Fotos und Grafiken.

3. Jetzt werden die vorhandenen Materialien gesichtet und es wird überlegt, wie diese am besten vorgestellt werden können. Dazu benötigen Sie eine Überschrift, die Ihr Thema in knappen Worten darstellt. Danach müssen Ihre unterschiedlichen Informationen so präsentiert werden, dass sie auch aus zwei bis drei Metern Entfernung noch gut zu erkennen bzw. zu lesen sind (auf Linienbreiten und Farben achten). Die Inhalte müssen so dargestellt werden, dass sie ohne weitere Nachfragen verständlich sind. Dazu nehmen Sie zweckmäßigerweise ein DIN A4-Blatt und verteilen auf diesem probeweise Ihre Überschrift und Informationen, die Sie vorstellen wollen. Machen Sie dazu ruhig mehrere Versuche um herauszufinden, welcher die beste Wirkung erzielt. Für Visualisierungen (grafische Darstellungen) gibt es einige Grundregeln, die Sie beachten sollten:

Handlung/Urteil/Entscheidung:

Klare Strukturen: Zuordnung, Abgrenzung, zeitliche Reihenfolge, Kausalität (Ursache und Wirkung), Aufzählungen, Gegensätzlichkeiten

Textreduktion: Konzentration auf das Wesentliche (Schlüsselbegriffe, Schlagworte, Slogans, stichpunktartige Formulierungen)

Hervorhebungen: Wichtiges optisch betonen

Zusammenhang: Nutzung von Absätzen, unterschiedlichen Zeilenabständen, Trennungslinien, Spalten, Textrahmen, Schattierungen, Schriftgrößen ...

Grafische Elemente: Einsatz von Symbolen, Pfeilen, Skizzen, Diagrammen, Icons, Bildern

Farbigkeit: konsequent, funktional, sparsam

Angemessenheit: Grundsatz der Arbeitsökonomie beachten, Übertreibungen vermeiden

Nachdem Sie die für Sie persönlich optimale Gestaltung Ihres Werkes gefunden haben übertragen Sie diese auf das DIN A3-Format und präsentieren es mit den anderen Plakaten. Sie stehen für eventuelle Nachfragen (zum Beispiel von Fachausdrücken) zur Verfügung.

2 Der europäische Einigungsprozess

Immer stärker bestimmen heute Europa bzw. die EU – neben unserem eigenen Staat – unser Leben. Dies macht sich in vielen Lebensbereichen bemerkbar.
Die europäische Integration vollzieht sich dabei in einem langen, nicht immer einfachen Prozess. Ausgangspunkt waren Überlegungen zu einer europäischen Sicherheitspolitik nach den grausamen Erfahrungen der beiden großen Weltkriege. Stufenweise wurde die wirtschaftliche Zusammenarbeit der westeuropäischen Staaten auch vor dem Hintergrund des Ost-West-Konflikts intensiviert und eine politische Union angestrebt.

Gründe und Ziele der europäischen Einigung

Den Hintergrund für die europäische Integration nach dem 2. Weltkrieg bildeten der verbreitete Wunsch nach Sicherheit und Frieden und die Frage des wirtschaftlichen Wiederaufbaus. Im Rahmen der internationalen Konstellation (Kalter Krieg) ging es für die westeuropäischen Staaten auch darum, ein wirtschaftliches und politisches Gegengewicht zum Ostblock zu schaffen.

Die Vernetzung der europäischen Volkswirtschaften sollte zum Erhalt des Friedens und zum Aufbau und zur Sicherung eines breiten Wohlstandes in Europa einen entscheidenden Beitrag leisten. Die europäische Einigung sollte Schritt für Schritt erreicht werden.

Seit 1951 vollzieht sich die europäische Integration in nicht immer einfachen Verhandlungsprozessen. Das folgende Schaubild zeigt die wichtigsten Stationen auf dem Weg zu einem vereinten Europa.

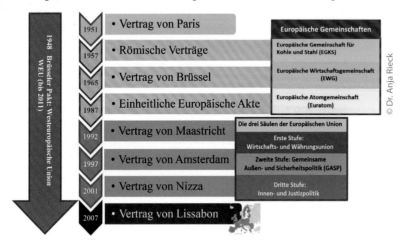

© Dr. Anja Rieck

1. Schritt: 1951

Gründung der EGKS (Europäische Gemeinschaft für Kohle und Stahl, auch Montanunion genannt)

Durch diesen Vertrag wurde die Schwerindustrie der Mitgliedsländer (Deutschland, Frankreich, Italien, Belgien, Niederlande, Luxemburg) der Aufsicht und Kontrolle einer gemeinsamen supranationalen Behörde unterstellt. Die Gründung der EGKS war ein zukunftsweisender Schritt, da Staaten auf Teile ihrer nationalen Souveränität zugunsten einer gemeinschaftlichen Organisation verzichteten.

2. Schritt: 1957

Gründung der EWG (Europäische Wirtschaftsgemeinschaft) und der EURATOM/EAG (Europäische Atomgemeinschaft) durch die EGKS-Staaten

In den „Römischen Verträgen" wurde festgelegt, dass der gemeinsame Markt auf alle Wirtschaftsbereiche sowie Dienstleistungen und den Kapital- und Zahlungsverkehr ausgedehnt wird. Weiteres Kernstück des EWG-Vertragswerks war die Schaffung einer Zollunion zwischen den Mitgliedstaaten innerhalb von 12 Jahren. Zur Verwirklichung und Umsetzung der Vertragswerke wurden wichtige europäische Institutionen geschaffen (Europäischer Rat, Europäische Kommission, Europäisches Parlament).Im EWG-Vertragswerk setzten sich die Mitgliedstaaten zudem das weitreichende Ziel eines weiteren Zusammenschlusses bis zur politischen Union.

Modul 7

3. Schritt: 1967

Zusammenschluss der EGKS, EWG und EURATOM/EAG zur Europäischen Gemeinschaft (EG)

Die Zusammenarbeit zwischen den Mitgliedstaaten wurde weiter vertieft. So wurde im Zusammenhang mit dem Werner-Bericht beschlossen, langfristig das Ziel der Schaffung einer Wirtschafts- und Währungsunion (WWU) in Angriff zu nehmen. Mit der Einführung des Europäischen Währungssystems (EWS) 1979, dem Schengener Abkommen 1985 und der Einheitlichen Europäischen Akte (EEA) 1987 wurden wichtige Voraussetzungen geschaffen. Mittlerweile waren Großbritannien, Dänemark, Irland, Griechenland, Spanien und Portugal der Gemeinschaft beigetreten.

4. Schritt: 1992

Weiterentwicklung der EG zur Europäischen Union (EU)

Die Maastrichter Verträge regelten die Bedingungen für die endgültige Umsetzung der Wirtschafts- und Währungsunion (WWU), die bis 1999 bzw. 2002 (Euro-Bargeldeinführung) vollendet sein sollte, und enthalten Vereinbarungen zum Ausbau der Gemeinschaft zu einer politischen Union. Die Aufgabenfelder der europäischen Politik bestehen seitdem aus den „drei Säulen" (Europäische Gemeinschaft, Gemeinsame Außen- und Sicherheitspolitik, Zusammenarbeit in der Innen- und Justizpolitik). Mit dem Vertrag von Lissabon (1.12.2009) übernahm die EU die Rechtspersönlichkeit der EG. Damit kann die EU völkerrechtlich verbindlich handeln. Mit dem Inkrafttreten des europäischen Binnenmarkts (vier Freiheiten) 1993 und der stufenweisen Umsetzung der Währungsunion bis zum Jahr 2002 war die WWU realisiert. Österreich, Finnland und Schweden traten der Union 1995 bei.

Freier Personenverkehr	Freier Dienstleistungsverkehr
▪ Wegfall von Grenzkontrollen ▪ Harmonisierung der Einreise-, Asyl-, Waffen und Drogengesetze ▪ Niederlassungs- und Beschäftigungsfreiheit für EU-Bürger ▪ Verstärkte Außenkontrollen	▪ Liberalisierung der Finanzdienste ▪ Harmonisierung der Banken und Versicherungsaufsicht ▪ Öffnung der Transport- und Telekommunikationsmärkte
Freier Warenverkehr	**Freier Kapitalverkehr**
▪ Wegfall von Grenzkontrollen ▪ Harmonisierung oder gegenseitige Anerkennung von Normen und Vorschriften ▪ Steuerharmonisierung	▪ Größere Freizügigkeit für Geld- und Kapitalbewegungen ▪ Schritte zu einem gemeinsamen Markt für Finanzleistungen ▪ Liberalisierung des Wertpapierverkehrs

Die vier Freiheiten des gemeinsamen Marktes

5. Schritt: 2004/2007

Im Rahmen der sogenannten Osterweiterung traten zwölf weitere Länder – meist ehemalige Ostblockländer – der EU bei, nachdem sie die von der EU gestellten Bedingungen (Kopenhagener Kriterien) weitgehend erfüllt hatten. Damit war die Teilung Europas durch die Epoche des Kalten Krieges faktisch überwunden.

Weiterhin stark umstritten bleibt der EU-Beitritt der Türkei. Seit 2005 laufen mit ihr ergebnisoffene Beitrittsverhandlungen.

Durch die Osterweiterung steht die EU selber vor längst überfälligen und einschneidenden Reformen. Zum einen gilt es, alte, bisher ungelöste Probleme anzugehen (Agrarpolitik, Abbau des wirtschaftlichen Gefälles, Finanzkrisen einzelner Mitgliedstaaten), zum anderen müssen die Institutionen und Strukturen der EU dringend der neuen Anzahl der Mitgliedstaaten angepasst werden. Der am 1.12.2009 in Kraft getretene Vertrag von Lissabon war ein erster Schritt in diese Richtung.

Am 23. Juni 2017 hat Großbritannien sich in einem Referendum für den Austritt aus der EU entschieden.

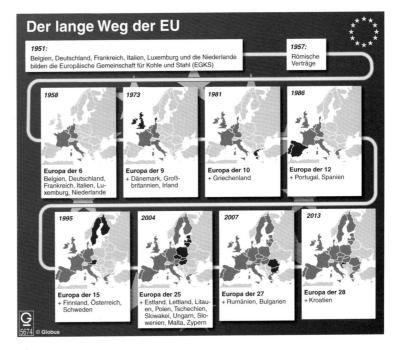

Der lange Weg der EU

1951:
Belgien, Deutschland, Frankreich, Italien, Luxemburg und die Niederlande bilden die Europäische Gemeinschaft für Kohle und Stahl (EGKS)

1957:
Römische Verträge

1958 — **Europa der 6**
Belgien, Deutschland, Frankreich, Italien, Luxemburg, Niederlande

1973 — **Europa der 9**
+ Dänemark, Großbritannien, Irland

1981 — **Europa der 10**
+ Griechenland

1986 — **Europa der 12**
+ Portugal, Spanien

1995 — **Europa der 15**
+ Finnland, Österreich, Schweden

2004 — **Europa der 25**
+ Estland, Lettland, Litauen, Polen, Tschechien, Slowakei, Ungarn, Slowenien, Malta, Zypern

2007 — **Europa der 27**
+ Rumänien, Bulgarien

2013 — **Europa der 28**
+ Kroatien

5674 © Globus

1. Stellen Sie die Gründe und Ziele der europäischen Einigung in einer Tabelle übersichtlich zusammen.

2. Welche Staaten können als Gründungsmitglieder der Europäischen Union bezeichnet werden?

3. Beschreiben Sie die vier Freiheiten des europäischen Binnenmarktes mit Ihren eigenen Worten.

4. Diskutieren Sie in der Klasse, wo Sie jeweils die größten Vor- und Nachteile des Binnenmarkts sehen.

5. Die Europäische Union basiert auf dem sogenannten Drei-Säulen-Modell. Welche drei Säulen sind dies und welche Ziele hat jede Säule? Nutzen Sie als Informationsquelle die Internetseite der EU.

6. Benennen Sie alle Mitglieder der EU.

7. Recherchieren Sie die Kopenhagener Kriterien und beurteilen Sie diese im Hinblick auf zukünftige Erweiterungsschritte der EU.

Modul 7

KOM – Die Mitgliedstaaten der EU im Profil: Ländersteckbrief

Verortung/Information:

Die (noch/Brexit) 28 Mitgliedsstaaten der EU bestimmen im Moment die Grenzen Europas. Aber was wissen wir eigentlich über all diese Länder? Was sind ihre Merkmale? Welche Stärken und Schwächen haben sie? Man könnte viele weitere Fragen formulieren, aber schon hier wird deutlich, dass es sich lohnt, sich mit diesen Staaten, unseren europäischen Partnern und Freunden, etwas eingehender zu beschäftigen. Denn schließlich wollen wir die EU in ihren aktuellen Grenzen mit Leben füllen und voneinander lernen und profitieren. Andererseits ist es wichtig, seine Partner zu kennen, wenn es darum geht, in zentralen wirtschaftlichen und vor allem politischen Bereichen zusammenzuarbeiten und für schwierige Probleme und Fragen gemeinsam Lösungen finden zu müssen. Dabei ist die Kenntnis über nationale Besonderheiten, Symbole und Traditionen häufig sehr hilfreich oder sogar Voraussetzung, um zu Erfolg versprechenden Ergebnissen bei den Verhandlungen auf europäischer Ebene zu kommen.

Eine Methode, um sich einen groben Überblick über die EU-Länder zu verschaffen, ist die Erstellung von Ländersteckbriefen. Sie funktionieren wie eine Art Karteikarte, auf der die wichtigsten Informationen über einen EU-Staat übersichtlich zusammengefasst sind.

Aufgabe:

Erstellen Sie, unter Beachtung der folgenden Hinweise, einen Ländersteckbrief zu einem Mitgliedsland der EU.

Hinweis:

Die Inhalte sollen sauber auf einem DIN A4-Blatt präsentiert werden. Alle Ländersteckbriefe sollen eine Wandzeitung ergeben. Die Steckbriefe können, entsprechend der Lage der Staaten, um eine Europa-Karte platziert werden.

Analyse/Reflektion:

1. Sie müssen sich in Ihrer Klasse zunächst über das Layout der Steckbriefe Gedanken machen. Um ein schnelles Auffinden der Informationen zu gewährleisten, ist ein einheitliches Layout wünschenswert. Teilen Sie sich hierzu in mehrere Gruppen auf und entwickeln verschiedene Steckbriefentwürfe.
2. Präsentieren Sie jeweils kurz Ihre Entwürfe in der Klasse.
3. Diskutieren Sie anschließend ihre Vor- und Nachteile.
4. Entscheiden Sie sich nun in der Klasse für einen verbindlichen Entwurf.
5. Fertigen Sie unter Berücksichtigung des unten aufgeführten Mindestinhalts den Steckbrief an.
6. Nutzen Sie zur Informationsgewinnung möglichst vielfältige Quellen. Tipp: Ergiebige Quellen sind Tages- und Wochenzeitungen, Atlanten und die entsprechenden Seiten im Internet.
7. Achten Sie auf die Genauigkeit und Aktualität der von Ihnen verwendeten Zahlen und Fakten.

Handlung/Urteil/Entscheidung:

Mindestinhalt des Ländersteckbriefs	
Formale Angaben	Name und internationales Kürzel des Landes, Flagge des Landes, Wahrzeichen des Landes (als Foto)
Topografische Angaben	**Physisch:** Fläche, Gebirge, höchste Berge, längste Flüsse, größte Seen, Besonderheiten **Anthropogen:** Hauptstadt und weitere große Städte, Einwohnerzahl, Bevölkerungsdichte
Politische Angaben	Staatsform/Staatsaufbau, Wahlsystem, momentane Regierung, Stimmen im Ministerrat der EU, Sitze im europäischen Parlament, Nato-Mitglied?, Rolle in der UNO
Wirtschaftliche Angaben	Verteilung der Beschäftigten auf die drei volkswirtschaftlichen Sektoren, BIP gesamt und BIP pro Kopf, größte Konzerne des Landes, wichtigste Handelspartner (Länder), Export- und Importbilanz, wichtige Exportgüter, wichtige Importgüter
Kulturelle Angaben	Sprache, Religionen, Ethnien (Volksgruppen), repräsentative Filme, Musik, Literatur
Stereotype (Merkmale)	Was ist typisch für das Land? Woran würde man es sofort erkennen? (Es dürfen auch Bilder, Comics, Karikaturen etc. genutzt werden.)

Topografisch:
Teilgebiet der Geographie, das sich mit der Lagebeschreibung der natürlichen und künstlichen Objekte an der Erdoberfläche beschäftigt

Physisch (geografisch):
Die Erdoberfläche als System beschreibend
Teilbereiche sind: Klima, Wasser, Boden, Oberflächenformen, Vegetation usw.

Anthropogen:
Bezeichnet alles vom Menschen Beeinflusste, Verursachte oder Hergestellte

Beispiele:

D

Topographische Angaben:
Fläche: 357 104,07 km²
Einwohnerzahl: 82 117 Mio.
Bevölkerungsdichte: 229 Einwohner/km²
Hauptstadt: Berlin (3,42 Mio.)
Größte Städte: Hamburg (1,77 Mio.), München (1,31 Mio.), Köln (996 690),
                             Frankfurt a.M. (659 021)
Höchster Berg: Zugspitze (2 962 m)
Längste Flüsse: Rhein (865 km), Elbe (700 km), Donau (647 km), Main

Parlamentarische Bundesrepublik
Parlamentarische Demokratie
Bundeskanzlerin: Angela Merkel
Bundespräsident:
Frank-Walter Steinmeier
Mehrheitswahl/Verhältniswahl
seit 1955
hilft bei Friedensmissionen

ktoren: Landwirtschaft: 1 %; Industrie
3 322 Mrd. US $
40 415 US $
Produktionsstraße, techni. Baut
lles Mögliche aus Frankreich,
alien, Belgien, Österreich, C

FIN

Topographische Angaben:
Fläche: 338 145 km²
Einwohnerzahl: 5 311 211 Mio.
Bevölkerungsdichte: 15,6 Einwohner/km²
Hauptstadt: Helsinki (568 146)
Größte Städte: Tampere, Turku, Oulu
Höchster Berg: Haltiatunturi (1 328 m)
Längste Flüsse: Kemijoki (547 km)

Politische Angaben:
Staatsform: Parlamentarische Republik
Regierung: Ministerpräsident: Matti Vanhanen
                             Präsidentin: Tarja Halonen

Wahlsystem: Verhältniswahl
NATO-Mitglied: nein

Wirtschaftliche Angaben:
Volkswirtschaftliche Sektoren:
Landwirtschaft: 4 %
Industrie: 35 %
Dienstleistungen: 61 %
BIP (gesamt):   245 013 Mio US $
BIP (pro Kopf):   46 602 US $
Exportgüter: Papier, Eisen, Stahl, Nachrichtentechnik
Importgüter: Rohöl, Autos, chemische Erzeugnisse

Kulturelle Angaben:
Sprache: finnisch, schwedisch
Religionen:
Evangelisch-lutherische Kirche: 82 %
Orthodoxe Kirche: 1,1 %
Andere: 4, %
Konfessionslos: 12 %
Ethnien: Russen, Estländer, Schweden

Lutheran Cathedral
Helsinki

Rauch Sauna

F

Topographische Angaben:
Fläche: 668 763 km²
Einwohnerzahl: 64 667 000 Mio.
Bevölkerungsdichte: 97 Einwohner/km²
Hauptstadt: Paris
Größte Städte: Paris, Marseille, Lyon, Toulouse, Nizza,
                             Montpellier, Bordeaux usw.
Höchster Berg: Montblanc (4 807 m)
Längster Fluss: Loire (1 020 km)

Politische Angaben:
Staatsform: Republik
NATO-Mitglied: seit Juni 2009 Vollmitglied
Wahlsystem: Es herrscht das romanische Mehrheits-
                             wahlrecht. Man kann wählen, muss e
                             jedoch nicht.

Wirtschaftliche Angaben:
BIP (gesamt):   2 738 676 Millionen Euro
BIP (pro Kopf):   40 272 Euro
Wichtige
Handelspartner: Deutschland, Spanien, Italien, USA
Wichtige Exportgüter: 20 % Transportmittel (10 % Luftfahrzeuge,
                             19 % mechanische Ausrüstungen
                             (IT/Optik/Elektronik)
                             10 % chem. Erzeugnisse
                             10 % Nahrungsmittel
                             8 % Eisen, Metalle u. Stahlerzeugnisse
                             6 % Pharmazeutika

Kulturelle Angaben:
Sprache: französisch
Religionen: In Frankreich ist die meist vertretene Religion katholisch, die
                             anderen Religionen werden mit einem nicht so großen Anteil
                             vertreten.

Eiffelturm

Montblanc

Modul 7

3 Europäische Institutionen gestalten gemeinsam europäisches Recht

Die Europäische Union ist ein komplexes Gebilde wirtschaftlicher und politischer Partnerschaft der Mitgliedsländer. Bei Entscheidungsprozessen innerhalb der EU geht es um einen Interessenausgleich zwischen den Nationen, der durch eine genaue Aufgabenverteilung auf die Organe und Institutionen sichergestellt wird.

3.1 Der Europäische Rat

© dpa

Die Regierungschefs der EU-Länder bei einem der halbjährlichen Ratstreffen

Mindestens zweimal pro Halbjahr treffen sich die Regierungschefs aller EU-Länder. Sie legen die allgemeinen politischen Zielvorstellungen der EU fest. Diese Zusammenkunft der Staats- und Regierungschefs ist der Europäische Rat. Das Treffen findet unter dem Vorsitz des Landes statt, welches die Ratspräsidentschaft innehat.

3.2 Der Ministerrat

Das eigentliche Machtzentrum für die täglichen Entscheidungen ist der Ministerrat. Im Rat ist jeder Mitgliedstaat durch einen Minister vertreten. Diese Minister tragen die politische Verantwortung für ihre Entscheidungen sowohl gegenüber ihrem nationalen Parlament als auch gegenüber den Bürgern, die sie vertreten.

Aufgaben

- Der Ministerrat beschließt Gesetze mit.
- Im Ministerrat wird beispielsweise durch die Außenminister der Mitgliedsstaaten die Gemeinsame Außen- und Sicherheitspolitik festgelegt. Die Innenminister regeln die Innen- und Justizpolitik der EU. In der Gesetzgebung muss der Ministerrat mit dem Europäischen Parlament zusammenarbeiten.

Modul 7

- Der Ministerrat koordiniert die Wirtschaftspolitik.

- Die Grundzüge der Wirtschaftspolitik der Mitgliedsstaaten werden vom Rat entworfen. Darin wird z. B. festgelegt, wie hoch die jährliche **Neuverschuldung** im Staatshaushalt der Mitgliedsländer sein darf.

- Der Ministerrat legt den Haushaltsplan fest.

- Der Rat entscheidet über die so genannten **obligatorischen** Ausgaben. Das sind im Wesentlichen die Ausgaben für die Landwirtschaft und die Drittstaaten (Staaten, die nicht EU-Mitglied sind). Fast die Hälfte der EU-Ausgaben fließt in die Landwirtschaft.

- Der Ministerrat beeinflusst die Gesetzgebung in den Mitgliedsländern. Viele Beschlüsse und Entscheidungen, die in Brüssel fallen, werden in nationales Recht umgewandelt. Viele der Gesetze, die im Bundestag in Berlin verabschiedet werden, sind Umsetzungen von europäischem Recht.

> **Neuverschuldung:**
> Die neuen Schulden dürfen nicht mehr als 3 Prozent des Bruttoinlandprodukts (BIP) ausmachen.
>
> **Obligatorisch:**
> hier: verpflichtend
> Damit sind Ausgaben gemeint, über die das Europäische Parlament nicht bestimmen kann.

Sitz und Zusammensetzung

Sitz des Rates ist Brüssel. Dort finden in der Regel auch die Ministertagungen statt. Je nach Tagesordnung wechseln die Minister. Am häufigsten tagen die Ministerräte für Landwirtschaft, Wirtschaft und Finanzen, Umwelt und Verkehr.

3.3   Die Kommission

Die Kommission der Europäischen Union ist vergleichbar mit der Regierung eines Landes. Sie ist die Antriebskraft des wirtschaftlichen Vereinigungsprozesses in Europa. Von ihr kommen Vorschläge zur gemeinsamen EU-Politik. Sie führt die von Rat und Parlament beschlossenen Aktionen durch. Dem Europäischen Parlament gegenüber muss sie sich politisch verantworten. Das Parlament kann der Kommission das Misstrauen aussprechen und diese so zur Amtsniederlegung zwingen.

© finecki – fotolia.com

Sitz der EU-Kommission in Brüssel

Modul 7

Die Mitglieder

Die Kommission besteht aus (noch/Brexit) 28 Mitgliedern. Jedes Land entsendet einen Kommissar. Es handelt sich um Persönlichkeiten, die zuvor in ihrem Herkunftsland ein politisches Amt – oft auf Ministerebene – ausgeübt haben. Alle fünf Jahre werden die Kommission sowie das Amt des Kommissionspräsidenten neu besetzt.

1. Erläutern Sie, weshalb die Kommission auch „Regierung der EU" genannt wird.

2. Nennen Sie den derzeit amtierenden Kommissionspräsident.

Die Aufgaben der Kommission

Die Europäische Kommission hat im Wesentlichen vier Aufgaben:

- Sie macht dem Parlament und dem Rat Vorschläge für neue Rechtsvorschriften (Initiativrecht).
- Sie führt die Gemeinschaftspolitik durch.
- Sie überwacht (gemeinsam mit dem Gerichtshof) die Einhaltung des Gemeinschaftsrechts.
- Sie ist die Sprecherin der Europäischen Union und handelt völkerrechtliche Verträge aus (im Wesentlichen Handels- und Kooperationsabkommen).

Die Tätigkeitsbereiche der Kommissare

Ähnlich wie in einer Regierung die Minister, haben die Kommissare unterschiedliche Aufgabenbereiche, z. B:

- Justiz und Grundrechte
- Haushalt
- Energie-Union
- Arbeit, Wachstum und Investitionen
- Euro und sozialer Dialog
- Digitale Agenda
- Außen- und Sicherheitspolitik
- Digitalwirtschaft
- Finanzstabilität, Finanzdienste und Kapitalmarkt
- Handel
- Wirtschaft, Währung und Steuer
- Beschäftigung und soziale Angelegenheiten

Fairer Wettbewerb

Die EU-Kommissare setzen sich für einen fairen Wettbewerb innerhalb Europas unter den einzelnen Mitgliedsstaaten ein. Deshalb werden einzelne Staaten auch mit unterschiedlich hohen Beträgen unterstützt.

1. Erläutern Sie, was mit dieser unterschiedlich hohen Unterstützung bewirkt werden soll.
2. Beurteilen Sie, ob die nationale, staatliche Wirtschaftspolitik, z. B. Förderung bestimmter Regionen, dadurch eingeschränkt wird.

3.4   Das Europäische Parlament

Das Europäische Parlament ist die frei gewählte Vertretung der Bürger aller EU-Staaten. 1979 wurde es erstmals von allen Bürgern der Mitgliedsstaaten nach demokratischen Regeln gewählt.

Das Europäische Parlament in Straßburg

© MEV Verlag GmbH

Wahl und Zusammensetzung

Das Parlament wird alle fünf Jahre gewählt. Jeder Mitgliedsstaat entsendet im Verhältnis zu seiner Bevölkerungszahl Abgeordnete. Alle Abgeordneten haben sich zu länderübergreifenden Fraktionen zusammengeschlossen. Diese repräsentieren die in den Mitgliedsstaaten der Union vertretenen großen politischen Richtungen.

1. Recherchieren Sie die aktuelle Anzahl der Abgeordneten im Europäischen Parlament.
2. Nennen Sie die Zahl deutscher Abgeordneter am EU-Parlament.

Die Aufgaben

Das Europäische Parlament hat drei wesentliche Aufgaben:

Die Kontrollfunktion

Das Parlament übt die demokratische Kontrolle über die Kommission aus. Es bestätigt die Kommissionsmitglieder und den Kommissionspräsidenten. Die Kommission ist dem Parlament gegenüber politisch verantwortlich. Das Parlament kann der Kommission das Misstrauen aussprechen und dadurch zum Rücktritt zwingen.

Vergleichen Sie dazu die Möglichkeiten des deutschen Bundestages im Hinblick auf die Bundesregierung.

Die Prüfung der von Bürgern eingereichten **Petitionen** und die Einsetzung von Untersuchungsausschüssen sind weitere Kontrollmöglichkeiten durch das Parlament.

Petition:
Gesuch eines Bürgers an das Parlament, wenn er sich durch Behörden ungerecht behandelt fühlt

Gesetzgebung

Gesetze heißen in der EU Verordnungen oder Richtlinien. Sie werden von der Kommission vorgeschlagen und vom Ministerrat sowie dem europäischen Parlament beschlossen. Das Parlament hat ein Anhörungs- und Mitentscheidungsrecht. Das EU-Parlament kann der EU-Kommission einen Gesetzesvorschlag unterbreiten, den diese dann als Gesetzesinitiative einbringen muss.

Verordnungen gelten unmittelbar in allen Mitgliedsstaaten und sind verbindlich.

Die Richtlinien müssen in den Parlamenten der EU Mitgliedsstaaten in nationales Recht umgesetzt werden. Kommt ein EU-Staat dieser Pflicht nicht nach, drohen Zwangsgelder.

Außerdem muss das Parlament beteiligt werden, wenn es um wichtige politische Fragen geht, z. B.

- Beitritt neuer Mitgliedsstaaten,
- Abschluss von internationalen Übereinkommen,
- Aufenthaltsrecht der Unionsbürger,
- Aufgaben und Befugnisse der Europäischen Zentralbank.

Modul 7

Gemeinschaftshaushalt:
Verteilung der von den EU-Staaten einbezahlten Mittel zur Erfüllung der Gemeinschaftsaufgaben

Kontrolle der EU-Ausgaben

Parlament und Rat sind die Hauptakteure bei der alljährlichen Verabschiedung des **Gemeinschaftshaushalts**. Der Haushaltsplan ist erst gültig, wenn das Parlament ihm zugestimmt hat.

3.5 Der Europäische Gerichtshof

In EU-Rechtsfragen ist der Europäische Gerichtshof (EuGH) in Luxemburg die höchste Instanz. Er steht damit über den nationalen Gerichten. Für Unternehmen und Bürger aus den Mitgliedsstaaten ist der Europäische Gerichtshof die letzte Instanz. Die Entscheidungen des Europäischen Gerichtshofes gelten in der ganzen EU. Seine Urteile führen dazu, dass in der Europäischen Union Rechtsvorschriften vereinheitlicht werden. Damit können die Entscheidungen des EuGH konkrete Auswirkungen auf das tägliche Leben der Bürger haben.

Von vielen Urteilen ist auch die deutsche Gesellschaft betroffen. Die Bekanntesten davon sind die Entscheidung für die Möglichkeit des Waffendienstes von Frauen in der Bundeswehr (Januar 2000), die Entscheidung für die Möglichkeit des Waffendienstes von Frauen in der Bundeswehr (Januar 2000), die Entscheidung gegen das VW-Gesetz (Oktober 2007), die Unrechtmäßigkeit einer Abnutzungsgebühr beim Tausch defekter Geräte während der Gewährleistungszeit (April 2007), das einklagbare Recht Europas Bürger auf saubere Luft (Juli 2008) sowie die Einschränkungen der Hartz IV Leistungen für zugewanderte EU-Ausländer (2015).

www.europarl.europa.eu/external/
html/legislativeprocedure/
default_de.htm?p=911

Richterkollegium des EuGH in Luxemburg

1. Informieren Sie sich (s. nebenstehenden QR-Code) über den Ablauf im Gesetzgebungsverfahren der EU.
2. Diskutieren Sie die Auswirkungen der Entscheidungen des EuGH auf die deutsche Gesellschaft.

Modul 7

4 Bedeutung aktueller Entwicklungen für den europäischen Gedanken

Die EU hat viele Entwicklungen hinter sich, die den europäischen Gedanken positiv beeinflusst haben. Neben den wirtschaftlichen Vorteilen steht die Erhaltung des Friedens an vorderster Stelle.
Viele Beobachter sprechen aber auch von einer Krise der EU. Die Angst geht um, dass der europäische Gedanke beschädigt werden könnte.

4.1 Der europäische Gedanke

Die europäische Einigung war im Laufe der Zeit von unterschiedlichen Zielvorstellungen geprägt. Nach den Zweiten Weltkrieg war es das Bestreben, ein friedliches Europa zu schaffen. Später setzten sich immer mehr auch wirtschaftliche Beweggründe durch. Die Zielvorstellungen lassen sich nicht immer klar abgrenzen, häufig wirken sie zusammen.

Für ein friedliches Europa

Gedanke der Friedenssicherung

Viele Menschen in Europa waren der Überzeugung, dass ein vereintes Europa der beste Schutz gegen Krieg sei. Bisher hat sich dies auch weitestgehend bestätigt, sodass die EU im Jahre 2012 sogar den Friedensnobelpreis verliehen bekam.

Die Kriege im ehemaligen Jugoslawien (1991–1995) sind ein Beleg für die zerbrechliche Situation. Auch der Krieg in der Ukraine ist ein Beleg dafür.

Der ökonomische Gedanke

Der gemeinsame Binnenmarkt wird als wirtschaftlicher Vorteil gesehen. Der freie Handel der Mitgliedsstaaten hat zu einem relativen Wohlstand in der EU geführt.

Die hohe Jugendarbeitslosigkeit, die unterschiedliche Lohn- und Steuerpolitik in den Mitgliedsstaaten führen jedoch immer wieder zu Problemen. Auch lässt die wirtschaftliche Entwicklung in einigen EU-Staaten zu wünschen übrig (z. B. Griechenland, Portugal u. a.). Dazu kommen immer wieder Probleme mit dem Euro.

Gedanke der Wertegemeinschaft

Im Artikel 2 des Vertrages von Lissabon (2009) sind die Werte aufgelistet:

> **Art. 2, EU-Vertrag/Lissabon**
> Die Werte, auf die sich die Union gründet, sind die Achtung der Menschenwürde, Freiheit, Demokratie, Gleichheit, Rechtsstaatlichkeit und die Wahrung der Menschenrechte einschließlich der Rechte der Personen, die Minderheiten angehören. Diese Werte sind allen Mitgliedstaaten in einer Gesellschaft gemeinsam, die sich durch Pluralismus, Nichtdiskriminierung, Toleranz, Gerechtigkeit, Solidarität und die Gleichheit von Frauen und Männern auszeichnet.

Modul 7

1. Vergleichen Sie den Art. 2, EU-Vertrag mit der Definition der FDGO (Freiheitlich demokratische Grundordnung, s. Sachwortverzeichnis).
2. Diskutieren Sie Übereinstimmungen und Unterschiede.

Weitere Ziele der Wertegemeinschaft sind in Artikel 3 des EU-Vertrages genannt:

Art. 3, Abs. 5, EU-Vertag/Lissabon

In ihren Beziehungen zur übrigen Welt schützt und fördert die Union ihre Werte und Interessen und trägt zum Schutz ihrer Bürgerinnen und Bürger bei. Sie leistet einen Beitrag zu Frieden, Sicherheit, globaler nachhaltiger Entwicklung, Solidarität und gegenseitiger Achtung unter den Völkern, zu freiem und gerechtem Handel, zur Beseitigung der Armut und zum Schutz der Menschenrechte, insbesondere der Rechte des Kindes, sowie zur strikten Einhaltung und Weiterentwicklung des Völkerrechts, insbesondere zur Wahrung der Grundsätze der Charta der Vereinten Nationen.

Fassen Sie den Inhalt des Art. 3, Abs. 5, EU-Vertag/Lissabon mit eigenen Worten zusammen.

Stimmen der Vertrag von Lissabon und das Grundgesetz überein?

© dpa

PRESSESCHAU

... Ein Kritikpunkt in der öffentlichen Diskussion bildete die Ansicht, dass die Charta der Grundrechte die Wiedereinführung der Todesstrafe auch in Ländern mit einem absoluten Verbot (z. B. Deutschland oder Österreich) ermögliche. Dieser Vorwurf ging darauf zurück, dass in Art. 2 Abs. 2 der Charta zwar steht, niemand dürfe zur Todesstrafe verurteilt oder hingerichtet werden, aber die als Interpretationshilfe dienenden Zusatzprotokolle erlauben unter anderem die Todesstrafe im Kriegszustand und eine Tötung zur Niederschlagung eines Aufruhrs ...

Quelle: http://www.politische-bildung-brandenburg.de/node/7307, Zugriff: 03.11.2016

Diskutieren Sie, ob die in dem rechtsgültigen Zusatzprotokoll erlaubte Todesstrafe mit dem Grundgesetz vereinbar ist (Art. 102 GG).

Gedanke der Außen- und Sicherheitspolitik

Eine wirkliche gemeinsame Sicherheits- und Außenpolitik ist nur ansatzweise zu erkennen. Die Einzelstaaten sind nach wie vor bestrebt, die Außen- und Sicherheitspolitik national zu organisieren. Dennoch gibt es in Einzelfällen gemeinsame Aktivitäten der EU-Staaten.

http://tinyurl.com/jxqtqh6

Nennen Sie die Etappen der Entwicklung einer gemeinsamen Außen-Sicherheitspolitik (s. nebenstehenden QR-Code).

4.2 Positive Auswirkungen auf den europäischen Gedanken

Es gibt viele Beispiele dafür, wie sich aktuelle Entwicklungen positiv auf den europäischen Gedanken auswirken. Aber auch das Gegenteil trifft zu.

Leben, Lernen und Arbeiten in Europa

Eine Errungenschaft der Europäischen Union ist die Freizügigkeit. Nur wenige „Europäer" nutzen die grenzenlose Freiheit, weil Sie teilweise nicht über alle Informationen verfügen.

https://www.wege-ins-ausland.org

> Recherchieren Sie im Internet und erstellen Sie entweder einen Kurzvortrag über
> a) internationale Programme, Projekte und Qualifizierungsangebote oder
> b) über Jobs und Praktika, Studium und Freiwilligendienste im Ausland.

Europass

Durch Europass, das am 1. Januar 2005 in der Europäischen Union in Kraft getretene Rahmenkonzept zur Förderung der Transparenz bei Qualifikationen und Kompetenzen, können Bürger ihren Lebenslauf, ihre Sprachkenntnisse sowie Lernzeiten im Ausland in einheitlicher Form dokumentieren und durch nachvollziehbare Erläuterungen zu Berufs- und Studienabschlüssen ergänzen.

> Entwickeln Sie ein Bewerbungszeugnis für das englischsprachige Ausland, indem Sie die Zeugniserläuterungen von Europass Ihres Ausbildungsberufes verwenden (s. nebenstehenden QR-Code).

https://www.europass-info.de/

Die EU-Erweiterung

Viele Länder sind bemüht, der EU beizutreten. Die Erweiterung der EU wird von manchen Menschen positiv gesehen, andere lehnen sie strikt ab. Schon sehr lange sind die Beitrittsverhandlungen mit der Türkei im Gange.

PRESSESCHAU

Ein möglicher EU-Beitritt der Türkei ist nicht nur unter den politischen Parteien, sondern auch in der deutschen Bevölkerung umstritten. In einer repräsentativen Umfrage der Forschungsgruppe Wahlen für das ZDF lehnten 52 Prozent die Aufnahme der Türkei in die EU ab, während 41 Prozent ihr zustimmen würden. Indessen rechnet die EU offenbar schon fest mit einer Mitgliedschaft der Türkei. „Bald wird Syrien ein Nachbar sein", antwortete der Beauftragte für die gemeinsame Außen- und Sicherheitspolitik, Solana, dieser Zeitung auf die Frage nach den zukünftigen Grenzen des strategischen Interessengebietes der EU.

Quelle: www.faz.net, Zugriff: 18.05.2016

Modul 7

Ein langer Weg?

In der politischen Diskussion hört man verschiedene Argumente.

Pro:

Die Türkei ist eine europäisch orientierte Mittelmacht. Auf ihrem Boden entwickelten sich wichtige Abschnitte der antiken und jüdisch-christlichen Geschichte Europas.

Die türkische Mitgliedschaft in der EU wäre die beste Versicherung gegen möglichen fundamentalen Islamismus. Die Mitgliedschaft wäre eine strategische Stärkung der EU-Außenpolitik in der wichtigsten Weltregion. Europa sichert sich Zugang zu den dortigen Rohstoffen. Wesentliche Gründe für die Einwanderung türkischer Bürger in die übrige EU wären gebannt. Volle Freizügigkeit ist erst nach langen Übergangszeiten möglich.

Die türkische Wirtschaft wuchs in den vergangenen Jahren teilweise sehr stark. Die Türkei ist ein flexibler Partner mit junger Bevölkerung. Eine wachsende türkische Wirtschaft bedeutet Exportchancen für Deutschland.

Die von der EU geforderten Reformen verändern Politik und Gesellschaft, sie vermindern den Einfluss der Militärs in der Politik, sorgen für tatsächliche Gleichberechtigung der Frauen, Minderheitsrechte für Kurden und bürgerliche Freiheitsrechte wie im westlichen Europa.

Contra:

Beitrittsgegner behaupten, die Türkei habe die Aufklärung nach westeuropäischem Muster verpasst. Reformen werden schleppend umgesetzt, es gebe kaum Fortschritte bei der Achtung der Menschenrechte durch Behörden und Polizei. Europa islamisiere sich. Durch die Ausdehnung bis an die Nachbarstaaten der Türkei (z. B. Syrien, Irak, Iran) würde die EU alle Sicherheitsprobleme der Türkei übernehmen.

Die Türkei hätte in der EU als bevölkerungsreichstes Land besonderes Gewicht. Das Pro-Kopf-Einkommen liegt derzeit bei 25 Prozent des EU-Durchschnitts, was drastische Auswirkungen auf die Löhne in der EU haben könnte. Ein Beitritt würde den Agrarmarkt der EU sprengen.

1. Diskutieren Sie, ob die Pro- oder die Contra-Argumente Sie mehr überzeugen.
2. Recherchieren Sie (s. nebenstehender QR-Code), welche Länder sich aktuell bemühen, Mitglied der EU zu werden.

http://tinyurl.com/y9td7hsw

Modul 7

© Rudie – fotolia.com

4.3 Mögliche Beeinträchtigungen des europäischen Gedankens

Ist der europäische Gedanke in Gefahr durch den kriselnden Euro?

Die Probleme, die Europa und speziell die Euro-Zone (Länder, in denen der Euro eingeführt ist) zurzeit mit der gemeinsamen Währungsunion haben, sind allgegenwärtig. Rettungsmaßnahmen für überschuldete Staaten werden häufig gegen den Willen vieler EU Bürger ins Leben gerufen. Der derzeitige Europäische Stabilitätsmechanismus (ESM) soll den Wirtschaftsraum der EU stützen.

© Trueffelpix – fotolia.com

Sinkende Zinsen gefährden das Ersparte.

Die Akzeptanz, überschuldete Staaten finanziell zu unterstützen, sinkt. Durch die Unterstützung geschwächter Staaten ist das Zinsniveau fast auf null-Prozent gesunken. Die Sparer erhalten so fast keine Zinsen mehr. Der Wert des angesparten Geldes sinkt, weil die Inflationsrate höher ist als die Zinsen. Die Altersvorsorge vieler Menschen wird dadurch in Mitleidenschaft gezogen.

Die eigentlichen Ziele eines friedlichen Zusammenlebens und die Nutzung von politischen und gesellschaftlichen Vorteilen geraten in den Hintergrund.

1. Erörtern Sie, ob die umfassende Unterstützung verschuldeter Staaten in der Eurozone sinnvoll ist.
2. Die Europäische Zentralbank (EZB) legt das Zinsniveau eigenständig fest. Die Nationalstaaten haben keine direkte Einflussmöglichkeit. Überlegen Sie, ob dies dem europäischen Gedanken förderlich ist.

Der Brexit

PRESSESCHAU

Brexit: Bye-bye EU

Die Briten haben sich für den EU-Austritt entschieden. Am 23. Juni 2016 stimmten 51,9 Prozent für den Brexit, 48,1 Prozent votierten für den Verbleib ...

Die Befürworter des Brexit hatten für Großbritanniens Souveränität plädiert, vor allem, weil das Land der drittgrößte Nettozahler der Union ist. Sie forderten außerdem, die Kontrolle über die Grenzen zurückzugewinnen, den angeblichen Missbrauch der Sozialsysteme durch EU-Ausländer zu verhindern und die übermäßige Regulierung durch Brüssel bei mangelnder demokratischer Legitimität loszuwerden.

Die Gegner des Austritts warnen vor allem vor wirtschaftlichen Konsequenzen.

Quelle: http://www.zeit.de/thema/brexit, Zugriff: 03.11.2016

Modul 7

1. Nennen Sie die Gründe, die für den Brexit genannt werden.
2. Beschreiben Sie nebenstehende Abbildung.
3. Interpretieren Sie die Abbildung.
4. Informieren Sie sich im Internet über den momentanen Stand des Brexit.

© Sacura – fotolia.com

Ist das die Lösung?

Neben den wirtschaftlichen Gründen spielt die Flüchtlingspolitik in der EU eine große Rolle. Diese stand bei der Abstimmungskampagne ganz im Vordergrund. In EU-Absprachen hatte Großbritannien sich nur zur Aufnahme von 20.000 Flüchtlingen, die nur aus Syrien kommen sollten, bereiterklärt. Alleine die Bundesrepublik hat 2016 fast eine Million Flüchtlinge aufgenommen.

Bestärkt durch den Austritt Großbritanniens, sind die Austrittsbestrebungen auch in anderen EU-Staaten stärker geworden.

Umfrage zur Exit-Stimmung

EU-Skepsis-Wert auf einer Skala von 1 bis 10, je skeptischer, desto dunkler.

nicht skeptisch

sehr skeptisch

Dänemark

Niederlande

Polen

Tschechien

Frankreich

Österreich

Ungarn

WELT   Quelle: DW

1. Beschreiben Sie das Schaubild.
2. Interpretieren Sie das Schaubild.

PRESSESCHAU

Weitere EU-Austritte Stunde der Spalter

Die EU-Gegner jubeln und träumen von EU-Austritten in Serie – in Frankreich, Italien, den Niederlanden ...

In Polen, in Dänemark, praktisch überall sollen die Bürger jetzt „die da in Brüssel" per Volksentscheid verjagen dürfen. Die Abstimmung hat auch in Tschechien eine Debatte über einen möglichen „Czexit" angefacht. ...

Im Bundesfinanzministerium gibt es nach Informationen der „Welt" die Befürchtung, dass sich in Frankreich, Österreich, Finnland, den Niederlanden und Ungarn Nachahmer der Brexiteers finden könnten.

Quelle: http://www.spiegel.de/politik/ausland/brexit-rechtspopulisten-traeumen-von-weiteren-eu-austritten-a-1099717.html, Zugriff: 04.11.2016

Mittlerweile haben sich viele Austrittsbestrebungen wieder gelegt.

Argumente der EU-Befürworter:

- Die EU sichert den Frieden in Europa.
- Die EU hat die Reise- und Niederlassungsfreiheit gebracht.
- Konsumgüter aus anderen EU-Staaten sind zum Alltagskonsum geworden, weil sie jetzt viel weniger kosten.
- Die EU hat Austauschprogramme für Jugendliche im EU-Ausland ermöglicht.
- Die EU ist ein starker Handelspartner, der weltweit beachtet wird.

Argumente der EU-Gegner:

- Durch die EU-Gesetzgebung fühlen sich viele Bürger fremdbestimmt.
- Die EU kann die unterschiedlichen Bedürfnisse der Menschen in den Mitgliedsstaaten nicht gut genug einschätzen.
- Die Bundesrepublik Deutschland muss den größten Beitrag zahlen.
- Der EU-Bürger hat zu wenig Mitspracherecht. Die EU-Kommission bestimmt selbstherrlich und hat zu viel Macht.
- Das EU-Parlament kann keine Gesetze einbringen (kein Initiativrecht).

1. Diskutieren Sie die Stichhaltigkeit der Argumente für und gegen die EU.
2. Begründen Sie Ihre eigene Meinung zur EU.

Die Flüchtlingskrise

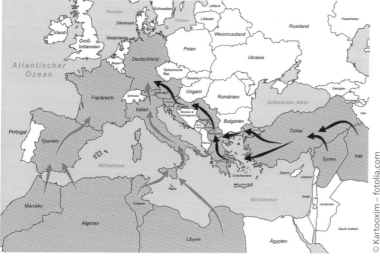

© Kartooxjm – fotolia.com

1. Beschreiben Sie das Schaubild.
2. Interpretieren Sie das Schaubild.

Modul 7

PRESSESCHAU

Flüchtlingskrise stellt Europa auf die Probe

In Deutschland zeichnet sich inzwischen die Tendenz ab, immer stärker zwischen Bürgerkriegsflüchtlingen (vor allem aus Syrien, dem Irak und Afghanistan) auf der einen Seite und Armutsflüchtlingen (vor allem aus den Staaten des Westbalkans, also Serbien, Montenegro, Bosnien-Herzegowina, dem Kosovo, Albanien und Mazedonien) auf der anderen Seite zu unterscheiden. Während Bürgerkriegsflüchtlinge zur Zeit mit einer Anerkennung in Deutschland rechnen können, sollen Armutsflüchtlinge möglichst schnell wieder zur Ausreise veranlasst werden. Befürworter argumentieren, dass Deutschland seine Kapazitäten für die Aufnahme wirklich schutzbedürftiger Menschen brauche. Kritiker halten dagegen, dass bestimmte Gruppen auf dem Balkan, beispielsweise Roma und Sinti, diskriminiert würden und deshalb ebenfalls auf Schutz angewiesen seien ...

Seit der Einführung des Dublin-Verfahrens ist das EU-Mitgliedsland für das Asylverfahren zuständig, dessen Boden ein Flüchtling zuerst betreten hat. Diese Regelung belastet Länder an den Außengrenzen Europas besonders stark ...

Seit Monaten wird in der Europäischen Union darüber diskutiert, die Flüchtlinge mithilfe eines Quotensystems auf die Mitgliedsstaaten zu verteilen. Dieses soll sich an der Bevölkerungszahl, der Wirtschaftskraft und der Arbeitslosenquote orientieren. Bislang kam es zu keiner Einigung, bis auf wenige Länder wie Deutschland, Österreich und Schweden verhält sich Europa unsolidarisch. Inzwischen haben auch Österreich und Schweden die Aufnahme von Flüchtlingen reduziert ...

Die EU setzt bei der Lösung der Flüchtlingskrise zunehmend auf die Türkei. EU und Türkei haben sich auf Milliardenhilfen sowie politische Zugeständnisse im Tausch gegen eine Reduzierung der Flüchtlingszahlen, einer besseren Betreuung und eine Rücknahme illegaler Immigranten geeinigt.

Quelle: http://www.lpb-bw.de/fluechtlingsproblematik.html, Zugriff: 04.11.2016

(Nebenstehender QR-Code kann bei der Beantwortung der Fragen hilfreich sein.)

1. Erörtern Sie, ob die Unterscheidung zwischen Bürgerkriegsflüchtlingen und Armutsflüchtlingen sinnvoll ist.
2. Nennen Sie Gründe, die dafür sprechen, Armutsflüchtlinge schnell zur Rückreise zu veranlassen.
3. Beurteilen Sie die Situation der Sinti und Roma.
4. Diskutieren Sie die Probleme, die sich aus dem Dublin-Verfahren ergeben.
5. Überlegen Sie Gründe, die für ein Quotensystem sprechen.
6. Beurteilen Sie die Haltung der EU-Staaten, die an der Verteilung der Flüchtlinge nicht mitwirken wollen.

www.lpb-bw.de/fluechtlings
problematik.html

Das Wiedererstarken des Nationalismus

Die Zunahme der Austrittswünsche aus der EU zeigen es an: Der Nationalismus in Europa gewinnt Anhänger.

Dabei ist Nationalbewusstsein nichts Schlechtes. Die vielen Menschen, die sich bei Fußball-Europameisterschaften in die Landesfarben ihrer Staaten hüllen, sind ein Zeugnis dafür. Hier geht es um fairen und sportlichen Wettbewerb und Kräftemessen.

© ibreakstock – fotolia.com

So nicht ...

Der Nationalstaat hat für die Bürger eine große Bedeutung: Durch die Sprache und Kultur stiftet er ihre Identität, ihr Selbstbewusstsein und Selbstwertgefühl.

Plumper Nationalismus mündet dagegen häufig in Diskriminierung anderer Menschen. Da geht es dann rassistisch gegen Ausländer, Behinderte, andere Religionen oder gegen Homosexuelle und lesbische Frauen.

© Karin u. Uwe Annas – fotolia.com

So geht es ...

Dass viele Staaten in der EU die Zusagen für die Aufnahme bestimmter Flüchtlingskontingente nicht einhalten, ist bedenklich. Damit wehren sich diese Länder einerseits gegen die Überregulierung der EU. Auf der anderen Seite könnte aber auch eine gewisse Distanz zu anderen Kulturen der Grund sein. Nicht zu vernachlässigen ist die Angst vor der Inanspruchnahme der Sozialsysteme durch die Zuwanderer. Das könne eine Senkung des Wohlstands der eigenen Bevölkerung zur Folge haben.

1. Nennen Sie Unterschiede zwischen plumpem Nationalismus und Nationalbewusstsein.
2. Nehmen Sie Stellung zu der Aussage: „Das Land, das keine Aufnahmequote für Flüchtlinge akzeptiert, sollte auch keine EU-Fördergelder mehr erhalten."

Zusammenfassung

Den Hintergrund für die europäische Integration nach dem 2. Weltkrieg bildeten:

- Der Wunsch nach Sicherheit und Frieden
- Der gemeinsame wirtschaftliche Wiederaufbau.

Die EU ist eine Union aus (noch/Brexit) 28 Staaten.

Der Europäische Rat besteht (noch/Brexit) aus den 28 Staats- und Regierungschefs sowie dem ständigen Ratspräsidenten und dem Präsidenten der Europäischen Kommission.

Der Rat der Europäischen Union (Ministerrat) setzt sich aus den Fachministern der (noch/Brexit) 28 Mitgliedsstaaten zusammen.

Der Rat der Europäischen Union (Ministerrat) setzt die Zielvorstellungen des Europäischen Rates in Zusammenarbeit mit dem EU-Parlament in europäisches Recht um (also in Verordnungen, Richtlinien und Beschlüsse).

Modul 7

Verordnungen gelten unionsweit und müssen von allen eingehalten werden.

Richtlinien müssen von den Mitgliedsstaaten in nationales Recht umgesetzt werden.

Die Präsidentschaft des Rates wird im Wechsel von den Mitgliedsstaaten für jeweils sechs Monate ausgeübt.

Die Europäische Kommission ist das ‚Exekutivorgan' der EU.

Sie führt die Entscheidungen des Ministerrates aus, erlässt Ausführungsbestimmungen und kontrolliert die Umsetzung.

Verordnungen, Richtlinien und Entscheidungen kommen grundsätzlich auf Initiative der Kommission zustande.

Die Kommissare sind der Unabhängigkeit verpflichtet und sie arbeiten zu Wohl der Gemeinschaft.

Die EU-Kommissare werden für jeweils fünf Jahre von den nationalen Regierungen entsandt.

Die Aufgaben des Parlamentes sind Mitwirkung, Haushaltsrecht und Kontrolle.

Der Europäische Gerichtshof gewährleistet die einheitliche Auslegung des europäischen Rechtes.

Die Europäische Zentralbank sichert die Preisstabilität des Euro und unterstützt die Wirtschaftspolitik der Union.

Weiterhin stark umstritten bleibt der EU-Beitritt der Türkei. Seit 2005 laufen mit ihr ergebnisoffene Beitrittsverhandlungen.

Ängste und Probleme im Rahmen des Entwicklungsprozesses der EU betreffen momentan die Bereiche: Aufgabe von Souveränitätsrechten, Euro-Krise, Flüchtlingsproblematik

Wissens-Check

1. Gliedern Sie die Entwicklung der EU in verschiedene Phasen.
2. Erläutern Sie die Gründe für die europäische Zusammenarbeit.
3. Nennen Sie die Mitgliedsstaaten der EU.
4. Beschreiben Sie die aktuellen Probleme mit der die EU zu kämpfen hat.
5. Diskutieren Sie in Ihrer Klasse: Was bedeutet für Sie Europa? Wo liegen die Grenzen Europas?
6. Nennen Sie die (noch/Brexit) 28 Staaten der EU.
7. Erläutern Sie Zusammensetzung und Aufgaben des Europäischen Rates.
8. Benennen Sie den aktuellen Europäischen Ratspräsident.
9. Erläutern Sie Zusammensetzung und Aufgabe des Rates der Europäischen Union.
10. Benennen Sie den aktuellen Hohen Vertreter der EU für Außen- und Sicherheitspolitik.
11. Stellen Sie positive Einflüsse auf den europäischen Gedanken dar.
12. Nennen Sie Ereignisse, die dem europäischen Gedanken entgegenstehen.

Modul 8: Globalisierung

© Ulf Kläning

1 Einfluss der Globalisierung auf das persönliche Leben
2 Globalisierung und ihre Auswirkungen
3 Zusammenhänge zwischen Globalisierung und Lebensstandard
4 Chancen und Risiken der Globalisierung

Kompetenzen, die Sie u. a. in diesem Modul erwerben:

Fachkompetenz		Personale Kompetenz	
Wissen	Fertigkeiten *(u. a. Analysekompetenz/ Methodenkompetenz)*	Sozialkompetenz *(u. a. Kommunikative Kompetenz, Teamfähigkeit, Einfühlungsvermögen, Konfliktfähigkeit)*	Selbstständigkeit *(u. a. Politische Urteilskompetenz, Lernkompetenz)*
Ich kenne die Auswirkungen der Globalisierung auf Politik, Wirtschaft, Kommunikation, Kultur, Umwelt und Ressourcen. Die Auswirkungen der Globalisierung auf den Lebensstandard in Industrie-, Schwellen- und Entwicklungsländern sind mir bekannt. Probleme im Hinblick auf die Nachhaltigkeit sind mir bewusst.	Durch Ländervergleiche kann ich die unterschiedlichen Auswirkungen der Globalisierung erkennen. Interpretationen von Grafiken und Beschreibungen von Schaubildern verdeutlichen diese.	Die Einflüsse der Globalisierung bringe ich in Diskussionen ein. Dabei beurteile ich objektiv die Chancen und Risiken der Globalisierung.	Ich kann mit meinem persönlichen Verhalten (Konsum, umweltbewusstes Veralten, Reisen) auf negative Folgen der Globalisierung einwirken.

1 Einfluss der Globalisierung auf das persönliche Leben

Das Ende des 20. Jahrhunderts war gekennzeichnet durch einen massiven gesellschaftlichen und wirtschaftlichen Wandel. Dieser erstreckte sich auf fast alle Lebensbereiche und machte auch nicht vor nationalen Grenzen Halt. Dieser Prozess ist nicht abgeschlossen und ist global. Man spricht deshalb auch von Globalisierung. Selbst in unserem Privatleben begegnen wir der Globalisierung. Diesem Wandel müssen wir uns stellen.

© Armyagob – fotolia.com

Die Globalisierung erfasst den ganzen Erdball

Modul 8

Globalisierung im Alltag

Die Berufsschülerin Angelika Schleper steht heute früher auf, sie muss in die 40 Kilometer entfernte Berufsschule. Zum Frühstück trinkt sie schnell eine Tasse Kaffee. Der kommt aus Nicaragua. Für die Vormittagspause nimmt Angelika zwei Orangen mit, die in Israel angepflanzt wurden. Ihre Mutter hat ihr erlaubt, heute ihr Auto zu verwenden, einen japanischen Kleinwagen. Als sie die Schule erreicht hat, telefoniert sie mit ihrem finnischen Mobiltelefon nach Hause. Im Deutschunterricht hält Angelika ein Referat über den weltweiten Klimawandel. Die Informationen hat sie aus dem Internet. In der Mittagspause versorgt sich die Berufsschülerin in einem Fastfood-Restaurant und trinkt einen Cappuccino. Ihre Großmutter sagt immer, dass es zu ihrer Zeit solche Nahrungsmittel nicht gegeben habe. Für ihre Schwester kauft Angelika nach der Schule eine Jeans. Sie wurden in Honduras genäht, die Baumwolle kam aus Kasachstan.

1. Beschreiben Sie, woran erkennbar wird, dass die Berufsschülerin in einer globalisierten Welt lebt.
2. Nennen Sie Beispiele, wodurch die Globalisierung in Ihrem Alltag sichtbar wird.

2 Globalisierung und ihre Auswirkungen

Globalisierung ist das Zauberwort der vergangenen beiden Jahrzehnte. Es wurde zur Begründung jeder wirtschaftlichen Aktivität herangezogen. Was hinter dem Begriff der „Globalisierung" steckt und welche Inhalte sich damit verbinden, ist für viele Menschen nur schwer fassbar.

Die Globalisierung ist ein Prozess, bei dem weltweite Beziehungen in zahlreichen Ebenen intensiviert werden. Dabei entsteht eine globale Verflechtung in Bereichen wie Wirtschaft, Politik, Kultur und Umwelt. Der Einfluss großer multinationaler Unternehmen (z. B. Google) auf einzelne Nationalstaaten ist beträchtlich.

www.globalisierung-fakten.de/
globalisierung-informationen/
definition/

2.1 Einflussfelder der Globalisierung

Technologie
Internet
Neoliberalismus
Umweltprobleme
Migration
Günstige Transport-kosten

Politik · Umwelt · Kultur · Gesellschaft · Wirtschaft
Bereiche der Globalisierung

Informationsflut
Bedeutungsverlust der National-Staaten
Kluft „arm – reich"
Global Player
Soziale Probleme
Ökologie

© Dave Vaughan

Modul 8

1. Überlegen Sie, wie sich Globalisierung auf Ihren Alltag auswirkt.
2. Präsentieren Sie die Ergebnisse.

2.2 Globalisierung der Wirtschaft

Die großen Handelsstraßen, die wichtigen Eisenbahnlinien und die großen Wasserstraßen, sind für die wirtschaftliche Entwicklung von großer Bedeutung. Heute sind die Verbindungen über das Internet die Nervenbahnen der modernen Gesellschaften. Über sie können nicht nur Informationen in kürzester Zeit um den Erdball geschickt oder abgerufen werden, es werden auch Waren- und Geldströme gelenkt. Zusammen mit einem ausgeklügelten Transportsystem schafft die Globalisierung einen globalen Markt, auf dem Waren und Arbeit gehandelt werden. Der Abbau von Handelsschranken fördert diesen Prozess.

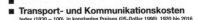

■ Transport- und Kommunikationskosten
Index (1930 = 100), in konstanten Preisen (US-Dollar 1990), 1920 bis 2016

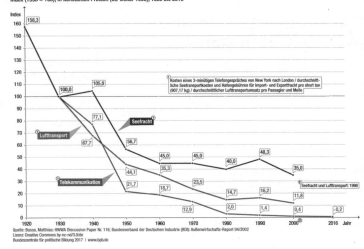

■ Entwicklung des Warenexports nach Warengruppen
Index (1960 = 1), in konstanten Preisen, weltweit 1950 bis 2013

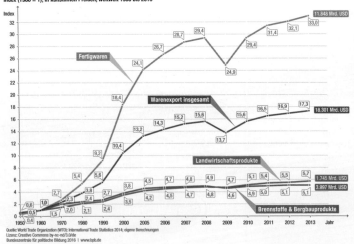

1. Beschreiben Sie die beiden Grafiken.
2. Erläutern Sie die Auswirkungen der dargestellten Entwicklungstrends.

Globale Märkte – der internationale Handel

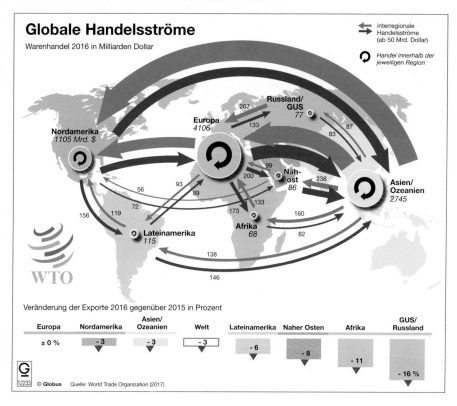

Globale Handelsströme

Warenhandel 2016 in Milliarden Dollar

→ interregionale Handelsströme (ab 50 Mrd. Dollar)

↻ Handel innerhalb der jeweiligen Region

Nordamerika 1105 Mrd. $

Europa 4106

Russland/GUS 77

207 · 133 · 87 · 83

Nah-ost 86 · 99 · 200 · 238

Asien/Ozeanien 2745

56 · 93 · 89

72 · 133 · 173 · 160

156 · 119

Lateinamerika 115

Afrika 68 · 82

138

146

WTO

Veränderung der Exporte 2016 gegenüber 2015 in Prozent

Europa	Nordamerika	Asien/Ozeanien	Welt	Lateinamerika	Naher Osten	Afrika	GUS/Russland
± 0 %	- 3	- 3	- 3	- 6	- 8	- 11	- 16 %

12233 © Globus   Quelle: World Trade Organization (2017)

Die weltweit steigende Integration der Volkswirtschaften ist durch verschiedene Entwicklungen gekennzeichnet. Es finden Verschmelzungen der Märkte für Waren und Dienstleistungen statt. Zusätzlich werden Handelsbarrieren abgebaut. Transnationale Unternehmen haben ihre Produktionsprozesse länderübergreifend organisiert und der globale Informationsfluss hat stark zugenommen.

Wie wichtig globale Märkte sind, wird an der steigenden ökonomischen Bedeutung des Außenhandels deutlich. Auch in der EU ist der Warenhandel stark gestiegen. Mehr als zwei Drittel des Handels mit Waren werden innerhalb der Europäischen Union abgewickelt. Parallel nahm langfristig auch der Handel zwischen den Triade-Regionen Europa, Nordamerika und Asien-Pazifik zu.

1. Recherchieren Sie Handelsbilanz der EU-Staaten.
2. Analysieren Sie die Entwicklung des Handels zwischen den Triade-Regionen.

Modul 8

2.3 Globalisierung der Kulturen

Die Globalisierung der Wirtschaft bringt es mit sich, dass die Menschen in Kontakt treten mit Menschen aus anderen Kulturkreisen. Für

Amerikanisches Fast-Food-
Restaurant in Indien

viele Menschen ist es heute nicht ungewöhnlich, längere Auslandsauf-
enthalte durchzuführen. Der Tourismus spielt dabei eine große Rolle.
Fremde Nahrungsmittel, z. B. tropische Früchte, können wir auf jedem
Wochenmarkt kaufen. Unser Nahrungsangebot wird einerseits internationaler und vielfältiger, andererseits kann kulturelle Globalisierung
zur Vereinheitlichung der Gewohnheiten und Lebensstile führen.

■
■ **Fast Food**
Eröffnungsjahr der jeweils ersten McDonald's-Filiale, 1940 bis 2009

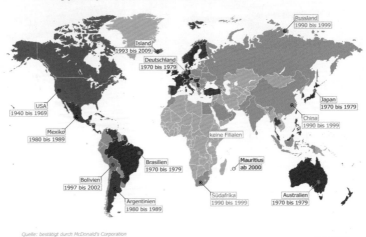

Quelle: bestätigt durch McDonald's Corporation
Lizenz: Creative Commons by-nc-nd/3.0/de
Bundeszentrale für politische Bildung, 2010, www.bpb.de

 Erarbeiten Sie aus den Schaubildern mögliche Auswirkungen auf
den Lebensstil.

2.4　Globalisierung: Umwelt und Ressourcen

> **PRESSESCHAU**
>
> „Die Erde sucht ihr Gleichgewicht, ihre Drehachse wankt. Ursache ist
> der Klimawandel: Schwindende Gletscher lassen den Nordpol wandern."
>
> Quelle: Der Spiegel, 8.4.2016

> **PRESSESCHAU**
>
> Klimawandel: Regierung gibt zwei Drittel der deutschen Skigebiete ver-
> loren
>
> Quelle: www.spiegelonline.de, Zugriff: 10.02.16

Es kann nicht mehr verleugnet werden, dieser Planet Erde und seine
Bewohner haben ein gravierendes Problem. Die Erhöhung der Durchschnittstemperatur der Erde trifft zwar ihre Bewohner sehr unterschiedlich, aber in der Gesamtheit werden alle zu leiden haben.

Modul 8

1. Beschreiben Sie das Bild.
2. Analysieren Sie die dargestellte Situation.

Die zunehmende Umweltzerstörung (Abholzung des Regenwaldes, ungezügelte Wassernutzung, Verschmutzung der Meere, ungebremster CO_2 Ausstoß, ...) verstärkt unter anderem den jetzt überall zu beobachtenden Klimawandel. Seine Folgen sind global. Sie betreffen auch Deutschland direkt (verstärkte Wetterextreme, eingeschleppte und auch hier überlebensfähige Träger sonst exotischer Krankheiten, ...) und indirekt (Migrationsbewegungen oder aus dem Klimawandel herrührende sonstige Konflikte). Sie berühren auch die Sicherheitsinteressen Europas und fordern eine Reaktion heraus.

Einige Wissenschaftler sprechen inzwischen von einem neuen Zeitalter (Anthropozän), einem Zeitalter, in dem die Einwirkungen aus menschlichen Aktivitäten auf die Umwelt Größenordnungen erreichen, die vergleichbar mit früheren, natürlichen Einflüssen sind. Schon immer haben Menschen durch ihr Verhalten die Umwelt beeinflusst, bis hin zu örtlich begrenzten Katastrophen.

1. Beschreiben Sie die nebenstehende Karikatur.
2. Interpretieren Sie die Darstellung.
3. Stellen Sie dar (Internetrecherche), wo und wann menschliches Verhalten die Umwelt stark beeinflusst hat.

Die Einflüsse lokalen Verhaltens addieren sich heute aber wesentlich stärker als früher und haben daher globale Auswirkungen. So ist damit zu rechnen, dass die Klimaerwärmung die über Jahrhunderte gewachsenen Korallenriffe der tropischen Meere mit der darin vorhandenen Artenvielfalt gefährden werden. Ungewiss ist auch die Zukunft des tropischen Regenwaldes.

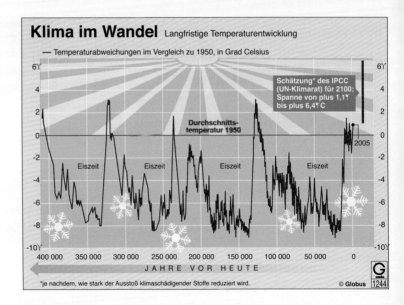

Klima im Wandel Langfristige Temperaturentwicklung

— Temperaturabweichungen im Vergleich zu 1950, in Grad Celsius

Schätzung* des IPCC (UN-Klimarat) für 2100: Spanne von plus 1,1˚ bis plus 6,4˚C

Durchschnittstemperatur 1950

Eiszeit   Eiszeit   Eiszeit   Eiszeit

2005

400 000   350 000   300 000   250 000   200 000   150 000   100 000   50 000   0

JAHRE VOR HEUTE

*je nachdem, wie stark der Ausstoß klimaschädigender Stoffe reduziert wird.   © Globus 1244

1. Beschreiben Sie das Schaubild.
2. Interpretieren Sie das Schaubild.

Neben den wirtschaftlichen und politischen Entwicklungen der Welt, stellt der Klimawandel und seine Folgen die größte Herausforderung für die Zukunft der Menschheit dar. Das Umweltprogramm der Vereinten Nationen (UNEP United Nations Environment Programme) hat dazu eine zwischenstaatliche Sachverständigengruppe über Klimaänderung (IPCC) ins Leben gerufen. Sie hat die Aufgabe, in regelmäßigen Abständen von etwa fünf Jahren den aktuellen Wissensstand zu den unterschiedlichen Aspekten der Klimaproblematik zu veröffentlichen. Dazu zeigt sie die Folgen der Klimaänderung für Umwelt und Gesellschaft auf und entwickelt realistische Vermeidungs- und Anpassungsstrategien. Auf der UN-Klimakonferenz von Paris 2015 wurde erstmals beschlossen, die globale Erwärmung auf deutlich unter 2 °C gegenüber vorindustriellen Levels zu beschränken. Gemäß diesem ‚Pariser Abkommen' müssen dazu die Treibhausgas**emissionen** weltweit zwischen 2045 und 2060 auf Null zurückgefahren werden. Dieses Ziel ist nur mit einer konsequenten, weltweiten Klimaschutzpolitik zu erreichen.

Emission:
Luftverunreinigung durch Abgabe von Schadstoffen

Modul 8

http://uba.klimaktiv-co2-rechner.de/de_DE/page/

1. Erstellen Sie mit Hilfe eines CO_2 Rechners (nebenstehender QR-Code) Ihre persönliche, aktuelle CO_2-Bilanz.
2. Versuchen Sie, einen Tag lang Ihren CO_2-Ausstoß zu verhindern.
3. Berichten Sie darüber und vergleichen Sie Ihre Erfahrungen in der Klasse.

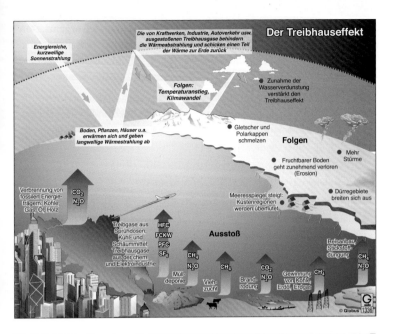

1. Beschreiben Sie das Schaubild.
2. Erläutern Sie die Aussagen.

PRESSESCHAU

SPIEGEL-Gespräch Der kaputte Planet

Von Brinkbäumer, Klaus

Naomi Klein, 44, lebt in Toronto. Die Aktivistin beschäftigt sich seit Jahren mit den Folgen der Globalisierung.

SPIEGEL: Frau Klein, warum gelingt es den Menschen nicht, den Klimawandel zu stoppen?

Klein: Pech. Miserables Timing. Man kann auch sagen: viele dumme Zufälle.

SPIEGEL: Die falsche Katastrophe zum falschen Zeitpunkt?

Klein: Zum schlimmstmöglichen Zeitpunkt. Der Zusammenhang zwischen Treibhausgasen und globaler Erwärmung wurde für die Allgemeinheit 1988 mit der ersten Weltklimakonferenz in Toronto zum Thema. Ausgerechnet danach fiel die Berliner Mauer, und Francis Fukuyama erklärte das „Ende der Geschichte", den Sieg des westlichen Kapitalismus. Kanada und die USA schlossen das erste Freihandelsabkommen, es wurde zum Prototyp für den Rest der Welt.

SPIEGEL: Sie wollen sagen, dass ausgerechnet in dem Moment, in dem Nachhaltigkeit und Zurückhaltung angebracht gewesen wären, eine neue Ära des Konsums und des Energieverbrauchs begann?

Klein: Exakt. Und in genau jenem Moment wurde uns allen gesagt, dass es soziale Verantwortung und kollektive Aktionen gar nicht mehr gebe, dass wir alles dem Markt überlassen sollten. Eisenbahnen oder

Energieversorgung wurden privatisiert, die Welthandelsorganisation und der Weltwährungsfonds zementierten einen zügellosen Kapitalismus. Das führte zu einem ungeheuren Anstieg der Treibhausgasemissionen. Leider ...

Das Wirtschaftssystem, das wir erschaffen haben, hat nun einmal die globale Erwärmung erschaffen, das habe ich nicht erfunden. Das System ist kaputt, die Einkommensunterschiede sind zu groß, die Zügellosigkeit der Energiekonzerne ist fatal.

SPIEGEL: Ihr Sohn Toma ist zweieinhalb Jahre alt. In welcher Welt wird er 2030 leben, wenn er die Highschool verlässt?

Klein: Darüber wird jetzt entschieden, in diesen Monaten und Jahren. Es kann eine radikal andere Welt sein – im extrem Guten oder auch im extrem Schlechten. Dass es zumindest teilweise eine schlechtere Welt sein wird, steht leider schon fest: Wir werden eine globale Erwärmung und viel mehr Naturkatastrophen haben, aber noch haben wir die Zeit, dafür zu sorgen, dass die Welt nicht auch noch brutaler und gnadenloser wird.

Quelle: Der Spiegel 9/2015

1. Arbeiten Sie aus dem Text Ursachen für Klimawandel und Globalisierung heraus.
2. Bewerten Sie den Standpunkt von Klein.

Wasser ist ein Grundbedürfnis der Menschen. Der Zugang zu sauberem Trinkwasser bleibt jedoch mehr als einer halben Milliarde Menschen versagt. Der Zugang zu sauberem Trinkwasser ist seit 2010 ein Menschenrecht (UNO-Generalversammlung), das nicht eingeklagt werden kann. In den Industrienationen wird zuweilen verschwenderisch mit Wasser umgegangen.

1. Beschreiben Sie das Schaubild.
2. Erläutern Sie die Aussagen des Textes in Bezug zum Schaubild.

PRESSESCHAU

Der „Living Planet Report 2014" des WWF hat gerade erneut aufgezeigt, wie ernst es um die Ressourcen der Erde steht: „Machen wir so weiter, benötigen die Menschen bis zum Jahr 2030 zwei komplette Planeten, um den Bedarf an Nahrung, Wasser und Energie zu decken. Bis zum Jahr 2050 wären es knapp drei Erden", lautet die Bilanz des WWF.

Quelle: http://www.manager-magazin.de, Zugriff: 20.2.2016

PRESSESCHAU

Enzyklika von Franziskus: Der grüne Papst

Von Hans-Jürgen Schlamp, Rom

Laudato si' – gelobt seist du: So lautet der Titel des päpstlichen Lehrschreibens über den Umgang mit der Umwelt, oder, wie der Papst es ausdrückt, „über die Pflege des gemeinsamen Hauses" ... Laudato si', so beginnt nämlich eine Zeile im „Sonnengesang" des Heiligen Franziskus von Assisi, geschrieben im 13. Jahrhundert kurz vor seinem Tod. Darin preist er Sonne, Mond und Sterne, Luft und Wasser und natürlich „Mutter Erde, die uns ernährt und vielfältige Früchte hervorbringt und Kräuter".

Denn wenn ein Papst über die Umwelt schreibt und dabei womöglich konkret wird, dann stehen handfeste Interessen auf dem Spiel. So schreckten nicht nur Energiekonzerne und Autobauer auf, als Papst Franziskus ankündigte, eine Enzyklika zur Umwelt zu schreiben. Agrargiganten und Geldhäuser, Wirtschaftsverbände und Regierungen fürchteten sogleich, dass dieser unberechenbare Katholikenführer Schaden anrichten könnte. Sie schickten Lobbyisten und genehme Wissenschaftler in den Vatikan, um dort zur Meinungsbildung in ihrem Sinne beizutragen.

... Der Papst selbst hatte ja schon vieles über die Ziele der Enzyklika vorab erklärt. Er sieht seine Schrift als einen „dringenden Appell, über die Zukunft des Planeten zu diskutieren", als einen Weckruf, der sich nicht nur an seine katholischen Glaubensbrüder richte, sondern an die ganze Menschheit. Dabei geht es ihm nicht nur um eine ökologische Betrachtung. Auch über Armut und Hunger, Krankheit und Arbeitslosigkeit, Chancengleichheit und Freiheit müsse neu nachgedacht werden, sagt Franziskus, weil es ebenso umweltrelevante Aspekte seien wie die Erderwärmung, die Verschmutzung von Flüssen und Meeren, die Plünderung und Vermüllung „unseres gemeinsamen Hauses".

Franziskus fordert die Menschheit auf, andere Wege im Umgang mit der Welt zu suchen, vor allem „andere Formen des Wirtschaftens". Eile ist bei dieser Suche wohl geboten, denn der Globus ... ist in einem schlechten Zustand.

Quelle:Hans Jürgen Schlamp in Spiegel Online 16.6.2016

Modul 8

Nennen Sie mögliche Gründe für die Einflussnahme von Konzernen und Verbänden auf die Formulierung der Enzyklika.

2.5   Globalisierung: Die Rolle der Politik

OECD:
Hauptsitz ist Paris, z. Z. hat die
OECD 34 Mitglieder. Sie versteht
sich als Forum, in dem sich die
Regierungen austauschen
können.

IWF:
Der IWF wurde im Juli 1944 in
Bretton Woods (USA) gegründet.
Die Mitgliedsstaaten können bei
Wirtschafts- und Finanzkrisen
Kredite beantragen.

WTO:
Sitz in Genf:
Sie beschäftigt sich mit der Regelung von Handels- Wirtschaftsbeziehungen.

Weltbank:
Sie ist eine Entwicklungsbank, die
Entwicklungsländern hilft, eigene
Vorhaben (Städtebau, Bildung,
Gesundheitssystem) umzusetzen.

Diese Prozesse (der Globalisierung) sind nicht völlig unkontrolliert verlaufen und nicht allein auf technologische Entwicklungen zurückzuführen. Politische Entscheidungen und wirtschaftliches Streben von Staaten haben den Verlauf der Globalisierung und die Entstehung von Globalen Märkten beeinflusst.

Durch die Gründung verschiedener internationaler Organisationen wurde die Globalisierung erleichtert und beschleunigt. Insbesondere Organisationen wie die **OECD** (Organisation für wirtschaftliche Zusammenarbeit und Entwicklung), verschiedene Unterorganisationen der Vereinten Nationen, der Internationale Währungsfond (**IWF**), die **WTO** (Welthandelsorganisation) und die **Weltbank** haben die Globalisierung beeinflusst und geprägt. Diese Organisationen haben wirtschaftliche und politische Rahmenbedingungen geschaffen und umgesetzt. Hauptsächlich wird versucht, über Kredite den oftmals verschuldeten Ländern zu helfen. Diese Kredite sind meistens an klare Auflagen gebunden (Staatsunternehmen privatisieren, Schuldenabbau, Lohnsenkung usw.).

Globale Probleme wie z. B. die Erderwärmung oder die globale Wasserverteilung bedürfen globaler Lösungen, wenn es nicht zu kriegerischen Auseinandersetzungen kommen soll. Diese können nur durch die Politik herbeigeführt werden.

2.6   Globalisierung und Kommunikation

Die Kommunikation im Internet ist ein großer Antrieb für globale Entwicklung. Dadurch werden wirtschaftliche, kulturelle, politische und soziale Entwicklungen für alle interessierten Menschen sichtbar. Anfang 2016 benutzten ca. 3,2 Milliarden Menschen das Internet (Weltbevölkerung ca. 7,4 Milliarden Menschen).

Mit Smartphones und Tablets können Menschen nun auch mobil ins Internet. Der Informationsaustausch zwischen Privatpersonen und auch der zwischen Handelspartner kann in Echtzeit rund um den Globus stattfinden. Die Kommunikation hat einen großen Anteil daran, dass die Globalisierung das Leben der Menschen so stark verändert hat.

3 Zusammenhänge zwischen Globalisierung und Lebensstandard

*Gemessen an den Nachbarländern geht es vielen in Deutschland leben-
den Menschen recht gut. Das ist zu einem Teil auch der Globalisierung
zu verdanken. Es gibt aber auch Verlierer der Globalisierung. Hierzu
zählen insbesondere die Entwicklungsländer.*

3.1 Auswirkung der Globalisierung auf den Lebensstandard in Deutschland und anderen Industriestaaten

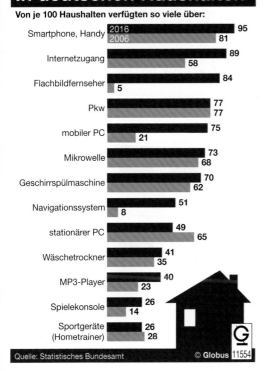

In deutschen Haushalten

Von je 100 Haushalten verfügten so viele über:

	2016	2006
Smartphone, Handy	95	81
Internetzugang	89	58
Flachbildfernseher	84	5
Pkw	77	77
mobiler PC	75	21
Mikrowelle	73	68
Geschirrspülmaschine	70	62
Navigationssystem	51	8
stationärer PC	49	65
Wäschetrockner	41	35
MP3-Player	40	23
Spielekonsole	26	14
Sportgeräte (Hometrainer)	26	28

Quelle: Statistisches Bundesamt   © Globus 11554

Beschreiben Sie das Schaubild „In deutschen Haushalten".

Noch nie in der deutschen Geschichte konnten sich die Bürger für
ihren Lohn so viel kaufen wie zur Zeit. Die Kaufkraft in Deutschland
hat sich in den letzten zwanzig Jahren stark erhöht. So mussten noch
vor fünfundzwanzig Jahren für einen Fernseher 77 Stunden gearbeitet
werden, heute reichen 27 Stunden. Im Bereich der Bekleidung sieht es
ähnlich aus. So bleibt mehr finanzieller Spielraum für andere Ausgaben.
Die Ursache für diesen hohen Lebensstandard ist sicher einerseits der
Fleiß und die Produktivität in Deutschland.

Auf der anderen Seite bezieht Deutschland im Zuge der Globalisierung Produkte aus der ganzen Welt. Diese sind bei uns sehr kostengünstig, weil die Transportkosten weltweit in den letzten 90 Jahren für Seefracht um 70 %, für Luftfracht um 90 % und für Kommunikation um 99 % gesunken sind. Das ist auch an den Preisen für Flugtickets zu erkennen. So ist mit einem Billigflieger auch für ,Normalverdiener' ein Wochenendtrip nach Barcelona oder Madrid finanzierbar. Hier werden günstigere Kilometerpreise angeboten als bei einer Bahnfahrt nach Bremen. Ein wichtiger Aspekt sind natürlich die Produktionskosten. Bei Löhnen, die in vielen Ländern der Welt oft an Sklavenarbeit erinnern, ist es nicht verwunderlich, dass die so hergestellten Produkte bei uns zu Billigpreisen angeboten werden können.

trickle down effect:
Engl: heruntertropfen – Volkswirtschaftliche Theorie, nach der Wohlstand von den reichen Ländern automatisch zu den ärmeren durchsickert

Um negative Folgen in anderen Ländern zu kaschieren, wird häufig mit dem ,**trickle down effect**' argumentiert. Lieber wenig verdienen als gar nichts.

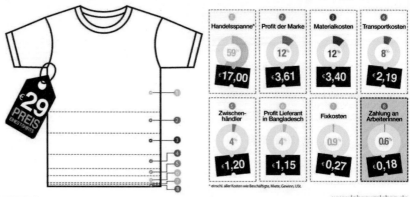

PREISAUFSCHLÜSSELUNG EINES T-SHIRTS

① Handelsspanne*	② Profit der Marke	③ Materialkosten	④ Transportkosten
59% €17,00	12% €3,61	12% €3,40	8% €2,19

⑤ Zwischenhändler	⑥ Profit Lieferant in Bangladesch	⑦ Fixkosten	⑧ Zahlung an Arbeiterinnen
4% €1,20	4% €1,15	0,9% €0,27	0,6% €0,18

* einschl. aller Kosten wie Beschäftigte, Miete, Gewinn, USt.

Source: Fairwear Foundation

www.lohnzumleben.de

http://www.laenderdaten.info/
Staatenbuendnis/OECD.php

1. Beschreiben Sie das Schaubild.
2. Untersuchen Sie Kleidungsstücke und finden heraus, wo sie hergestellt wurden.
3. Nehmen Sie Stellung zum „trickle down effect".

In vielen Industriestaaten (OECD-Einteilung, s. nebenstehenden QR-Code) ist die Situation ähnlich gelagert wie in Deutschland.

3.2 Auswirkung der Globalisierung auf Schwellen- und Entwicklungsländer

Die Länder der Erde können nach verschiedenen Kriterien in Ländergruppen unterteilt werden. Entsprechend ihres Wohlstands, gemessen am **Bruttoinlandsprodukt**, wird zwischen Industrieländern (erste

Bruttoinlandsprodukt:
Wert aller Güter und Dienstleistungen, die in einem Jahr innerhalb der Landesgrenzen einer Volkswirtschaft erwirtschaftet werden

Modul 8

Welt), Schwellenländern (zweite Welt), Entwicklungsländern (dritte Welt) und ärmsten Entwicklungsländern (LDC least developed country oder vierte Welt) unterschieden.

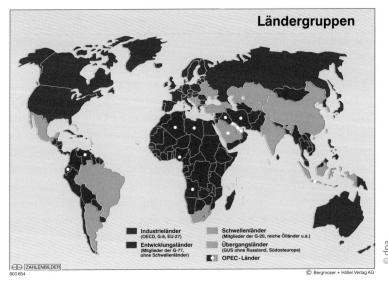

Ländergruppen

Industrieländer (OECD, G-8, EU-27)	Schwellenländer (Mitglieder der G-20, reiche Ölländer u.a.)
Entwicklungsländer (Mitglieder der G-77, ohne Schwellenländer)	Übergangsländer (GUS ohne Russland, Südosteuropa)
	OPEC-Länder

ZAHLENBILDER
603 654

© Bergmoser + Höller Verlag AG

© dpa

Wasser holen im Tschad – Afrika

1. Nennen Sie den Kontinent mit den meisten Entwicklungsländern.
2. Beschreiben Sie die Situation in Südamerika.

Die Schwellenländer konnten die Globalisierung teilweise positiv für ihre Entwicklung nutzen. Trotzdem gehen ihre wirtschaftlichen Fortschritte (BIP) oft einher mit einem starken Gegensatz zwischen armer und reicher Bevölkerung. Häufig ist nicht das ganze Land vom Globalisierungsprozess erfasst, sondern nur wenige Wachstumspole, meist im Umfeld großer Städte.

Lebensbedingungen von Arm und Reich

Länder mit niedrigem und mittlerem Einkommen	Zugang zu sauberem Wasser	Zugang zu sanitären Einrichtungen	Kindersterblichkeit unter 5 Jahren	Besuch weiterführender Schulen	Krankenhausbetten
	in % der Bevölkerung		je 1 000 Kinder	in % der Jugendlichen	je 1 000 Einwohner
Afrika südlich der Sahara	56	37	163	30	k.A.
Europa und Zentralasien	92	85	32	90	8
Lateinamerika und Karibik	91	77	31	86	k.A.
Naher Osten und Nordafrika	89	76	53	73	k.A.
Ostasien und Pazifik	79	51	33	71	3
Südasien	84	37	83	50	1
Industrieländer mit hohem Einkommen	100	100	7	100	6

Quelle: Weltbank 2007
© Globus
1569

Modul 8

Beschreiben Sie Ihre Lebenssituation, wenn Sie keinen Zugang zu Elektrizität und damit verbunden zu sauberem Wasser oder sanitären Einrichtungen hätten.

Brennholztransport im Tschad – Afrika

© dpa

Der Ausbau gesellschaftlich-sozialer Bereiche für die breite Bevölkerung kommt dabei oft zu kurz. So hinken zum Beispiel Alphabetisierung, Abbau der Säuglingssterblichkeit, Lebenserwartung, Entwicklung einer Zivilgesellschaft sowie der Schutz der Umwelt oft hinter den wirtschaftlichen Erfolgen hinterher.

Die ärmsten Entwicklungsländer sind durch die Globalisierung grundsätzlicher betroffen.

Es besteht dann kaum die Aussicht auf Teilhabe an Wachstumsprozessen und positive Veränderungen, wie sie doch noch in den Schwellenländern möglich sind. Sollten diese Länder nicht über Bodenschätze verfügen und dazu noch ohne Zugang zum Meer sein, so werden sie hauptsächlich als Absatzmarkt für Produkte aus den Industrie- und Schwellenländern benutzt. So werden zum Beispiel auf einigen afrikanischen Märkten Gemüse und Hähnchenreste aus den EU Staaten zu Preisen angeboten, mit denen einheimische Bauern nicht konkurrieren können. Vielen Landwirten wird so ihre Lebensgrundlage entzogen. Die Entwicklungsmöglichkeiten der armen Länder werden weiter durch die Zollpolitik der Industrieländer eingeschränkt. Auf bearbeiteten Produkten lastet ein deutlich höherer Zoll als auf Rohstoffen. Auf diese Weise kann in den Entwicklungsländern nur schwer verarbeitende Produktion aufgebaut werden, die Arbeitsplätze, Lebensmöglichkeiten und Steuereinnahmen erzeugt.

Nennen Sie fünf „Fragile Staaten" aus verschiedenen Kontinenten.

Internationale Strukturen, die auf diese Weise Armut verfestigen, werden von den Menschen oft als eine von außen kommende, nicht zu beeinflussende Form von Gewalt empfunden. Sie verspüren einen aufgezwungenen Verlust von Lebens- und Teilhabemöglichkeiten.

Modul 8

Die daraus resultierende Aussichtslosigkeit, für sich und die eigene Familie in nächster Zukunft im eigenen Land ein Auskommen zu finden, führt häufig zu **Migration**. Migrationsbewegungen bzw. Auswanderung gab es in der Menschheitsgeschichte schon oft. Doch nur selten riskierten die Menschen dabei ihr Leben, so wie es zurzeit rund um das Mittelmeer geschieht.

Migration:
Wanderung von Personen oder Gruppen in Regionen, Ländern oder über Kontinente hinweg

> Erörtern Sie Möglichkeiten, die zu einem menschenwürdigen Leben in der dritten und vierten Welt führen könnten.

3.3   Landgrabbing

Neben der Verlagerung von industrieller Produktion in Niedriglohnländer ist verstärkt das ‚Landgrabbing' zu beobachten. Es werden in großem Stil ganze Landstriche in anderen Ländern aufgekauft, um diese für den Eigenbedarf zu nutzen. Die Aufkäufer können Staaten oder private Unternehmen sein.

PRESSESCHAU

Akteure beim Landgrabbing

Wer sind die Akteure? Die Länder, aus denen die Investitionen zur Landnahme stammen, lassen sich in drei Gruppen unterteilen:

Die expanierenden Länder Ostasiens: China, Südkorea und Japan. Diese Länder verzeichnen ein hohes Bevölkerungs- und Wirtschaftswachstum. Ihr Bedarf an Nahrungsmitteln und Agrarrohstoffen steigt. Mit der Produktion von Grundnahrungsmitteln in Drittländern für den eigenen Bedarf verfolgen sie das Ziel einer höheren Unabhängigkeit vom Weltmarkt.

Die zweite Gruppe sind die vom Nahrungsmittelimport abhängigen Golfstaaten. Sie verfügen über ein hohes Investitionskapital aus Ölgeschäften. Ihre Ackerland- und Wasserressourcen sind stark begrenzt. Auch diese Gruppe verfolgt mit der Landnahme eine höhere Unabhängigkeit vom Weltmarkt.

Die dritte Gruppe stellen die multinationalen Großkonzerne der Industriestaaten. Diese investieren hauptsächlich in Anbauflächen für Agrarrohstoffe. Europäische und nordamerikanische Agrarkonzerne sichern sich überwiegend Land zum Anbau von Pflanzen zur Energieproduktion (Mais, Zuckerrohr, Ölpflanzen).

Die Akteure lassen sich in staatliche, halbstaatliche und private InvestorInnen unterteilen. Teilweise sind es Regierungen, welche die Pachtverträge aushandeln. Oft sind es Staatsfonds, staatliche oder halbstaatliche Unternehmen, die als Investor auftreten, während private Unternehmen die Produktion übernehmen. Staatliche und halbstaatliche Akteure beim Land Grabbing finden sich vor allem in den ostasiatischen Staaten sowie den Golfstaaten. Die Mehrzahl der Landkäufe wird von multinationalen privaten Großkonzernen abgewickelt. Neben den privaten Konzernen sichern sich auch zunehmend Investmentfonds, Banken und Hedgefonds Ackerland in armen Ländern.

Quelle: www.fdcl.org/themen/landnahme/info/akteure-beim-landgrabbing Zugriff: 19.12.2015

Modul 8

1. Nennen Sie die Hauptakteure des Landgrabbing.
2. Diskutieren Sie Probleme, die durch Landgrabbing entstehen können.

Großflächiger Landkauf und Pachtgeschäfte (in 1000 Hektar)

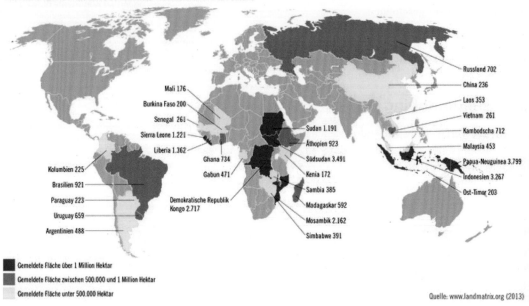

Mali 176
Burkina Faso 200
Senegal 261
Sierra Leone 1.221
Liberia 1.362
Ghana 734
Gabun 471
Kolumbien 225
Brasilien 921
Paraguay 223
Uruguay 659
Argentinien 488
Demokratische Republik Kongo 2.717
Sudan 1.191
Äthopien 923
Südsudan 3.491
Kenia 172
Sambia 385
Madagaskar 592
Mosambik 2.162
Simbabwe 391
Russland 702
China 236
Laos 353
Vietnam 261
Kambodscha 712
Malaysia 453
Papua-Neuguinea 3.799
Indonesien 3.267
Ost-Timor 203

■ Gemeldete Fläche über 1 Million Hektar
■ Gemeldete Fläche zwischen 500.000 und 1 Million Hektar
□ Gemeldete Fläche unter 500.000 Hektar

Quelle: www.landmatrix.org (2013)

Recherchieren Sie im Internet die Folgen von ‚Landgrabbing'.

www.youtube.com/watch?v=
WTCweH-cMQg

Landraub – Die globale Jagd nach
dem Ackerland. (Kurz-Trailer)

In dem QR-Code finden Sie einen Kurztrailer (Bayerischer Rundfunk).

PRESSESCHAU

EU-Studie – Landgrabbing in Europa unterbinden

Wer bisher gedacht hat, Landgrabbing sei ein Problem Afrikas, der wird
spätestens durch die heute vorgestellte EU-Studie eines Besseren belehrt.
Dieser Prozess, hinter dem immer mehr Landwirtschaftsfremdes Kapital
und Spekulanten stehen, mag sich derzeit noch überwiegend in osteuropäischen Ländern wie Rumänien, Bulgarien oder Ungarn abspielen.
Doch das ist nur der Anfang.

Die Entwicklung ist dramatisch: Wenn in Ländern wie Rumänien bereits
bis zu 40 Prozent der landwirtschaftlichen Nutzfläche in der Hand von
Investoren und nicht mehr von bäuerlichen Betrieben ist, dann hat dies
gravierende Auswirkungen auf die Ernährungssouveränität, die sozio-
ökonomischen Strukturen im ländlichen Raum ...

Quelle: www.martin-haeusling.eu/presse-medien/pressemitteilungen/990-eu-studie-
landgrabbing-in-europa-unterbinden.html, Zugriff: 07.09.2016

1. Überlegen Sie, zu welchen Folgen Landgrabbing weltweit führen könnte.
2. Diskutieren Sie Möglichkeiten, wie man Landgrabbing verhindern könnte.

3.4 Globalisierung und Nachhaltigkeit

Die Konsumgesellschaft in den Industrienationen gerät zusehends an ihre Grenzen. Immer mehr Menschen begreifen, dass ihr eigenes Handeln langfristig weltweite Auswirkungen hat. 1972 veröffentlichte der ‚Club of Rome‘, ein Zusammenschluss von Experten verschiedener Wissensgebiete, den Bericht ‚Grenzen des Wachstums‘. In ihm wurden unter anderem die verschiedenen Ebenen menschlicher Sorgen in ihrer zeitlichen und örtlichen Zukunft dargestellt.

Brundtland-Bericht:
Bericht der UN-Weltkommission für Umwelt und Entwicklung mit der Definition des Begriffs ‚Nachhaltige Entwicklung‘ – unter Vorsitz der norwegischen Ministerpräsidentin Brundtland

Es setzt sich zusehends die Erkenntnis durch, dass die Menschen durch ihr Verhalten eine Verantwortung für ihre Nachwelt tragen. Der Begriff der ‚Nachhaltigkeit‘ (engl: sustainability) rückt in die Öffentlichkeit. Ursprünglich ist er von dem Oberberghauptmann Carls von Carlowitz (1645–1714) als kluge Art der Waldbewirtschaftung (nur so viel abholzen wie nachwächst) verwendet worden. Im **Brundtland-Bericht** von 1987 wird er erweitert zu:

> ‚Nachhaltige Entwicklung ist eine Entwicklung, die gewährt, dass künftige Generationen nicht schlechter gestellt sind, ihre Bedürfnisse zu befriedigen, als gegenwärtig lebende.‘

1. Beschreiben Sie die nebenstehende Karikatur.
2. Interpretieren Sie die Darstellung.

Die Brundtland Definition enthält eine räumliche und eine zeitliche Dimension. Es sollte auch eine gerechte Verteilung von Wachstum und Wohlstand zwischen Nord und Süd angestrebt werden. Damit kommt zum Ausdruck, dass die Nord-Süd Kluft in den Begriff Nachhaltigkeit mit eingehen muss. Er wird oft mit der Gleichung 20:80 beschrieben – 20 % der Weltbevölkerung verursachen globale Schäden, die 80 % der Weltbevölkerung zu tragen haben.

In den Nachhaltigkeitsbegriff fließt neben der **Ökologie** also auch eine wirtschaftliche und eine soziale **Komponente** mit ein. Es geht mittlerweile nicht mehr darum, Gewinne zu erwirtschaften, die dann in ökologische oder soziale Projekte fließen, sondern die Gewinne sollten möglichst von Beginn an umwelt- und sozialverträglich erwirtschaftet werden.

Ökologie:
Wissenschaft von der Beziehung der Lebewesen zu ihrer Umwelt

Komponente:
Bestandteil eines Ganzen

Daraus hat sich das ‚Dreiklang-Prinzip‘ zur Erklärung von Nachhaltigkeit entwickelt, um den unauflösbaren Zusammenhang der drei Komponenten Ökologie, Ökonomie und menschliches Zusammenleben zu verdeutlichen.

Modul 8

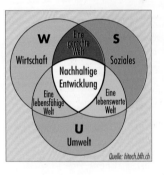

Quelle: hitech.bfh.ch

1. Beschreiben Sie den Begriff ‚Nachhaltigkeit'.
2. Interpretieren Sie das nebenstehende Schaubild
3. Untersuchen Sie (Internetrecherche), welche Produkte Sie aus ‚nachhaltiger Produktion' erwerben können.

PRESSESCHAU

Der Plan für eine bessere Welt:
G20 und die globalen Nachhaltigkeitsziele der Agenda 2030

Was steht hinter der Agenda 2030?

… Staats- und Regierungsoberhäupter aller UN-Mitgliedsstaaten verhandelten drei Jahre lang im bisher umfassendsten Konsultationsprozess der UN-Geschichte über folgende Zukunftsfragen: Wie lassen sich Armut und Hunger weltweit bekämpfen? Welche Wege können gegen die wachsende soziale Ungleichheit gefunden werden? Wie bekämpfen wir andauernde und zunehmende Umweltzerstörung und den sich verschärfenden Klimawandel? Welche Konsequenzen zieht die Weltgemeinschaft aus den Folgen von Finanz-, Wirtschafts- und Nahrungsmittelkrisen? Um diesen Herausforderungen zu begegnen, wurden 17 Ziele formuliert, die von 2016 an bis spätestens 2030 verwirklicht werden sollen, deshalb der Name „Agenda 2030".

Ziel dieser Verhandlungen war es, Lösungswege für die großen Herausforderungen unserer Zeit zu formulieren, die soziale, ökologische und ökonomische Aspekte gleichermaßen berücksichtigen, konkrete Ziele formulieren und für alle Staaten relevant sind. Als Ergebnis der Verhandlungen, in die auch zahlreiche Vertreter/innen der Zivilgesellschaft (z. B. Nichtregierungsorganisationen und lokale Aktivist/innen) mit einbezogen worden waren, verabschiedeten die Staaten im September 2015 einen neuen Zielkatalog für internationale Politik: Die Agenda 2030 umfasst 17 Ziele für nachhaltige Entwicklung (Sustainable Development Goals, SDG), Mittel und Wege zu deren Umsetzung, Indikatoren zur Fortschrittsmessung sowie Überprüfungsmechanismen …

Quelle: www.boell.de/de/2016/11/30/der-plan-fuer-eine-bessere-welt-g20-und-die-globalen-nachhaltigkeitsziele-der-agenda-2030 (Zugriff: 19.12.2015)

(Quelle/Urhebber/in: Heinrich-Böll-Stiftung. Dieses Bild steht unter einer Creative Commons Lizenz)

1. Fassen die die Aussagen des Textes „Der Plan für eine bessere Welt ..." mit eigenen Worten zusammen.
2. Begründen Sie, welche drei Ziele für Nachhaltige Entwicklung Ihnen am wichtigsten sind.

Die UNESCO (Organisation der Vereinten Nationen für Bildung, Wissenschaft und Kultur) hat sich zum Ziel gesetzt, die „Bildungs-agenda 2030" umzusetzen (Ziel 4, s. obiges Schaubild). Dazu hat sie in ca. 100 Städten der BRD ca. 250 Projektschulen ins Leben gerufen. Das Motto dieser Schulen lautet: Zusammenleben lernen in einer pluralistischen Welt in kultureller Vielfalt.

www.unesco.de/bildung/ups/netzwerk.html

1. Informieren sie sich über die Arbeit der Projektschulen (s. neben-stehenden QR-Code).
2. Diskutieren Sie, ob Ihre Schule die Kriterien als Projektschule er-füllen könnte (s. nebenstehenden QR-Code).

Zusammenfassung

Unser Wohlstand und Lebensstandard ist zu einem nicht unerheb-lichen Teil durch Ausbeutung der dritten und vierten Welt ermöglicht.

Internationale Handels- und Machtstrukturen erschweren den wirt-schaftlichen und damit gesellschaftlichen Fortschritt in vielen armen Ländern.

Der Lebensstandard wird über die Versorgung der Bevölkerung mit Gütern und Dienstleistungen gemessen.

Das Verhalten der Menschen hat Auswirkungen auf ihre Umwelt, ins-besondere das Klima.

Die UN-Klimakonferenz von Paris 2015 hat die Reduzierung der Treibhausemissionen beschlossen.

Das Prinzip der Nachhaltigkeit umfasst wirtschaftliche, soziale und ökologische Komponenten.

Nur durch nachhaltiges Verhalten ist ein Überleben zukünftiger Gene-rationen wahrscheinlich.

Die Agenda 2030 soll vor allem Armut und Hunger in der Welt be-kämpfen.

Wissens-Check

1. Zeigen Sie Zusammenhänge zwischen dem Lebensstandard in Deutschland und der Unterentwicklung in Teilen der Welt auf.
2. Stellen Sie den Zusammenhang zwischen internationalen Handels-strukturen und der Armut in bestimmten Ländern dar.
3. Erklären Sie Auswirkungen menschlichen Verhaltens auf die Umwelt.
4. Erläutern Sie die Ergebnisse der Pariser Klimakonferenz.
5. Stellen Sie das Prinzip der Nachhaltigkeit dar.
6. Nennen Sie fünf Ziele der Agenda 2030.

Modul 8

4 Chancen und Risiken der Globalisierung

> *Globalisierung ist ein Begriff, der unterschiedliche Gefühle auslöst. Für die einen stehen die Vorteile, für die anderen die Nachteile im Blickfeld. Er ruft bei vielen Ängste und Aggressionen hervor*

4.1 Allgemeine Einschätzungen

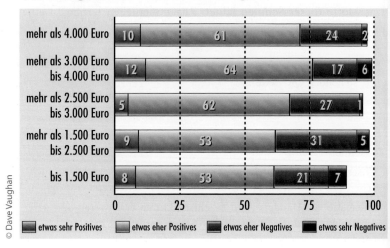

© Dave Vaughan

Frage: „Jeder kann schon einmal vom Thema Globalisierung gehört haben, sei es in der Zeitung, im Rundfunk oder im Fernsehen. Wenn Sie den Begriff „Globalisierung" hören: Was verbinden Sie spontan damit?", Angaben in Prozent, fehlende Angaben zu 100 Prozent: „weiß nicht" oder Antwort verweigert.

1. Beschreiben Sie das Schaubild.
2. Interpretieren Sie das Schaubild.

4.2 Vorteile und Nachteile der Globalisierung

PRESSESCHAU

Gewinner und Verlierer

Insgesamt betrachtet hat die Globalisierung einen starken Einfluss auf die Lebensbereiche aller Menschen weltweit. Sie trägt dazu bei, dass sich die Lebensumstände zum positiven oder negativen verändern. Kosten und Nutzen sind hierbei sehr unterschiedlich verteilt. Zu den Gewinnern der Globalisierung gehören vor allem diejenigen, die über Sach- und Finanzvermögen verfügen und es gewinnbringend einsetzen können sowie gut ausgebildete und hochqualifizierte Fachkräfte. Insbesondere der Zugang zu Wissen und Bildung ist in der globalisierten Welt von großer Bedeutung, um von den Wohlstandseffekten zu profitieren. Demgegenüber sind die Verlierer der Globalisierung vor allem weniger leistungsfähige Menschen wie beispielsweise Arbeitslose oder Kranke. Vor allem ungelernte oder gering qualifizierte Arbeitskräfte müssen mit der Verschlechterung ihrer eigenen Situation rechnen und sind stark von Armut bedroht. Nicht nur das unfaire und ungleiche Nord-Südgefälle nimmt immer weiter zu, sondern auch die Kluft zwischen Arm und Reich innerhalb der Länder im Norden und Süden wird infolge der Globalisierung immer größer.

Insbesondere die Entwicklungsländer sind die eigentlichen Verlierer, weil sie im Laufe des weltweiten Wettbewerbs dazu gezwungen sind, die Lohnnebenkosten anderer Länder noch zu unterbieten. Lohndumping trägt erheblich dazu bei, dass noch größere Teile der Bevölkerung in den Entwicklungsländern verarmen. Armut wiederum ist der Auslöser von sozialen Spannungen und birgt ein großes Risiko für den Ausbruch eines Bürgerkrieges. Nun ist die Politik gefragt, um Grenzen zu finden und weltweite Standards festzulegen. Prinzipiell muss die Grundlage für mehr soziale Gerechtigkeit und gerechte Umverteilung geschaffen werden, damit die bisherigen Verlierer endlich auch vom Globalisierungsprozess profitieren können. Außerdem ist es wichtig, dass endlich die Umweltzerstörung gestoppt wird und gemeinsam ein Plan entwickelt wird, wie die weltweiten Ressourcen geschont werden können. Auf diese Weise werden potentielle Risiken in Chancen verwandelt.

Quelle: www.globalisierung-fakten.de/globalisierung-informationen/risiken-der-globalisierung/ Zugriff: 10.12.2016

Fassen Sie den Text mit eigenen Worten zusammen.

Vor- und Nachteile der Globalisierung	
Vorteile der Globalisierung	**Nachteile der Globalisierung**
Weltweiter Warenverkehr	Global agierende Konzerne sind unkontrollierbar
Preise sinken und das Angebot wird größer.	Lohndumping
Bessere Verfügbarkeit von Produkten	Abwanderung von Arbeitsplätzen
Wohlstandssteigerung	Finanzströme agieren unkontrolliert
Schnellere Verbreitung von Innovationen	Die Schere zwischen reichen und armen Ländern geht weiter auf.
…	…

1. Diskutieren Sie die dargestellten Vorteile und die Nachteile der Globalisierung und ergänzen Sie die Liste (auf einem separaten Blatt).

2. Analysieren Sie, welche Vorteile und welche Nachteile sich daraus für die Bundesrepublik Deutschland ergeben können.

4.3   Schlussfolgerungen zur Globalisierung

Pro

PRESSESCHAU

Der größte Vorteil der Globalisierung liegt sicherlich darin, dass die Kommunikation auf vielen Ebenen verbessert, vereinfacht und dadurch gefördert wird. Dies betrifft nicht nur Einzelpersonen, sondern selbstverständlich auch Unternehmen, Dienstleister, den Weltmarkt und natürlich auch verschiedene Institutionen, beispielsweise auch Schulen und Universitäten. Durch die verbesserte Kommunikation ist es nicht nur möglich, Gedanken auszutauschen, sondern auch Wissen, Forschungsergebnisse und Kulturbewusstsein.

Die Globalisierung macht es beispielsweise möglich, an einer Universität im Ausland zu studieren oder einen Beruf in einem anderen Land auszuüben. Durch die Globalisierung ist nicht jedes Land mit seiner Forschung auf sich und seine eigenen Wissenschaftler/-innen gestellt, sondern hat die Möglichkeit, Forschungsarbeit aufzuteilen oder an Ergebnissen anderer Institute teilzuhaben und davon zu profitieren ...

Auch die aus der Globalisierung hervorgehende Verbesserung von Straßennetzen und Fluglinien kommt den Einheimischen vor Ort zu Gute, denn ihre Wirtschaft bzw. ihre tägliche Arbeit wird durch bessere Erreichbarkeit und bessere Verkehrsanbindung vereinfacht. Durch den Handel und Technologietransfer der Industrienationen mit den Entwicklungs- und Schwellenländern erreichen diese ebenfalls eine Steigerung ihrer Wirtschaft und damit ihres Lebensstandards. Durch internationale Zusammenarbeit konnten und können verschiedene globale Probleme gemeinsam gelöst werden.

Ein positives Beispiel stellt dabei die Eindämmung der Fluor-Chlor-Kohlenwasserstoffe dar, welche die schützende Ozonschicht angreifen und die mittlerweile strengen Regulierungen unterliegen. Auch gemeinsames, entschlossenes Handeln gegen Verbrecher verhindert, dass sich Kriminelle ins Ausland flüchten können und so einer Strafverfolgung entgehen.

Viele Befürworter der Globalisierung verweisen auf einen Austausch von positiven Werten innerhalb der Kulturen. So können westliche Geschäftsleute viel von ihren asiatischen Kollegen lernen, wenn es um Sorgfalt und Disziplin geht. Auch aus westlicher Sicht rückständige Gesellschaften könnten von den Werten und der Stabilität in den westlichen Nationen lernen. So würde eine Eindämmung der Korruption, Gleichstellung der Frau und Aufbau eines Rechtssystems zu einer Stabilisierung der Regionen beitragen und den Menschen Freiheiten und Lebensqualität bringen ...

Quelle: www.globalisierung-fakten.de/globalisierung-informationen/risiken-der-globalisierung/ Zugriff: 10.12.2016

Kontra

PRESSESCHAU

Das wohl überzeugendste Argument gegen die Globalisierung ist die Ausbeutung von Menschen, die vor allem Einheimische in Entwicklungsländer betrifft. Die Entwicklungsländer haben nicht die finanziellen, militärischen oder politischen Möglichkeiten, wie dies die Industrienationen haben und müssen sich daher oft dem Druck von diesen beugen. Mit dem gesteigerten Wohlstand weltweit geht auch eine Verknappung der Ressourcen auf dem Planet einher. Viele Globalisierungsskeptiker befürchten daher vermehrte und bewaffnete Konflikte um die immer knapper werdenden Ressourcen, beispielsweise um Wasser und Lebensmittel in den Entwicklungsländern. Schon seit Jahren versuchen daher die westlichen Industrienationen, allen voran die USA, ihre Dominanz im mittleren Osten auszubauen, um Stabilität in den ölfördernden Regionen zu erzeugen und sich somit den Zugang zum schwarzen Gold zu sichern.

Neben den positiven Auswirkungen auf die Umwelt, wie die Eindämmung der FCKWs gibt es aber auch zahlreiche negative Aspekte, vor allem die immer weiter steigenden Kohlenstoffdioxidemissionen die zum Treibhauseffekt führen. Noch immer haben es die Staaten der Welt nicht geschafft, sich auf effektive und nachhaltige Maßnahmen zur Eindämmung zu verständigen, auch wenn es einige Versuche in diese Richtung gab. Dabei würde eine fortschreitende Erwärmung der Erde nach Ansicht der meisten Experten zu einer Verschlimmerung der Situation auf dem Globus beitragen, da es verstärkt zu klimabedingten Katastrophen, wie Überschwemmungen, Hurrikane und Ausbreitung der Wüsten kommen würde.

Aber auch die regionalen Belastungen durch Industrieabfälle steigen aufgrund der Ausbreitung der Wirtschaft und Industrie stetig an. Vor allem in den Entwicklungs- und Schwellenländern, wie beispielsweise China und Indien, sind die Umweltauflagen deutlich unter den der westlichen Industrieländer. Daher leiten viele Fabriken ihre giftigen Abfälle einfach in Flüsse oder die Umwelt um Kosten für Entsorgung oder Aufreinigung zu sparen. Dies führt natürlich zu starken Belastungen der Pflanzen und Tierwelt in den entsprechenden Regionen, worunter nicht zuletzt auch die Menschen durch eine Verschlechterung ihrer gesundheitlichen Situation und einer gesunkenen Lebensqualität leiden müssen.

Viele Gegner der Globalisierung, vor allem aus dem asiatischen und arabischen Raum sehen in der Globalisierung aber eine Globalisierung des Westens und ein Aufdrängen der westlichen Weltsicht und Kultur. Sie rufen daher zu einem Kampf gegen den Westen auf, deren konkrete Auslebung sich beispielsweise im islamischen Terrorismus äußert.

Quelle: www.globalisierung-fakten.de/globalisierung-informationen/risiken-der-globalisierung/ Zugriff: 10.12.2016

Modul 8

Formulieren Sie schriftlich Ihre eigenen Schlussfolgerungen zur Globalisierung.

Zusammenfassung

Globalisierung ist eine langfristige Entwicklung, bei der sich die weltweiten Wirtschaftsbeziehungen vermehren.

Der Begriff Globalisierung ist für die Menschen mit Sorgen und Ängsten, aber auch mit Erwartungen und Hoffnungen verbunden.

Globalisierung geht einher mit einer zunehmenden Anzahl an Unternehmenszusammenschlüssen.

Die Globalisierung vermindert den Einfluss der staatlichen Wirtschaftspolitik.

Durch den Raubbau der Menschen an den natürlichen Ressourcen treten existenzielle Gefahren für die Menschheit auf. Um die menschlichen Lebensgrundlagen nicht zu zerstören ist nachhaltiges Wirtschaften in allen Gebieten nötig.

Insbesondere in der Klimapolitik müssen Fortschritte erreicht werden, z. B. Abbau bzw. Vermeidung von CO_2.

Die Vorteile und die Nachteile der Globalisierung hängen stark davon ab, ob man in einem Industrie-, Schwellen- oder Entwicklungsland lebt.

Bei klugem und gerechtem Umgang mit der Globalisierung kann sie Vorteile für alle Menschen bringen.

Wissens-Check

1. Nennen Sie Möglichkeiten, mit welchen Maßnahmen man aus Globalisierungsverlierern Globalisierungsgewinner machen könnte.

2. Diskutieren Sie Ihre Schlussfolgerungen zur Globalisierung mit einer/einem Klassenkameradin/Klassenkameraden, die/der anderer Meinung als Sie ist.

Modul 9: Friedenssicherung und Entwicklungszusammenarbeit

Kompetenzen, die Sie u. a. in diesem Modul erwerben:

Fachkompetenz		Personale Kompetenz	
Wissen	Fertigkeiten *(u. a. Analysekompetenz/ Methodenkompetenz)*	Sozialkompetenz *(u. a. Kommunikative Kompetenz, Teamfähigkeit, Einfühlungsvermögen, Konfliktfähigkeit)*	Selbstständigkeit *(u. a. Politische Urteilskompetenz, Lernkompetenz)*
Ich kann einen internationalen Konflikt beschreiben. Die politischen wirtschaftlichen, religiösen und ethnischen Ursachen kann ich benennen. Ich kenne die Bedeutung der Entwicklungszusammenarbeit (Entwicklungspolitik, NGOs) und internationale Institutionen der Friedenssicherung (u. a. UNO, NATO).	Durch Auswertung von Inhaltsbeschreibungen (Positionspapiere, Zeitungsartikel u. a.) sind die Unterschiede von Konfliktursachen erkennbar. Der Vergleich grundlegender Statuten macht Unterschiede und Übereinstimmungen zwischen UNO und NATO deutlich.	Mögliche Maßnahmen zur Friedenssicherung und Entwicklungszusammenarbeit stelle ich in Diskussionen dar. Dabei beurteile ich objektiv und respektvoll die Meinungen meiner Gesprächspartner.	Ich kann durch Mitarbeit in Entwicklungshilfegruppen oder NGOs mich für eine friedlichere Welt engagieren. Auch der Dienst in der Bundeswehr kann ein Beitrag zur Friedenssicherung sein.

1 Aktueller internationaler Konflikt: Der Syrien-Krieg

Die Zahl der Kriege und bewaffneten Konflikte hat sich in den letzten 20 Jahren erheblich erhöht. Am meisten leidet die Zivilbevölkerung unter den gewaltsamen Auseinandersetzungen. Neben dem menschlichen Leid sind die politischen, wirtschaftlichen und ökologischen Folgen oft unabsehbar. Sehr drastisch zeigt sich das im Syrien-Krieg.

1.1 Entstehung, Verlauf und Beteiligte des Konflikts

Proteste gegen Assad

Arabischer Frühling:
Seit 2010 beginnende Protestbewegung in der arabischen Welt. Sie richtet sich gegen undemokratische politische Systeme (Tunesien, Ägypten, Libyen u. a.).

Starke Proteste gegen Baschar al-Assad, den syrischen Präsidenten, gab es vermehrt seit 2011. Weil Jugendliche in der Stadt Daraa Parolen des **„Arabischen Frühlings"** („Freie Presse", „Keine Verfolgung Andersdenkender", „Das Regime stürzt") gegen Assad an die Häuser schrieben, wurden sie verhaftet und eingesperrt. Die daraufhin entstehenden Massenproteste ließ Assad blutig niederschlagen.

Viele Bürger glaubten nicht mehr an friedliche Möglichkeiten, gegen das System zu protestieren. Deshalb bewaffneten sie sich, um gegen das Regime von Assad zu kämpfen.

Die Vermittlungsversuche von außen (Arabische Liga, UNO) scheitern. Assad geht immer brutaler gegen das eigene Volk vor.

1. Recherchieren Sie im Internet den Verlauf des „Arabischen Frühlings" (s. nebenstehenden QR-Code).
2. Nennen Sie Länder, in denen der Protest ein positives Ende gefunden hat.

*www.bpb.de/internationales/
afrika/arabischer-fuehling*

Krieg gegen das eigene Volk: Die syrische Armee

Ab 2012 verschlimmert sich die Situation. Nun lässt Assad nicht nur Bodentruppen gegen das eigene Volk vorgehen. Er setzt seine Luftwaffe ein, die Fassbomben (Fässer, die mit Metallteilen und Dynamit gefüllt sind) auf die eigene Bevölkerung abwirft. Nur ein Jahr später setzt Assad sogar Giftgas gegen die Aufständischen ein. Nach Protesten aus den USA und nach Absprache mit Russland, wird die Chemiewaffenproduktion eingestellt und „offiziell" außer Landes gebracht. Internationale Beobachter gehen davon aus, dass Syrien einen Teil seiner Produktionsstätten für Giftgas im eigenen Lande versteckt hat.

UN-Inspektoren nehmen Bodenproben, um Giftgas nachzuweisen.

Pro Assad-Milizen

Hierbei handelt es sich um **Freischärler**, die für Assad kämpfen. Sie sind nicht Teil der syrischen Armee. Die Kämpfer kommen z. T. aus dem Iran und aus dem Libanon. Finanziert werden sie vorwiegend aus dem Iran.

Freischärler:
Dabei handelt es sich um Kämpfer, die keiner kriegsführenden Armee angehören. Sie nehmen freiwillig und ohne Ermächtigung am Krieg teil.

Die Freie Syrische Armee (FSA)

Nach dem Massaker der syrischen Armee an der Zivilbevölkerung wegen der Assad kritischen Parolen an den Häuserwänden, hat sie sich gegründet. Ihr Ziel ist es, eine Regierung ohne Assad zu bilden. Ihr bewaffneter Kampf richtet sich hauptsächlich gegen militärische Einrichtungen und gegen die syrische Armee.

Islamischer Staat (IS) und die Al-Nusra-Front

Der Krieg in Syrien findet vor allem in den großen Städten im Westen und Norden des Landes statt. In den Kriegswirren konnte der Islamische Staat seinen Einflussbereich erweitern.

Islamischer Staat (IS):
Der IS ist eine Terrororganisation. Sie ist z.T. aus irakischen Geheimdienstlern entstanden.

Der IS hat das Ziel, einen Gottesstaat zu schaffen, der Jordanien, Palästina, Israel, Libanon, Syrien und den Irak umfassen soll.

Es sollen die Frauen gezwungen werden, sich zu verschleiern und das Gesetz der Scharia (religiöses, islamisches Gesetzbuch) soll gelten. Wenn sich Frauen nicht verschleiern, kann die Todesstrafe vollstreckt werden.

Modul 9

© natbasil – fotolia.com

Hijab

Burqa

Niqab

Chador

PRESSESCHAU

„Berliner Erklärung" Innenminister der Union wollen Burka-Verbot light

Die Innenminister von CDU und CSU haben einen Kompromiss gefunden und die „Berliner Erklärung" neu gefasst. Die Vollverschleierung soll nur in bestimmten Bereichen untersagt und der Doppelpass erst 2019 „überprüft" werden ...

Die Unions-Innenminister haben im Streit über ein Verbot der Vollverschleierung eine Einigung erzielt: Das Tragen etwa der Burka soll nur in bestimmten Bereichen verboten werden – indem durch ein rechtliches „Gebot" ein „Zeigen des Gesichtes" in bestimmten Situationen als erforderlich festgeschrieben wird ...

Das Verschleierungsverbot soll nach Wunsch der Union im öffentlichen Dienst, in Kitas, Schulen und Universitäten und vor Gericht gelten. Das „Zeigen des Gesichts" müsse ebenfalls dort durchgesetzt werden, wo eine Identifizierung nötig sei, also bei Pass- und Verkehrskontrollen oder im Meldeamt. Auch bei Demonstrationen oder im Straßenverkehr könne der Rechtsstaat die Vollverschleierung nicht akzeptieren ...

Quelle: http://www.tagesspiegel.de, Zugriff: 26.08.2016

1. Beschreiben Sie die Unterschiede der Verschleierungen im nebenstehenden Bild.
2. Nehmen Sie Stellung zu den im Text angeführten Begründungen eines Verschleierungsverbotes.
3. Diskutieren Sie die Aussage, die Verschleierung sei eine Unterdrückung der Frau.

UNO:
Internationale Friedensorganisation (s. Schlagwortregister)

Die EU, die **UNO** und viele Staaten der Welt haben den IS als Terrorgruppe eingestuft.

Entstehung und Aktivitäten des IS

Aus der Terrororganisation Al-Qaida hat sich der „Islamische Staat" gebildet. Al-Qaida war ursprünglich eine Kampftruppe in Afghanistan. Dort hat sie gegen die damalige Besatzung der Roten Armee gekämpft. Die Gründungsväter in den 1980er-Jahren waren der amerikanische und saudi-arabische Geheimdienst. Zu dieser Zeit wurde Al-Qaida auch von dort finanziert.

Auftrieb erhielt Al-Qaida durch die Golfkriege in den 1990er- und 2000er-Jahren. Nun richteten sich die Angriffe gegen die amerikanischen Besatzer und den neu entstandenen irakischen Staat.

Heute ist es fast unmöglich, die Finanzquellen zu ergründen. Fest steht aber, dass sowohl Syrien als auch „Geschäftsleute aus den Golfstaaten" die Terrororganisation unterstützt haben.

© dpa

IS Kämpfer mit Flagge

Modul 9

Als IS trat die Organisation erstmals im Jahre 2004 auf. Im Irak verübte sie zu dieser Zeit schwere Attentate.

Der IS kämpfte in Syrien gegen das Regime von Assad. Eine klare Ausrichtung, gegen wen und warum der IS kämpfte, war nicht immer zu erkennen. Der IS verübte Attentate gegen die syrische Armee aber auch gegen die Zivilbevölkerung.

Europa ist ebenfalls zur Zielscheibe geworden. Die freizügige, westliche Lebensweise passt nicht zu den Moralvorstellungen des IS.

Der IS scheint momentan geschlagen zu sein. Politische Beobachter in diesem Gebiet glauben aber, dass der IS noch nicht endgültig besiegt ist. Er kann jederzeit und überall wieder mit Attentaten aufwarten.

> Nennen Sie Anschläge, die der IS in Europa verübt hat
> (Internetrecherche).

Die Al-Nusra-Front

Sie ist, wie der IS, eine islamistische Terrororganisation. Ihre Mitglieder kommen vorwiegend aus dem Irak und sind eine Abspaltung von Al-Quaida.

Anschläge verübt sie vorwiegend gegen militärische Einrichtungen der syrischen Armee. Die islamische Zivilbevölkerung Syriens versorgt sie zeitweilig mit Lebensmitteln und Benzin. Neben diesen humanitären Aktivitäten geht sie aber gewaltsam gegen Christen vor.

Die syrischen Kurden (YPG)

Die Kurden begreifen sich als Volk, das momentan in der Türkei, in Syrien, dem Irak und dem Iran lebt. Ihr Bestreben ist es, einen unabhängigen Staat zu gründen.

Die betroffenen Staaten widersetzen sich dem Bestreben, z. T. mit militärischen Mitteln. In Syrien kämpfen sie gegen Assad für ihre Unabhängigkeit.

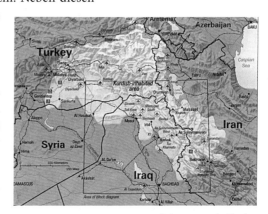

Lebensraum der Kurden

1.2   Kriegsbeteiligung von außen

Die Position der Golfstaaten

Saudi-Arabien und Katar sind bemüht, Assad von der Macht zu verdrängen. Sie glauben nicht, dass das Land mit Assad an der Spitze zum Frieden finden kann. Am liebsten sähen sie es, wenn ein sunnitischer Herrscher die Macht übernehmen würde. Mit großen finanziellen Unterstützungen fördern sie entsprechende Kreise in Syrien.

Modul 9

Kalifat:
Es ist das Reich eines Kalifen. Der Kalif ist der Nachfolger oder Stellvertreter des „Gesandten Gottes".

www.bpb.de/mediathek/216097/ info-islam-was-bedeutet-kalifat

www.bpb.de/politik/extremismus/ islamismus/36369/hisbollah

Westliche Kriegsbeteiligung – gegen Assad

Im Sommer 2014 hat der IS ein **Kalifat** in Syrien und dem Irak ausgerufen.

Die USA beginnen nun, gemeinsam mit Frankreich, den arabischen Golfstaaten und Großbritannien, Stellungen des IS in Syrien und dem Irak zu bombardieren. Einen Kampf mit Bodentruppen wollen sie vermeiden.

Russland, Iran, Irak und Libanon – pro Assad

Für Russland, den Iran und den Irak ist Assad der rechtmäßige Herrscher. Ihn unterstützen sie und kämpfen gegen die Rebellen, die Assad stürzen wollen. Bodentruppen sind nicht eingesetzt, der Krieg findet durch Luftschläge statt. Dabei gibt Russland vor, gegen den IS zu kämpfen und nicht gegen die Gegner von Assad.

Aus dem Libanon kämpft die schiitische Hisbollah-Bewegung (s. nebenstehenden QR-Code) für Assad. Dies geschieht in enger Abstimmung mit dem Iran.

1.3   Interessen der Konfliktparteien in Syrien

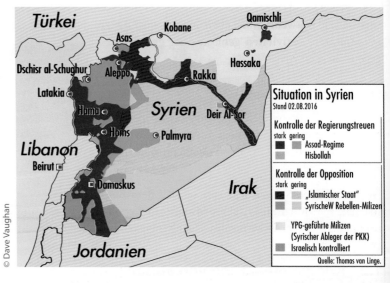

Ethnisch:
Die Volkszugehörigkeit betreffend

Modul 9

In Syrien haben sich im Laufe dieses Krieges mindestens vier regional abgrenzbare Einflussbereiche gebildet, in denen unterschiedliche Mächte dominieren. Die Interessen der Konfliktparteien sind höchst unterschiedlich. Häufig sind politische, wirtschaftliche, religiöse oder **ethnische** Gründe der Auslöser für einen Konflikt. Nicht immer ist eine klare Trennung der Ursachen möglich, häufig vermischen sich die Ursachen.

Politische Interessen

Das Assad-Regime

Syrien ist ein Überwachungsstaat. Das Assad-Regime lässt demokratische Reformen nur soweit zu, wie die eigene Machtfülle nicht betroffen ist.

Russland

Russland hatte schon immer gute Beziehungen zu Syrien. Mit seiner Präsenz in Syrien kann Russland seine Großmachtstellung festigen. In Tartus (am syrischen Mittelmeer) hat Russland einen Flottenstützpunkt und baut einen Luftstützpunkt. So ist es in dieser Region schnell militärisch einsatzfähig.

Die USA, Großbritannien, Frankreich und Deutschland

Sie möchten das Assad-Regime durch ein demokratisches ersetzt sehen. Mit dem dann neuen Verbündeten könnten sie ihre militärische und wirtschaftliche Position in der Region stärken.

Ein großes Anliegen ist es, den IS zu besiegen, um einen internationalen Störenfried aus der Region zu verbannen und um selbst mehr Einfluss zu gewinnen.

Deutsche Luftwaffe bei Aufklärungs- und Betankungsflügen in Syrien.

© dpa

PRESSESCHAU

Bundeswehr – journal

Reaktion auf die Pariser Anschlagserie vom 13. November 2015

Der Bundestag hatte den Bundeswehreinsatz gegen das Terrorregime des IS am 4. Dezember 2015 mit großer Mehrheit beschlossen. Diese Entscheidung war eine Reaktion auf die Anschläge vom 13. November in Paris, bei denen nach Angaben der französischen Regierung 130 Menschen getötet und 352 verletzt worden waren. Der IS hatte sich am 14. November in einer im Internet veröffentlichten mehrsprachigen Erklärung zu der Terrortat bekannt.

Nach dem Bundestagsmandat können nun bis zu 1200 deutsche Soldaten die internationale Allianz gegen den „Islamischen Staat" unterstützen. Zwei Tornado-Aufklärungsflugzeuge, der Airbus zur Flugbetankung sowie ein Vorauskommando sind bereits seit dem 10. Dezember auf der türkischen Luftwaffenbasis Inçirlik stationiert. Die Aufklärer waren vom schleswig-holsteinischen Fliegerhorst Jagel aufgebrochen, der Tanker vom militärischen Teil des Flughafens Köln/Bonn.

Quelle: www.bundeswehr-journal.de/2015/bundeswehr-unterstuetzt-erstmals-luft angriffe-gegen-den-is, Zugriff: 25.08.2016

---

1. Geben Sie die vorgesehenen Unterstützungsmaßnahmen der Bundeswehr mit eigenen Worten wieder.
2. Diskutieren Sie die Gefahren, die sich aus dem Einsatz der Bundeswehr in diesem Konflikt ergeben könnten.

Die Türkei

Die Türkei hat eine sehr lange Grenze zu Syrien. Wenn sich die Kurden der Türkei mit den syrischen Kurden noch enger verbinden, könnte sich ein neuer Staat bilden, Für die Türkei würde das u. U. den Verlust von Staatsgebiet bedeuten. Seit Mitte August 2016 hat sie die syrischen Kurden auf dem Staatsgebiet Syriens mit Bodentruppen angegriffen.

NATO:
Nordatlantisches Militärbündnis
(s. Schlagwortregister)

Die Türkei ist Mitglied der **NATO**. Der Konflikt könnte sich durch solche Aktivitäten schnell zu einem größeren Konflikt entwickeln.

Iran und Irak

Beide Länder haben lange, gute Beziehungen zu Syrien. Sie stützen das Assad-Regime, um ihren politischen Einfluss weiter ausbauen zu können.

Saudi-Arabien und die Golfstaaten

Diese erzkonservativen Staaten wollen eine noch striktere Anbindung des Staates an die Religion. Die Königshäuser erhoffen sich durch den Sturz Assads noch mehr Einfluss in Syrien nehmen zu können.

Wirtschaftliche Interessen

Mögliche neue arabische
Gas-/Ölpipeline durch Syrien

Russland

Russland stützt Assad auch deswegen, damit es weiterhin über seine Gas-/Ölpipelines Europa mit russischen Produkten versorgen kann.

Würde Syrien zerfallen, könnten Saudi-Arabien und die Golf-Staaten Öl und Gas über eine Pipeline nach Europa liefern.

Dadurch würde Russland ein unliebsamer Konkurrent auf diesem Markt entstehen.

Saudi-Arabien und die Golfstaaten

Wenn Assad weg wäre, könnte durch ein neues Syrien die o. a. Gas-/Öl-Pipeline direkt gebaut werden. Der europäische Markt wäre für die Öl-Multis erheblich schneller und umfangreicher zu beliefern. Die Nachteile für Russland wären Vorteile für die Golfstaaten.

Religiöse Ursachen

PRESSESCHAU

Der UN-Diplomat Paolo Pinheiro sagte ... der zunehmend religiöse und ethnische Charakter des Konflikts sei zwar schon seit längerem bekannt, er werde aber immer deutlicher sichtbar. Regierungstruppen und Milizen griffen sunnitische Zivilisten an, Aufständische attackierten Alawiten und andere regierungstreue Minderheiten wie Christen, Armenisch-Orthodoxe oder Drusen, so Pinheiro

Quelle: http://de.euronews.com/2012/12/20/syrien-konflikt-wird-zum-krieg-der-religionen, Zugriff: 24.08.2016

Bewerten Sie die Aussage, dass ein religiöser Konflikt intensiver und grausamer sein könne als ein herkömmlicher Konflikt.

Die meisten Syrer bekennen sich zum Islam:

- Die Mehrzahl (> 70 %) sind Sunniten.
- Die Schiiten mit ihren Untergruppen (Alawiten) machen ca. 17 % der Gesamtbevölkerung aus.
- Die 10 % Christen, die in Syrien leben, gehören verschiedenen christlichen Kirchen an: der syrisch-katholischen Kirche, der griechisch-orthodoxen Kirche. Eine Minderheit bekennt sich zur römisch-katholischen Kirche und zum Protestantismus.

Vor dem Bürgerkrieg war Syrien bezüglich der Religionen ein sehr tolerantes Land. Die Familie Assad (Alawiten), die seit 1971 das Land beherrscht, garantierte die freie Religionsausübung. Deshalb stand sie sowohl bei den Sunniten als auch bei den Christen nicht in der Kritik.

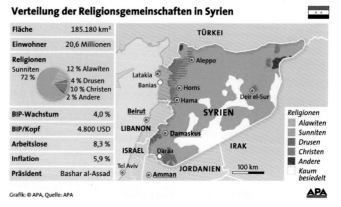

Die religiösen Risse brachen erst auf, als die Religionen politisiert wurden.

- Saudi-Arabien (Staatsreligion „Wahhabismus", eine sunnitische Variante) unterstützt mit sehr viel Geld die Freie Syrische Armee (FSA). In ihr kämpfen viele Sunniten gegen Assad.
- Der Iran (Schiiten) unterstützt mit Geld und Waffen das System von Assad. Über Syrien hat der Iran direkt Verbindung zu seinen Glaubensbrüdern im Libanon, der schiitischen Hisbollah-Bewegung.

Anfangs unterstützten der Iran und der Libanon die syrische Regierung von Assad, weil sie seine Politik unterstützen wollten. Zudem konnten sie so die Front gegen den Erzrivalen Israel aufrechterhalten.

Die sunnitischen Regierungen, allen voran Saudi-Arabien (sunnitischer Wahhabismus), wollten den zunehmenden Einfluss Assads in der Region nicht akzeptieren. Sie fürchten, dass der Funke überspringen könnte. Das würde sich direkt auf ihre Macht in Saudi-Arabien negativ auswirken können.

So hat sich die politische Konfrontation auch zu einer religiösen Auseinandersetzung entwickelt. Jetzt kämpfen Schiiten mit ihren Untergruppen (Alawiten) gegen Sunniten unterschiedlichster Ausprägung (Wahhabiten).

Aktuelle Situation (März 2019)

Ein Ende des Syrienkonflikts ist nach wie vor nicht in Sicht. Obwohl sich die Lage um die Provinz Idlib durch die Einrichtung einer 20 km breiten Pufferzone etwas entspannt hat, destabilisiert der angekün-

Modul 9

digte Rückzug amerikanischer Truppen die politische Situation erneut. Die Türkei unter der Führung Erdogans sieht sich folglich in die Lage versetzt, den Kampf gegen die kurdische PKK im Norden Syriens zu intensivieren und bereitet eine militärische Offensive vor. Israel hingegen bombardiert erneut iranische Stellungen in Syrien und iranische Raketen treffen israelische Ziele auf den Golanhöhen. Auch die politische Haltung Russlands ist weiterhin gespalten: Einerseits darf der syrische Präsident Baschar al-Assad weiterhin auf russische Unterstützung im Kampf gegen die Rebellen hoffen. Andererseits weiß Präsident Putin, dass eine Lösung des Syrienkonflikts nur gemeinsam mit Europa gelingen kann. So werden die Kosten für den Wiederaufbau Syriens mit 200 bis 300 Mrd. US Dollar beziffert – Präsident Assad geht sogar von über 400 Mrd. US Dollar aus.

1.4 Beendigung des Konflikts

In Genf haben bereits zwei Verhandlungen der Konfliktparteien stattgefunden: 2012 und 2014. Sie waren nicht erfolgreich.

Das Ziel ist es, einen Waffenstillstand herbeizuführen. Eine Übergangsregierung soll dann freie Wahlen organisieren.

PRESSESCHAU

Diese fünf Punkte sind besonders kritisch:

1. Assads Regime sieht alle Rebellen als „Terroristen" und tut sich schwer, mit liberalen Kräften zu diskutieren. Seit der russischen Luftunterstützung hat die Armee zudem militärisch wieder die Oberhand.

2. Die Opposition akzeptiert eine Zukunft Syriens nur ohne Assad – dabei wird sie auf den Diktator zumindest in der Übergangszeit nicht verzichten können. Auch Russland und der Iran halten an Assad fest.

3. Noch schwieriger für die Gespräche ist, dass die syrische Opposition in sich zerstritten ist: Viele Gruppen haben verschiedene Ziele und können keine gemeinsame Position bilden. Im Vorfeld der Gespräche sagten einige ihr Kommen bereits ab.

4. Auch die internationalen Akteure verfolgen verschiedene Interessen: Saudi-Arabien als erklärter Gegner Irans wird sich nicht auf eine Übergangsregierung aus Assads Haus einlassen; Russland und die Türkei sind über ihren Einfluss am Mittelmeer in Streit; die USA können sich mit Russland nicht auf eine gemeinsame Strategie gegen den IS einigen.

5. Mit Terroristen wie den Kämpfern des „Islamischen Staats" verhandelt zu recht niemand. Allerdings gibt es mittlerweile gemäßigte Islamistengruppen, deren Einfluss am Boden kriegsentscheidend sein kann. Im Umgang mit den Kämpfern fehlt eine gemeinsame Haltung.

All diese Faktoren lassen ein trauriges Fazit zu: In Syrien wird es so schnell keinen Frieden geben.

Quelle: www.bento.de/politik/syrien-krieg-endlich-verstaendlich-294050, Zugriff: 24.08.2016

---

1. Erläutern Sie Ihre persönliche Einschätzung zu den o. a. fünf kritischen Punkten.
2. Informieren Sie sich im Internet über den momentanen Stand der Friedensverhandlungen.

2 Konflikte analysieren

Einfache Antworten auf die Frage nach Ursachen von gewalttätigen Konflikten gibt es meistens nicht, denn Kriege und Konflikte lassen sich selten auf nur eine Ursache zurückführen.

2.1 Was ist eigentlich Krieg?

Den Begriff Krieg zu erklären, ist nicht mehr einfach. Wer führt eigentlich den Krieg? Wo wird er ausgetragen? Wann ist er zu Ende?

In früheren Zeiten führten Staaten Krieg gegeneinander, sobald formal eine Kriegserklärung ausgesprochen wurde. Dann prallten die Streitkräfte der Kriegsparteien auf den Schlachtfeldern aufeinander. Wer die letzte Schlacht gewann, war der Gewinner des Krieges, der Verlierer kapitulierte. Heute gibt es bei Auseinandersetzungen kaum noch formale Kriegserklärungen.

Die große Mehrheit der Kriege wird nicht mehr zwischen zwei Staaten ausgetragen, sondern sind meist innerstaatliche Konflikte wie Bürgerkriege und Aufstände. Moderne Kriege sind nicht mehr an bestimmte Austragungsorte gebunden, eine klare Frontlinie gibt es nicht. Besonders in **asymmetrischen Kriegen** begegnen sich die Widersacher selten in einer offenen Schlacht.

Asymmetrischer Krieg: Krieg zwischen einer staatlichen und einer nicht staatlichen Partei

Ein Ende finden heutige Kriege selten durch den militärischen Sieg einer Seite. Häufiger wird der Krieg durch einen Verhandlungsfrieden beendet oder durch ein Abflauen der Gewalt, bis nicht mehr von einem „Krieg" gesprochen werden kann.

Wie entstehen Kriege?

Was auch immer der Kriegsauslöser ist – Kriege haben eine lange Vorgeschichte. Die Faktoren, die zu einem Krieg oder einem bewaffneten Konflikt führen, sind sowohl vielfältig als auch vielschichtig.

Die Ursachen

Die eigentlichen Ursachen eines Krieges zu verstehen, ist nicht einfach. Ein politischer Konflikt kann bei näherer Betrachtung beispielsweise wirtschaftliche Gründe haben, bei religiösen Streitigkeiten können kulturelle oder geschichtliche Gründe eine Rolle spielen, z. B.:

- Streit zweier Staaten um Territorien, um Zugänge zum Meer oder zu Flüssen
- Unabhängigkeitsbestreben einer bestimmten Bevölkerungsgruppe vom Rest des Landes
- Wettstreit unterschiedlicher Gesellschaftsordnungen, z. B. im Kalten Krieg

© dpa

Palästinensische Studenten verbrennen Flaggen. Die eigentlichen Ursachen eines Konflikts sind oft vielschichtig und nicht leicht zu verstehen.

Modul 9

- Wirtschaftliche Ursachen, z. B. Spannungen zwischen Arm und Reich
- Ethnische und religiöse Differenzen
- Mangelnder Zugang zu Ressourcen wie Wasser, Öl

Diese Differenzen münden nicht zwangsläufig in gewaltsamen Konflikten. Bestimmte Faktoren führen aber dazu, dass sich eine Konfliktseite dazu entscheidet, ihre Interessen mit Gewalt durchzusetzen, zum Beispiel:

- Machterhalt, Machterlangung
- Wirtschaftliche Gier
- Wunsch, die „Anderen" zu verdrängen oder zu vernichten
- Beseitigung einer Sicherheitsbedrohung
- Erlangung der Militärvorherrschaft

Die Schwelle, ab wann Gewalt als geeignetes Mittel angesehen wird, ist von der jeweiligen kulturellen Einstellung der Gruppe abhängig. Das Aufflammen von Gewalt geht oft zeitlich mit einer Störung der politischen Ordnung (z. B. Staatszerfall, politischer Wechsel) oder einer Wirtschaftskrise einher.

Der Auslöser

Ein einzelnes Ereignis löst häufig den Ausbruch kriegerischer Handlungen aus.

- Politische Ereignisse, z. B. Wahlen, Attentate
- Religiöse Aufforderungen zu Gewalt, z. B. Dschihad
- Entweihung religiöser Symbole
- Militärische Angriffe oder Rebellenüberfälle

© dpa

Bombardierung Beiruts: 2006 löste die Entführung zweier israelischer Soldaten den Krieg zwischen Israel und dem Libanon aus

Die Länge und die Intensität eines Krieges ist davon abhängig, wo und mit welchen Waffen gekämpft wird. Die finanzielle und personelle Stärke entscheidet darüber, wie lange der Krieg fortgeführt werden kann. Auch die Intervention externer politischer Akteure wie UNO und NATO beeinflussen den Konfliktverlauf.

Finden Sie weitere Beispiele dafür, durch welche Ereignisse Kriege ausgelöst wurden. (Internetrecherche)

Leitfaden für die Analyse internationaler Konflikte

1. Wer sind die Konfliktparteien?

2. Warum wird politisch/militärisch gestritten?

3. Wie ist der Konflikt entstanden und welche Argumente und Interessen liegen miteinander in Streit?

4. Welche Mittel haben die Konfliktparteien, ihre Interessen durchzusetzen, und welche Folgen ergeben sich daraus für die Konfliktlösung?

5. Welcher Anlass kann/hat den Konflikt eskalieren lassen?

6. Hat der Konflikt Auswirkungen auf andere Regionen?

7. Wie reagiert die internationale Gemeinschaft auf diesen Konflikt?

8. Welche Kompromisse sind möglich, und wie sind diese politisch zu beurteilen?

Vgl. Buchners Kolleg Politik, Band 4: Internationale Politik. Grundlagen, Ziele, Probleme. Bamberg 1996, S. 139 f.

Ist Krieg erlaubt?

Es klingt fast zu schön, um wahr zu sein, aber Krieg ist tatsächlich offiziell verboten. Jedes Mitglied der Vereinten Nationen (UNO) ist mit seiner Mitgliedschaft die Verpflichtung eingegangen, grundsätzlich keinen Angriffskrieg gegen einen anderen Staat zu führen. Selbst die Androhung eines Krieges ist untersagt. Einen weltweiten Frieden konnte die UNO mit dieser Regel nicht erreichen. Zum einen gilt sie ohnehin nur für Staaten, also für die selten gewordenen regulären Kriege. Zum anderen versuchen die Staaten, einen bewaffneten Konflikt nicht als Krieg zu bezeichnen und eine Kriegserklärung zu vermeiden. Begriffe wie Sicherheitspolitik, Präventive Maßnahmen oder humanitäre Einsätze verschleiern manchmal die wahren Motive des Militärschlages.

© dpa

Grenzzaun zwischen Israel und dem Westjordanland. Trennung als letzte Möglichkeit für Frieden?

1. Finden Sie heraus, ob es Ausnahmen für das grundsätzliche UNO-Verbot von Krieg gibt.

2. Recherchieren Sie, wie viele Kriege in den letzten Jahren weltweit gezählt wurden. Vergleichen Sie dazu die Anzahl der „bewaffneten Krisen" und „hochgewaltsamen Konflikte".

Modul 9

2.2 Der lange Weg zum Frieden

Die meisten Menschen wünschen sich nichts sehnlicher, als in Frieden leben zu können. Doch ebenso wie für den Begriff Krieg gibt es viele Ansichten, wann eigentlich Frieden herrscht. Ein sogenannter negativer Frieden ist dann erreicht, wenn die Waffen schweigen und es keine offenen Kämpfe mehr gibt. Doch Frieden ist weitaus mehr als die Abwesenheit von Krieg. Ein positiver Frieden bedeutet für die meisten Menschen, dass sie ohne Unterdrückung in Freiheit und friedlichem Miteinander leben können. Eine Reihe von Maßnahmen kann bei einem Konflikt schon im Vorfeld den Ausbruch der Gewalt verhindern:

- Verstärkung diplomatischer Beziehungen
- Entwicklungshilfe
- Hilfe beim Aufbau demokratischer und rechtsstaatlicher Strukturen
- Förderung der Zivilgesellschaft, zum Beispiel durch Aufbau von Schulen

Wenn bereits gekämpft wird, versuchen Politiker mit Vermittlungsgesprächen die Konfliktpartner wieder an den Verhandlungstisch zu bekommen. Zudem können **Sanktionen** und **Embargos** den Druck auf eine verhandlungsunwillige Konfliktpartei erhöhen.

Führen diese zivilen Maßnahmen nicht zum Erfolg, müssen die Konfliktpartner notfalls mit militärischen Mitteln voneinander getrennt werden, z. B. durch „Blauhelmeinsätze" oder durch militärische Intervention. Erst dann können weitere Maßnahmen folgen, wie:

- Entwaffnung der Konfliktparteien
- Wiederherstellung der Ordnung
- Durchführung und Beobachtung von Wahlen
- Rückführung der Flüchtlinge
- Schutz der Menschenrechte

Der Wiederaufbau des Staatsapparats im Krisengebiet ist der wichtigste und langwierigste Schritt des **Nation Building** auf dem Weg zum nachhaltigen Frieden. Maßnahmen wie der Aufbau eines funktionierenden Polizei- und Justizsystems oder der Verwaltung zählen hier dazu. Doch mit Beginn der Waffenruhe gibt es noch lange keinen Frieden zwischen den Konfliktgruppen. Schreckliche Erfahrungen mit Hass, Gewalt und Tod sind nicht von heute auf morgen aus der Welt zu schaffen. Die Kriegsfolgen müssen beseitigt, Feindbilder müssen überwunden werden. Ein dauerhafter Frieden braucht Versöhnung. Erst wenn die neue politische Ordnung, z. B. eine neue Regierung oder ein neuer Staat, von allen Konfliktgruppen akzeptiert und anerkannt wird, kann nachhaltiger Frieden entstehen.

Sanktion:
Reaktion eines Staates auf völkerrechtswidriges Verhalten eines anderen Staates, z. B. Einreiseverbote, Vermögenssperren

Embargo:
Staatliche Unterbindung des Güterhandels mit einem bestimmten Land, z. B. Öl- oder Waffenembargos

Nation Building (Nationenbildung):
Politischer Entwicklungsprozess, der aus Gemeinschaften (gleiche Sprache, Traditionen, Gebräuche, Abstammung) einen Staat werden lässt

© J. Chares – fotolia.com

Die einstigen Rivalen Deutschland und Frankreich verbindet heute eine tiefe Freundschaft

1. Finden Sie historische Beispiele für ein gelungenes (gescheitertes) „Nation Building".
2. Glauben Sie, dass Demokratien friedlicher sind als andere Regierungsformen? Begründen Sie Ihre Meinung.

Zusammenfassung

Heute gibt es mehr innerstaatliche als zwischenstaatliche Kriege.

Insbesondere asymmetrische Kriege werden nicht mehr in offenen Schlachten, sondern in kleinen Scharmützeln, mit Anschlägen oder Guerillataktik ausgetragen.

Der Krieg kann viele Ursachen haben, z. B. politische, wirtschaftliche, kulturelle oder religiöse.

Meist löst erst ein Einzelereignis die kriegerischen Handlungen aus.

Jedem UNO-Mitgliedsstaat ist das Führen eines Angriffskrieges grundsätzlich verboten. Daher wird bei bewaffneten Konflikten der Begriff Krieg von den Konfliktparteien vermieden.

Um Frieden zu schaffen oder zu erhalten, stehen präventive Maßnahmen wie Verhandlungen oder Entwicklungshilfe zur Verfügung. Notfalls müssen Konfliktparteien mit militärischer Intervention voneinander getrennt werden.

Wissens-Check

Definieren Sie den Begriff „Krieg".

1. Wie hat sich die Anzahl der Kriege und bewaffneter Konflikte seit dem 2. Weltkrieg entwickelt?

2. Welche Ursachen können Kriege haben? Nennen Sie Beispiele für kriegsauslösende Ereignisse.

3. Nennen Sie Maßnahmen, die helfen können, einen bewaffneten Konflikt oder Krieg zu vermeiden.

4. Was versteht man unter dem Begriff „Nation Building"?

3 Konfliktlösung und Friedenssicherung

Viele bewaffnete Konflikte oder Kriege lassen sich auf mangelnden Zugang zu Ressourcen zurückführen. Das sind zum Beispiel auch fehlende Chancen auf Teilhabe an einer positiven Zukunftsentwicklung.

Für die internationale Friedenssicherung ist es daher wichtig, Konfliktmöglichkeiten schon im Vorfeld zu erkennen und die voraussichtlichen Konfliktursachen zu beseitigen.

In diesem Bereich ist die Entwicklungszusammenarbeit (früher Entwicklungshilfe) seit Jahrzehnten tätig. Nachdem in den 1960er-Jahren „Entwicklung durch Wachstum" entstehen sollte, ging es danach in den 1970er-Jahren um die Sicherung von Grundbedürfnissen.

Ziele der UN-Agenda 2030

1. Beschreiben Sie menschliche Grundbedürfnisse, die erfüllt sein müssen um eine aktive Teilhabe am gesellschaftlichen und wirtschaftlichen Leben zu ermöglichen.
2. Diskutieren Sie, welche Ziele der UN-Agenda am schwersten zu erreichen sind.

3.1　Entwicklungspolitik, NGOs

Deutsche Entwicklungspolitik heute

Die heutige deutsche Entwicklungspolitik hat vier Hauptziele:

- Soziale Gerechtigkeit
- Wirtschaftliche Leistungsfähigkeit
- Politische Stabilität
- Ökologisches Gleichgewicht

Um diese Ziele zu erreichen, hilft die Bundesrepublik Deutschland den Entwicklungsländern, ihre elementaren Lebensvoraussetzungen zu sichern. Sie sollen sich auf Dauer selbst helfen können und eine leistungsfähige Wirtschaft aufbauen („Hilfe zur Selbsthilfe"). Dabei wird auch die gesellschaftliche Vielfalt gefördert.

Unmittelbare Hilfe leistet Deutschland dort, wo Menschen in Hunger und Elend leben. Damit sollen die Grundbedürfnisse befriedigt und der Wille zur Selbsthilfe gestärkt werden. Die meisten bedürftigen Länder befinden sich in Afrika, südlich der Sahara.

Für einen langfristigen Erfolg der Förderung der Entwicklungsländer sind leistungsfähige Infrastrukturen und liberale Wirtschaft- und

Entwicklungspolitik beginnt im Kleinen: durch die Nutzung eines Solarkochers entfällt die zeitaufwendige Suche nach Feuerholz.

© dpa

Gesellschaftsordnungen nötig. Diese Rahmenbedingungen müssen die Entwicklungsländer selbst schaffen. Ihre Aktivitäten sollen von den Geberländern nicht vorgeschrieben werden.

Die Bundesregierung unterstützt die Politik der Entwicklungsländer, die sich um eine wirtschaftlich leistungsfähige und sozial ausgeglichene Gesellschaftsordnung bemühen.

Weil die Entwicklungspolitik Teil der Friedenspolitik ist, fördert die BRD besonders die Kräfte des Ausgleichs. Totalitäre Staaten mit absolutem Herrschaftsanspruch werden nicht gefördert.

Die Verwirklichung der Menschenrechte ist Ziel dieser Politik. Verstößt ein Staat gegen die Menschenrechte, kann keine Entwicklungshilfe geleistet werden.

Entwicklungspolitik darf nicht auf Entwicklungshilfe verkürzt werden. Sie muss ein Ganzes darstellen, das die soziale, ökonomische, ökologische und politische Entwicklung mit einschließt.

Ein großes Problem für die Entwicklungsländer sind niedrige Rohstoffpreise. Weil die importierten Fertigprodukte für die Entwicklungsländer gleichzeitig teurer werden, sind die Handelsbedingungen für diese Länder ständig ungünstig. Dieses Ungleichgewicht der „Terms of Trade", also des Austauschverhältnisses zwischen Import und Export, bringt die Entwicklungsländer immer tiefer in die Schuldenfalle.

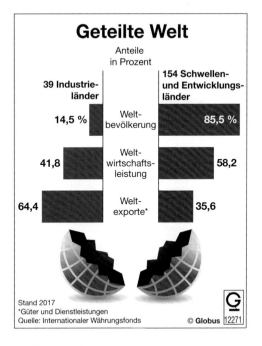

Geteilte Welt

Anteile in Prozent

39 Industrieländer		154 Schwellen- und Entwicklungsländer
14,5 %	Weltbevölkerung	85,5 %
41,8	Weltwirtschaftsleistung	58,2
64,4	Weltexporte*	35,6

Stand 2017
*Güter und Dienstleistungen
Quelle: Internationaler Währungsfonds
© Globus 12271

Die wirtschaftlichen Strukturen in den Ländern hindern eine Verbesserung der wirtschaftlichen Situation. Da diese Länder sich meist auf wenige Produkte konzentrieren (Monokulturen), sind sie besonders anfällig für Preisschwankungen. Außerdem gibt es wenig Kleinbauern, die flexibel auf wirtschaftliche Probleme reagieren können. Die Großbauern dieser Regionen können ihre Produktion meist nur schwer auf andere Produkte umstellen.

Um den Entwicklungsländern dauerhaft zu helfen, müssen die Industrienationen die wirtschaftlichen Rahmenbedingungen ändern. Wichtig sind ein besserer Zugang und die Teilhabe an der Weltwirtschaft, nicht nur als Rohstofflieferanten.

1. Skizzieren Sie Hilfsmöglichkeiten für die ärmsten Länder, die Ihrer Meinung nach wirkungsvoll sein könnten.
2. Erläutern Sie den Sinn der „Hilfe zur Selbsthilfe".
3. Nehmen Sie Stellung dazu, dass totalitäre Staaten von der Entwicklungshilfe ausgeschlossen werden.

NGOs: Non-Governmental Organization (Nichtregierungsorganisation)

Neben der staatlichen Entwicklungszusammenarbeit gibt es verschiedene NGOs, die ebenfalls in diesem Bereich tätig und dazu anerkannte Dienste sind. Sie müssen bestimmte rechtliche Vorgaben erfüllen und bekommen zum Teil staatliche Zuschüsse zu ihrer Arbeit.

http://tinyurl.com/zjhotp7

1. Informieren Sie sich (nebenstehender QR-Code) über die konkrete Arbeit der NGOs.
2. Stellen Sie (Gruppenarbeit) jeweils eine andere NGO mit ihren Schwerpunkten vor.

Es gibt mehrere tausend NGOs, die in der privaten bzw. kirchlichen Entwicklungszusammenarbeit, der humanitären Hilfe, der entwicklungspolitischen Bildungs- und Öffentlichkeitsarbeit aktiv sind. Viele dieser Organisationen, insbesondere auf lokaler Ebene, werden durch ehrenamtliche Mitarbeit getragen und freuen sich über neue Mitstreiter. Die meisten dieser Organisationen finanzieren sich überwiegend aus Spenden, ihre Arbeit kann daher ohne die finanzielle Unterstützung hilfreicher Sympathisanten nicht weitergeführt werden.

Ergänzend haben sich in Deutschland in vielen einzelnen Gemeinden private Initiativen gebildet, die über Spenden oder persönlichen Einsatz einzelne Projekte in Übersee unterstützen. Auch durch sie wird sehr wertvolle Arbeit geleistet.

© Shannon Jensen

Die NGO Ärzte ohne Grenzen im Einsatz im Süd-Sudan

Seit einigen Jahren besteht die Möglichkeit mit einem Freiwilligendienst für mehrere Monate im Ausland, auch im außereuropäischen Ausland, zu arbeiten. So können sich junge Menschen nach Schul- oder Berufsabschluss in sozialen, kulturellen oder ökologischen Projekten engagieren. Auf diese Art lernen sie neue Länder und Kulturen kennen, erlernen neue Sprachen und erfahren am eigenen Leib unterschiedliche Lebensweisen außerhalb der bekannten Touristikwelt.

www.bundes-freiwilligendienst.de/ausland/

1. Bestimmen Sie (s. nebenstehenden QR-Code) die Freiwilligendienste.
2. Erörtern Sie die Möglichkeit eines Freiwilligendienstes für Sie selbst.

Internationale Entwicklungszusammenarbeit

Die oben beschriebenen Strukturen der Entwicklungszusammenarbeit gibt es in vielen Industrieländern. Dazu kommen international tätige Organisationen und die Organisationen der Vereinten Nationen.

http://tinyurl.com/h5gm98u

Nennen Sie (s. nebenstehenden QR-Code) internationale NGOs mit deren Arbeitsgebiet.

Modul 9

3.2   Die UNO (United Nations Organization)

UNO, NATO, EU – diese Kürzel hat jeder schon einmal gehört. Fast täglich wird in den Medien über ihre Arbeit im Zusammenhang mit der Globalisierung, der wirtschaftlichen Entwicklung und der Friedenssicherung berichtet. Aber welche Organisationen stecken hinter diesen Abkürzungen und welche Aufgaben und Möglichkeiten haben sie zur internationalen Sicherung des Friedens?

© fotolia.com

„Das Denkmal für den Frieden" vor dem UNO-Hauptquartier in New York

Am 26. Juni 1945 wurde die Satzung der UNO (111 Artikel) in San Francisco/USA von 51 Staaten unterzeichnet, am 24. Oktober des gleichen Jahres trat sie in Kraft. Die Unterzeichnerstaaten haben sich zusammengeschlossen, um den Weltfrieden zu bewahren. Eine Katastrophe wie den Zweiten Weltkrieg sollte es nicht mehr geben. Zudem sollten menschenwürdige Lebensbedingungen für die Weltbevölkerung geschaffen werden.

Deutschland ist der UNO 1973 beigetreten. Momentan sind 193 Staaten Mitglieder der UNO.

Artikel 2 Abs. 4 der Charta der Vereinten Nationen wird von allen Mitgliedstaaten als „Globale Verfassung" bezeichnet. Das darin festgeschriebene „Allgemeine Gewaltverbot" stellt die grundlegende Norm des Völkerrechts dar.

> **Artikel 2(4):**
> Alle Mitglieder unterlassen in ihren internationalen Beziehungen jede gegen die territoriale Unversehrtheit oder die politische Unabhängigkeit eines Staates gerichtete oder sonst mit den Zielen der Vereinten Nationen unvereinbare Androhung oder Anwendung von Gewalt.

Zwei Ausnahmen von diesem „Allgemeinen Gewaltverbot" sind in der UN-Charta vorgesehen.

Nach Artikel 51 der UN-Charta darf sich ein Staat, der angegriffen wird, selbst verteidigen. Andere Staaten dürfen den angegriffenen Staat militärisch unterstützen. Die zweite Ausnahme ist die Ermächtigung zu militärischer Gewalt durch den UN-Sicherheitsrat. Dies kann dann eintreten, wenn ein Staat den Weltfrieden durch kriegerische Aktivitäten gegen einen anderen Staat stört.

Nennen Sie weitere Aufgabengebiete der UNO (Internetrecherche).

Die UN-Generalversammlung

In der Generalversammlung sind alle UN-Mitgliedsstatten vertreten. Hier haben sie entsprechend ihrer Größe Sitz und Stimme. Die Generalversammlung ist das einzige UN-Organ, in dem alle Mitglieder vertreten sind. Eine jährliche Tagung ist verpflichtend, Sondersitzungen können bei Bedarf anberaumt werden.

UN-Generalversammlung

Wie kommt ein Staat in die UN?

Vollmitgliedschaft

1

Bewerbung beim UN-Generalsekretär, offizielle Anerkennung der UN-Charta.

2

Beratung des UN-Sicherheitsrats, 9 von 15 Mitgliedern müssen zustimmen, darunter die 5 ständigen Mitglieder: USA, Großbritannien, Frankreich, Russland, China

3

Abstimmung der UN-Generalversammlung (193 Mitglieder), Zweidrittelmehrheit notwendig.

4

Vollmitgliedschaft tritt in Kraft

dpa•17848

Alternative:
Erweiterter Beobachterstatus

Rechte ähnlich Vollmitgliedschaft, keine Teilnahme an Abstimmungen, keine Kandidaten für Ämter

1

Antrag bei der UN-Generalversammlung

2

Abstimmung der UN-Generalversammlung, einfache Mehrheit notwendig

3

Staat erhält **Beobachterstatus**

Quelle: UN

 Beschreiben Sie das Schaubild mit eigenen Worten.

In den Aufgabenbereich der Generalversammlung fällt die Wahl der Mitglieder aller anderen Organe der UN. Einzige Ausnahme ist der Sicherheitsrat, dessen fünf „Ständige Mitglieder" unveränderbar feststehen.

Die Generalversammlung prüft und genehmigt den UN-Haushalt, ebenso legt sie die Beiträge der Mitglieder fest. Die Prüfung der Jahres- und Sonderberichte des Sicherheitsrates und der übrigen UN-Organe gehört zu ihren Aufgaben.

Gegenüber dem Sicherheitsrat hat die Generalversammlung keine Möglichkeit der Einflussnahme. Allen anderen Organen kann sie Auflagen machen.

Der UN-Sicherheitsrat

Der Sicherheitsrat ist das Macht- und Entscheidungszentrum der UNO. China, Frankreich, Großbritannien, Russland und die USA sind ständige Mitglieder. Beschlüsse zu politischen Sachfragen sind nur dann möglich, wenn alle fünf ständigen Mitglieder im Konsens abstimmen. Diese Regelung wird auch **Vetorecht** genannt. Enthaltungen sind jedoch möglich.

Die beiden Privilegien

- Festlegung der fünf ständigen Mitglieder
- Vetorecht jedes ständigen Mitglieds

werden als „**Jalta-Formel**" bezeichnet.

> **Artikel 27, Abs. 3**
>
> (3) Beschlüsse des Sicherheitsrates ... bedürfen der Zustimmung von neun Mitgliedern einschließlich sämtlicher ständigen Mitglieder, jedoch mit der Maßgabe, dass sich ... die Streitparteien der Stimme enthalten. ...

Vetorecht:
Hier: Stimmt eines der fünf ständigen Mitglieder gegen einen Beschluss, so kommt dieser nicht zustande.

Jalta-Formel:
Diese Beschlüsse wurden bereits auf der Konferenz von Jalta (4.–11. Februar 1945) zwischen Stalin, Roosevelt und Churchill gefasst. In der UN-Charta sind sie in Artikel 27, Abs. 3 verankert.

Durch diesen Abstimmungsmodus bedingt, hat jedes ständige Mitglied die Möglichkeit, Beschlüsse zu blockieren, die gegen seine Interessen sind. Zur Zeit des Ost-West Gegensatzes wurden mehr als 200 Vetos eingelegt. Die UNO hat sich dadurch häufig ins politische Abseits manövriert.

Weitere zehn, nicht ständige Mitglieder des Sicherheitsrates, werden von der Generalversammlung für jeweils zwei Jahre gewählt. Diese Mitglieder haben kein Vetorecht.

Die Beschlüsse des Sicherheitsrates sind völkerrechtlich bindend. Durch das Veto eines ständigen Mitgliedes kann die Behandlung bestimmter Themen verhindert werden oder Beschlüsse, sogenannte UN-Resolutionen, kommen nicht zustande.

Der UN-Sicherheitsrat

193 Staaten sind in den **Vereinten Nationen (UN)** zusammengeschlossen. Ihre wichtigsten Ziele sind die Wahrung des Weltfriedens und internationale Sicherheit. Zur Verfolgung der Ziele kann der **UN-Sicherheitsrat** bindende **Beschlüsse** fassen.

Mitglieder 2018:

China   Frankreich   Großbritannien   Russland   USA

Äquatorialguinea
Äthiopien
Elfenbeinküste
Kasachstan
Kuwait

*Ein **Beschluss** gilt als gefasst, wenn 9 der 15 Mitglieder zustimmen UND kein ständiges Mitglied ein Veto einlegt.*

Bolivien
Peru
Niederlande
Schweden
Polen

Quelle: UN   Stand 2018   © Globus 12297

MITGLIEDER INSGESAMT 15
davon
5 ständige ——
10 wechselnde ·······
jeweils von der UN-Generalversammlung für 2 Jahre gewählt

davon aus:
Afrika ●●●
Asien ●●
Lateinamerika und Karibik ●●
Westeuropa, Nordamerika u.a. ◐◐
Osteuropa ●

1. Ist das Vetorecht der fünf ständigen Mitglieder im UN-Sicherheitsrat geeignet, Kriege zu verhindern? Nehmen Sie Stellung.
2. Suchen Sie aktuelle Beispiele für einvernehmliche Entscheidungen und für „Blockaden" durch einzelne Mitglieder.
3. Halten Sie die Begrenzung des Sicherheitsrates auf fünf ständige Mitglieder noch für zeitgemäß? Begründen Sie.

UN Friedensmissionen

Seit den 1950er-Jahren gibt es die so genannten „Blauhelme". Die Soldaten der UNO werden so genannt, weil sie blaue Helme tragen. Auf den Seiten der Helme steht in Großbuchstaben UN („United Nations"). Die

Modul 9

UN-Blauhelmsoldat

Die UNO überwacht die Wahlen in Kabul, Afghanistan.

© dpa

Sanktion:
Straf- oder Zwangsmaßnahme

UNO besitzt allerdings keine eigenen Streitkräfte, diese werden von den Mitgliedsstaaten zur Verfügung gestellt.

Die „Blauhelme" sind zur strikten Neutralität verpflichtet und werden zur Überwachung von Friedensverträgen bzw. Waffenstillstandsabkommen eingesetzt.

Eigentlich sollten die Blauhelme als Militärbeobachter – nur zur Selbstverteidigung leicht bewaffnet – zwischen Konfliktparteien stehen. Weil die Einsätze immer gefährlicher wurden, musste die UNO ihre reine Beobachterfunktion aufgeben. Sie übernahm fortan weitere Aufgaben:

- Entwaffnung der Konfliktparteien
- Minenräumung
- Polizeidienst
- Überwachung zur Einhaltung der Menschenrechte
- Überwachung von Wahlen
- Aufbau von Verwaltungen

Neben diesen reinen UN-Missionen gibt es auch Einsätze, die zwar auf einem Mandat (= offizieller Auftrag) der UNO beruhen, aber von einer anderen Organisation geleitet werden. So wird seit Ende 2003 die ISAF-Mission in Afghanistan von der NATO geführt.

PRESSESCHAU

Die Vereinten Nationen unterscheiden ihre Friedensmaßnahmen nach der Zielsetzung:

Friedensschaffende Maßnahmen (peace making)
sind diplomatische Maßnahmen zur friedlichen Lösung eines Konflikts. Neben Vermittlung und Schlichtung können sie auch diplomatische Isolationsmaßnahmen und **Sanktionen** wie Kontosperrungen und Reiseverbote umfassen.

Friedenserhaltende Maßnahmen (peace keeping)
sind Aktivitäten zur Eindämmung, Entschärfung und/oder Beendigung von Feindseligkeiten zwischen Staaten oder in Staaten ... Militärische Streitkräfte und zivile Organisationen können die politische Streitbeilegung ergänzen ... Friedenserhaltende Maßnahmen beinhalten die Stationierung einer Friedenstruppe im Krisengebiet. Die Zustimmung der Konfliktparteien ist nicht erforderlich.

Friedenskonsolidierende Maßnahmen (peace building)
sind Maßnahmen zur Bestimmung und Förderung von Strukturen, die geeignet sind, den Frieden zu festigen ..., um das Wiederaufleben eines Konflikts zu verhindern. Diese können sowohl militärisches als auch ziviles Eingreifen erfordern.

Friedenserzwingende Maßnahmen (peace enforcing)
sind Maßnahmen zur Wiederherstellung des Friedens in Konfliktgebieten unter Einsatz militärischer Mittel. Die Zustimmung der Konfliktparteien ist nicht erforderlich.

(vgl. Frieden und Sicherheit, 2003, S. 24)

Blauhelme im Einsatz: UN-Missionen weltweit

1 Nahost
UNTSO: Überwachung des Waffenstillstands
Mitarbeiter: **365**
Budget: **69** Mio. US-Dollar
Einsatz seit: **Mai 1948**

2 Indien u. Pakistan
UNMOGIP:
Militärbeobachtergruppe
Mitarbeiter: **114**
Budget: **21** Mio. Dollar
Einsatz seit: **Jan. 1949**

3 Zypern
UNFICYP:
Friedenstruppe
Mitarbeiter: **1105**
Budget: **55** Mio. Dollar
Einsatz seit: **März 1964**

4 Syrien
UNDOF: Beobachtertruppe für Truppenentflechtung
Mitarbeiter: **1120**
Budget: **58** Mio. Dollar
Einsatz seit: **Juni 1974**

5 Libanon
UNIFIL:
Interimstruppe
Mitarbeiter: **11 352**
Budget: **483** Mio. Dollar
Einsatz seit: **März 1978**

6 Westsahara
MINURSO:
Mission für das Referendum
Mitarbeiter: **483**
Budget: **53** Mio. Dollar
Einsatz seit: **April 1991**

7 Kosovo
UNMIK: Mission zur Übergangsverwaltung
Mitarbeiter: **350**
Budget: **38** Mio. Dollar
Einsatz seit: **Juni 1999**

8 Liberia
UNMIL:
Friedensmission
Mitarbeiter: **1580**
Budget: **110** Mio. Dollar
Einsatz seit: **Sept. 2003**

9 Darfur
UNAMID: Hybridmission mit Afrikanischer Union
Mitarbeiter: **17 131**
Budget: **911** Mio. Dollar
Einsatz seit: **Juli 2007**

10 Dem. Rep. Kongo
MONUSCO:
Stabilisierungsmission
Mitarbeiter: **20 946**
Budget: **1142** Mio. Dollar
Einsatz seit: **Juli 2010**

11 Abyei
UNISFA:
Interims-Sicherheitstruppe
Mitarbeiter: **4791**
Budget: **267** Mio. Dollar
Einsatz seit: **Juni 2011**

12 Südsudan
UNMISS:
Friedensmission
Mitarbeiter: **17 154**
Budget: **1071** Mio. Dollar
Einsatz seit: **Juli 2011**

13 Mali
MINUSMA:
Stabilisierungsmission
Mitarbeiter: **14 938**
Budget: **1048** Mio. Dollar
Einsatz seit: **März 2013**

14 Zentralafrikan. Rep.
MINUSCA:
Stabilisierungsmission
Mitarbeiter: **14 036**
Budget: **883** Mio. Dollar
Einsatz seit: **April 2014**

15 Haiti
MINUJUSTH:
Stabilisierungsmission
Mitarbeiter: **1241**
Budget: **25** Mio. Dollar
Einsatz seit: **Oktober 2017**

dpa•27716   Budget jeweils 1. Juli 2017 bis 30. Juni 2018, UNTSO und UNMOGIP 1. Juli 2016 bis 30. Juni 2017   Stand Nov. 2017   Quelle: UN

UN-Missionen weltweit

Rückschläge der Friedensmissionen waren unter anderem der blutige Einsatz in Somalia 1993. Auch bei dem Massaker an 8000 bosnischen Muslimen in Srebenica waren die Soldaten der UNO zur Tatenlosigkeit gezwungen. Die aktuelle UN-Mission in Syrien kann bislang den Frieden nicht sichern. Trotz dieser Rückschläge sind die Blauhelmmissionen oft die einzigen stabilisierenden Faktoren in ansonsten gewalttätigen Auseinandersetzungen.

Deutschland beteiligt sich an diesem Prozess der weltweiten Friedenssicherung aktiv durch finanzielle Beiträge an die UNO, durch Entsendung von Militärbeobachter oder Sanitätern und durch militärische Beteiligung an UN geführten Missionen.

Der Sicherheitsrat genehmigte nach dem Überfall des Irak auf Kuwait 1990 zum ersten Mal die Anwendung von militärischer Gewalt gegen einen Friedensbrecher.

Die terroristischen Anschläge des 11. September 2001 auf das World Trade Center in New York führten zur Resolution 1368 des UN Sicherheitsrats, die das Selbstverteidigungsrecht von Staaten bestätigt, auch wenn es sich um nichtstaatliche Angreifer handelt. Das war die Grundlage des NATO Einsatzes gegen das **Regime** der Taliban in Afghanistan.

Regime:
Herrschaft

Das friedenssichernde System der UNO funktioniert allerdings nur so lange, wie alle Staaten die Regeln akzeptieren und einhalten. Im Jahr 2002 beschuldigte die USA den Irak schwerwiegender Verstöße gegen Auflagen der UNO. Die Ausführungen des US-amerikanischen Außenministers Colin Powell überzeugten den UN-Sicherheitsrat aber nicht von der Notwendigkeit eines Kriegseinsatzes. Dennoch griffen die USA im März 2003 mit ihren Verbündeten den Irak an.

1. Welches Problem spricht die Karikatur an?
2. Was sind „Kollateralschäden"? (Internet-Recherche)

Organisationen und Programme der UNO

Neben der direkten Konfliktreglung widmet sich die UNO weiteren wichtigen Aufgaben. Hierzu hat sie Organisationen und Programme eingerichtet.

Das Sekretariat mit dem Generalsekretär als höchsten Verwaltungsbeamten erstattet der Generalversammlung jährlich Bericht über die Tätigkeiten der UN. Antonio Guterres wurde 2016 zum Generalsekretär gewählt. Er kann die Aufmerksamkeit des Sicherheitsrates auf Angelegenheiten lenken, die seiner Meinung nach die internationale Sicherheit gefährden. Der Generalsekretär ist verantwortlich für die friedenserhaltenden Aktionen der UN-Blauhelme.

UN-Generalsekretär Antonio Guterres

Modul 9

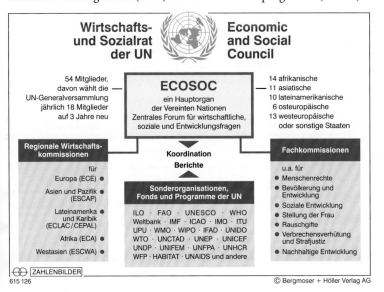

Wirtschafts- und Sozialrat (ECOSOC)

Der Wirtschafts- und Sozialrat (ECOSOC) besteht aus 54 Mitgliedern, von denen jährlich 18 von der Generalversammlung auf drei Jahre neu gewählt werden. Er hält die Verbindung zu vielen Sonderorganisationen der UN, wie der Weltbank, der Weltgesundheitsorganisation (WHO), der Internationalen Atomenergieorganisation (IAEO), der UN Organisation für Erziehung, Wissenschaft und Kultur (UNESCO), dem Internationalen Währungsfonds (IWF) oder dem Umweltprogramm (UNEP).

Modul 9

Internationaler Gerichtshof in Den Haag

Internationaler Gerichtshof

Der Internationale Gerichtshof mit Sitz in Den Haag, als Hauptrechtsprechungsorgan der UN, besteht aus 15 unabhängigen Richtern unterschiedlicher Nationalität. Er entscheidet bei Rechtsstreitigkeiten zwischen Staaten, sofern alle beteiligten Parteien seine Zuständigkeit in dem konkreten Fall anerkannt haben. Die Entscheidungen sind rechtsverbindlich. Die Richter werden von der Generalversammlung und vom Sicherheitsrat gemeinsam auf je neun Jahre gewählt und sind nicht ihrem Herkunftsland, sondern dem Völkerrecht verpflichtet.

Internationaler Strafgerichtshof

Für Verbrechen einzelner Personen gegen das Völkerrecht (Völkermord, Verbrechen gegen die Menschlichkeit und Kriegsverbrechen) ist der internationale Strafgerichtshof zuständig, der auch in Den Haag ansässig ist. Er wurde 1998 durch einen internationalen Vertrag („Rom Statut") gegründet. Bislang haben 120 Staaten den Vertrag **ratifiziert**. 19 weitere Staaten unterzeichneten den Vertrag, ratifizierten ihn aber nicht, so unter anderem die USA (Unterzeichnung zurückgezogen), Russland, Indien, Pakistan, Iran und Israel.

Ratifizieren:
Völkerrechtlich verbindlich machen

 Suchen Sie nach Gründen, warum viele Staaten das Rom Statut nicht ratifiziert haben.

Internationale Strafgerichtshöfe (umgangssprachlich UN-Kriegsverbrechertribunal) werden auf Beschluss des UN-Sicherheitsrates geschaffen. Ihre Aufgabe ist die Verfolgung der Kriegsverbrechen, wie im früheren Jugoslawien oder Verbrechen gegen das Völkerstrafrecht in Ruanda.

Zusammenfassung

Momentan sind 193 Staaten Mitglieder der UNO. Deutschland ist der UNO 1973 beigetreten.

Artikel 2 Abs. 4 der Charta der Vereinten Nationen schreibt das „Allgemeine Gewaltverbot" vor.

Der Sicherheitsrat ist das Macht- und Entscheidungszentrum der UNO. China, Frankreich, Großbritannien, Russland und die USA sind ständige Mitglieder. Diese haben mit ihrem Vetorecht die Möglichkeit, Beschlüsse zu blockieren, die gegen ihre Interessen sind.

Die „Blauhelme" sind zur strikten Neutralität verpflichtet und werden zur Überwachung von Friedensverträgen bzw. Waffenstillstandsabkommen eingesetzt.

Der Internationale Gerichtshof entscheidet bei Rechtsstreitigkeiten zwischen Staaten. Für Verbrechen einzelner Personen gegen das Völkerrecht ist der internationale Strafgerichtshof zuständig.

Anhörung des Serben Karadzic vor dem UN Tribunal

Modul 9

Wissens-Check

1. Nenne Ziele und Grundsätze der UNO.

2. Wie setzt sich der UN-Sicherheitsrat zusammen? Was versteht man unter der „Jalta-Formel"?

3. Welche Aufgaben übernehmen die „Blauhelme" bei UN-Friedenseinsätzen?

4. Nennen Sie konkrete Beispiele für friedensschaffende Maßnahmen, friedenserhaltende, friedenskonsolidierende und friedenserzwingende Maßnahmen der UNO.

3.3 Die NATO (North Atlantic Treaty Organization)

Am 4. April 1949 wurde die NATO in Washington gegründet. Zehn westeuropäische Staaten (Großbritannien, Frankreich, die **Benelux-Staaten**, Dänemark, Norwegen, Island, Portugal, Italien), die USA und Kanada schlossen sich zu dem Verteidigungsbündnis zusammen. 1952 traten Griechenland und die Türkei bei, 1955 die Bundesrepublik Deutschland und 1982 Spanien.

Der Hauptgrund für die Gründung der NATO war es, ein militärisches Verteidigungsbündnis gegen die kommunistische Sowjetunion und die von ihr beherrschten osteuropäischen Staaten aufzubauen. Die Kriegsverhütung durch Abschreckung mit **konventionellen** und atomaren Waffen stellte das oberste Ziel der NATO dar.

Der NATO stand der „Warschauer Pakt", das Militärbündnis Osteuropas, gegenüber. Er wurde 1955 in Warschau gegründet. Neben der Sowjetunion waren Polen, Rumänien, Bulgarien, Albanien, Ungarn, die Tschechoslowakei und die DDR Gründungsmitglieder. Nach dem Zusammenbruch der Sowjetunion im Jahre 1989 löste sich der Warschauer Pakt auf.

Mit dem Anschlag vom 11. September 2001 in New York setzte das Militärbündnis erstmals in seiner Geschichte den Bündnisfall in Kraft. Die USA baten die NATO-Staaten um Hilfe im Kampf gegen den Terrorismus.

Benelux-Staaten:
Belgien, Niederlande, Luxemburg

© dpa

Die Bundesrepublik Deutschland ist seit 1955 NATO-Mitglied

Konventionelle Waffen:
Alle nicht atomare, biologische oder chemische Waffen

Präambel:
Erklärung als Einleitung eines Staatsvertrages oder einer Verfassungsurkunde

Der NATO-Vertrag

Präambel

Die vertragsschließenden Parteien bestätigen ihren Glauben an die Ziele der Charta der Vereinten Nationen und ihren Wunsch, mit allen Völkern und mit allen Regierungen in Frieden zu leben. ...

Sie sind bestrebt, die Stabilität und Wohlfahrt im nordatlantischen Gebiet zu fördern. ...

Artikel 5

Die vertragsschließenden Staaten sind darüber einig, dass ein bewaffneter Angriff gegen einen oder mehrere von ihnen in Europa oder Nordamerika als ein Angriff gegen sie alle betrachtet wird und infolge dessen kommen sie überein, dass im Falle eines solchen bewaffneten Angriffs jeder von ihnen in Ausübung des in Artikel 51 der Charta der Vereinten Nationen anerkannten Rechtes zur persönlichen oder gemeinsamen Selbstverteidigung ... die Vertragsstaaten ... unterstützen wird ...

Auszug aus dem NATO-Vertrag vom 4. April 1949

Welche Voraussetzungen müssen erfüllt sein, damit der Verteidigungsfall ausgelöst wird?

Aufbau der NATO

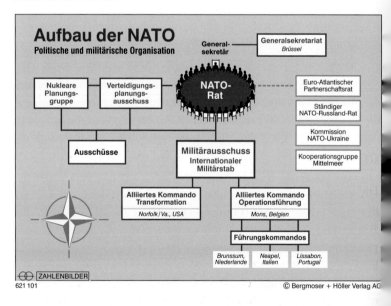

Die NATO – Kommandostruktur ist seit der NATO-Gründung immer wieder verändert worden. Auf der politischen Ebene gibt es den NATO-Rat in Brüssel, der sich mit allen Bereichen der Bündnispolitik beschäftigt, ausgenommen der Verteidigungs- und Nuklearplanung. Das oberste militärische Gremium ist der NATO-Militärausschuss.

ebenfalls in Brüssel. Ihm sind strategische und operative Führungs-
kommandos nachgeordnet.

Die NATO heute

Das Ende des Ost-West Konfliktes stellte die NATO vor neue Herausforderungen. Ihr Hauptgegner war nicht mehr vorhanden. Seitdem
entwickelte sie ihr strategisches Konzept weiter. So wurde mit dem
1997 gegründeten „Euro-atlantischen Partnerschaftsrat" die sicherheitspolitische Zusammenarbeit zwischen Russland sowie weiterer
mittel- und osteuropäischen Staaten vereinbart. Viele der ehemaligen
Ostblockstaaten sind mittlerweile der NATO beigetreten.

Mitgliedsstaaten der NATO

Die im NATO-Vertrag formulierten Ziele haben sich bis heute nicht
geändert. Allerdings wurden die Aufgaben der NATO an die veränderten sicherheitspolitischen Gegebenheiten angepasst.

Die wichtigste Änderung ist, dass zur Friedenssicherung und Krisenbewältigung auch militärische Operationen außerhalb des NATO-
Gebietes zur vorbeugenden Gefahrenabwehr möglich ist (sog. „Out-
of-Area-Einsätze"). Wenn die NATO in internationalen Konflikten
eingreift, bei denen kein Mitgliedstaat unmittelbar als Konfliktpartei
beteiligt ist, spricht man oft auch von „Out-of-Defence-Einsätzen". Da
dies kein Verteidigungsfall darstellt, ist die Teilnahme freiwillig. Die
NATO behält sich das Recht vor, auch ohne Mandat der Vereinten Nationen (UN) in Krisengebieten zu intervenieren (z. B. Kosovo 1999).

*Luftangriffe der NATO unterstützten
in Lybien 2011 die Kämpfe der Rebellen
gegen den Diktator Muammar
al-Gaddafi. Deutschland beteiligte
sich nicht an diesen Einsätzen.*

Modul 9

Die NATO von morgen?

Leere Kassen zwingen auch die NATO zum Sparen. Die Staats- und Regierungschefs der NATO-Staaten beschlossen im Mai 2012 daher unter dem Begriff „Smart defence" eine Bündelung der Fähigkeiten und eine Spezialisierung einzelner Staaten. Nicht jeder NATO-Staat muss alles können. So hat zum Beipiel Lettland keine eigenen Abfangjäger mehr, sondern wird abwechselnd von der Luftwaffe größerer Mitgliedsstaaten wie Deutschland geschützt. Im Gegenzug stellt die lettische Armee Sprengstoffspezialisten zur Verfügung.

Für die Zukunft sieht die NATO weiterhin eine intensive Zusammenarbeit mit Russland vor.

Cyber-Angriffe:
Angriffe auf und über die elektronische Infrastruktur für Kommunikation

Darüber hinaus bringen Themen wie **„Cyber-Angriffe"** und die bis 2020 geplante Errichtung eines Raketenschildes zum Schutz Europas gegen feindliche Raketenangriffe neue Herausforderungen.

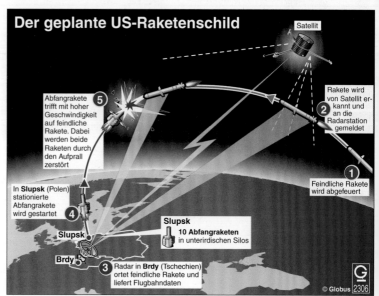

3.4 Europäische Verteidigungs- und Friedenspolitik: die OSZE

Die UNO strebt an, weltweit Konflikte zu verhüten. Dies versucht die OSZE auf europäischer Ebene zu verwirklichen.

Der Vorläufer der OSZE war die KSZE (Konferenz für Sicherheit und Zusammenarbeit in Europa). Sie wurde von 35 Staaten 1975 in Helsinki gegründet, um zwischen dem Ost- und Westblock zu Zeiten des kalten Krieges zu einem geregelten Miteinander zu kommen. Deutschland war von Anfang an Mitglied. 1994 wurde die KSZE in die Organisation für Sicherheit und Zusammenarbeit in Europa (OSZE) umgewandelt.

Die mittlerweile 57 Staaten der OSZE wollen ein System kollektiver Sicherheit entwickeln. Es sollen Kriege verhindert und Streit zwischen Staaten mit friedlichen Mitteln beseitigt werden.

Seit dem Ende des Ost-West-Konflikts ist ein großer Krieg in Europa unwahrscheinlich geworden. Umso mehr treten regionale Krisen und Konflikte in den Vordergrund.

Aufbau der OSZE

Die OSZE trifft ihre Entscheidungen nach dem **Konsensprinzip**.

Sie ist die einzige sicherheitspolitische Organisation, in der alle europäischen Länder und die USA und Kanada gleichberechtigt vertreten sind. Deshalb spricht man in Bezug auf die OSZE von „kooperativer Sicherheitspolitik". Weil die Übereinstimmung von 57 Staaten selten zu erreichen ist, hat die OSZE den Ruf, eine schwache Sicherheitsorganisation zu sein.

Die OSZE hat nicht das Recht, anderen Organisationen oder Staaten den Einsatz von Waffen zu erlauben. Dieses Recht bleibt dem Sicherheitsrat der Vereinten Nationen (UN) vorbehalten.

Aktivitäten der OSZE sind:

- Wahlbeobachtung, die die Durchführung der Wahl nach demokratischen Grundsätzen überwacht

- Beratung und Unterstützung

- Finanzielle Hilfe und politische Beratung wird beim Aufbau demokratischer Institutionen in Weißrussland gewährt. 1999 errichtete die OSZE im Kosovo eine Polizeischule.

- Konfliktverhütung

Konsensprinzip:
Bei Entscheidungen ist die Zustimmung aller Teilnehmer erforderlich

© dpa

Polizeischule im Kosovo

Modul 9

Durch Vermittlung sollen die Konfliktparteien von kriegerischen Handlungen abgehalten werden. Nach Konflikten soll ein gewaltfreies Zusammenleben gesichert werden.

1. Warum ist die OSZE aus Ihrer Sicht eine wirkungsvolle/wirkungslose Organisation?
2. Welche Gründe sprechen dafür/dagegen, die OSZE-Missionen mit Waffeneinsatz zu stützen?

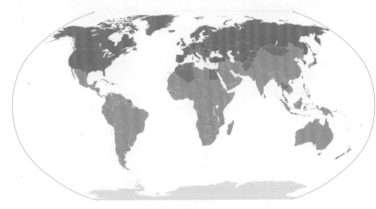

Die OSZE: Mitglieder (grün) und Partner (orange)

3.5 Die Friedensbemühungen der Europäischen Union

Die globalen Herausforderungen betreffen auch die Europäische Union und haben Konsequenzen für deren Weiterentwicklung. Die EU hat daher mit der „Europäischen Sicherheitsstrategie" (ESS) ein Konzept entwickelt, die die wichtigsten Bedrohungen beschreibt.

Deutsch-Französische Brigade als Teil der EU-battlegroups

© dpa

Schon 2003 wurden der Terrorismus, die Verbreitung von Massenvernichtungswaffen, regionale Konflikte, gescheiterte Staaten sowie die organisierte Kriminalität als Hauptbedrohungen erkannt. Bei der Überarbeitung dieser Strategie wurden 2008 noch die Sicherheit im Internet, die Sicherheit der Energieversorgung als weitere Bedrohungen hinzugefügt. Der Klimawandel wird als ein „Bedrohungsmultiplikator" angesehen. Aus ihm erwachsen verschärft weitere Konflikte.

Die globale Verstrickung der Probleme führt dazu, dass Entscheidungen nicht mehr nur auf die aktuelle Situation bezogen getroffen werden dürfen. Es muss auch der größere Zusammenhang bis hin zu globalen Konsequenzen berücksichtigt werden, der durch die entsprechenden Entscheidungen mit beeinflusst wird. Zum Beispiel wirkt sich Agrarpolitik mit etwaiger Abschottung der Märkte gegenüber Drittländern nicht nur in der EU aus, sondern hat auch negative Auswirkungen im Bereich der Entwicklungspolitik und Armutsbekämpfung.

Modul 9

Der Vertrag von Lissabon bietet den Rahmen für eine bessere Koordinierung und gemeinsame Beschlussfassung im Bereich der „Gemeinsamen Sicherheits- und Verteidigungspolitik" (GSVP).

Militärische Möglichkeiten der EU

Die EU verfügt, ebenso wie die NATO, nicht über eigene Soldaten oder gar eine europäische Armee. Stattdessen greift die EU auf die Streitkräfte der Mitgliedstaaten zurück. Die Beteiligung deutscher Soldaten muss laut Grundgesetz durch einen Beschluss des Bundestages genehmigt werden.

Bereits 1993 wurde das Eurokorps gegründet, ein multinationaler Truppenverband mehrerer EU-Länder (Deutschland, Frankreich, Belgien Spanien, Luxemburg, Polen). Das Eurokorps stellt für EU- und NATO-Einsätze Soldaten zur Verfügung.

2003 wurde die EUFOR (Einsatzkräfte der Europäischen Union) mit dem Ziel friedensunterstützender Maßnahmen ins Leben gerufen. In ihr arbeiten Truppen aus EU-Mitgliedsstaaten sowie Nichtmitgliedsstaaten zeitlich befristet zusammen.

© dpa

EUFOR Zeichen am Ärmel eines Bundeswehrsoldanten in der Demokratischen Republik Kongo 2006

Ergänzend beschloss 2004 der Europäische Rat, schnell verlegbare Gefechtsverbände (EU-Battlegroups) aufzustellen. Diese Kampftruppen haben eine Größenordnung von jeweils 1.500 Soldaten. Sie können von einem Land oder einer Gruppe von Ländern aufgestellt werden. Diese hochflexiblen Einheiten können nach einem einstimmigen Ministerratsbeschluss und auf Grundlage eines UN-Votums innerhalb von 10 Tagen einsatzbereit und nach weiteren 5 Tagen im entsprechenden Zielgebiet sein. Seit 2007 stehen jeweils zwei dieser meist multinationalen Verbände für jeweils 6 Monate einsatzbereit zur Verfügung. Die Battlegroups sollen die Fähigkeit der EU verbessern, nach einer entsprechenden politischen Entscheidung auch schnell militärisch auf Krisen und Konflikte reagieren zu können. Die Einsatzmöglichkeiten der EU-Battlegroups reichen von humanitären und friedenserhaltenden Einsätzen über Evakuierungs- und Stabilisierungsoperationen hin bis zu Kampfeinsätzen zur Friedenssicherung.

„Wir müssen einer gemeinsamen europäischen Armee näher kommen. Die EU-Kommission wird handlungsfähiger werden, und zwar mit klar geregelten Zuständigkeiten."

Bundeskanzlerin Angela Merkel 2007 zur BILD-Zeitung

Das langfristige Ziel ist der Aufbau einer europäischen Armee unter voller parlamentarischer Kontrolle. ... Wir wollen ein starkes europäisches Krisenmanagement. Dies soll andere Sicherheitsstrukturen nicht ersetzen. Mehr Europa richtet sich gegen niemanden. Vor Europa muss sich niemand fürchten, aber auf Europa soll sich jeder verlassen können.

Ehemaliger Außenminister Guido Westerwelle 2010 auf der Münchner Sicherheitskonferenz

1. Welche Vorteile und welche Nachteile sehen Sie in der Schaffung von EU-Eingreiftruppen?
2. Sollte die EU eine eigene Armee haben?
3. Recherchieren Sie im Internet, welche Meinung die Bundesregierung zur Schaffung europäischer Militäreinheiten hat.

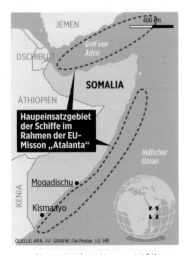

Piratenjagd am Horn von Afrika

Somalische Piraten

Die „Berlin" im Einsatz vor Somalia

Einsätze der Europäischen Union

Die Europäische Union sorgt im Rahmen ihrer Gemeinsamen Außen- und Sicherheitspolitik schon seit fast zehn Jahren für mehr Stabilität in den Krisengebieten der Welt. Deutschland beteiligt sich seit Beginn an den militärischen Einsätzen der europäischen Union.

Auf dem Balkan sicherte die EU 2003 den Frieden in Mazedonien. Bis heute übernimmt sie militärische Aufgaben zur Umsetzung und Überwachung des Friedensvertrages in Bosnien und Herzegowina. Die Operation EULEX unterstützt das Kosovo mit der Entsendung von Polizisten, Richter oder Zollbeamten aktiv beim Aufbau rechtsstaatlicher Institutionen.

Auch in Afrika ist die Europäische Union mit zahlreichen Militärbeobachtern aktiv. Diese sollen darauf achten, dass bereits bestehende Friedensabkommen eingehalten werden. In der Demokratischen Republik Kongo kamen bereits zweimal Europäische Streitkräfte zum Einsatz. Im Tschad sorgte die EU mit fast 4 000 Soldaten für eine deutliche Verbesserung der Sicherheitslage.

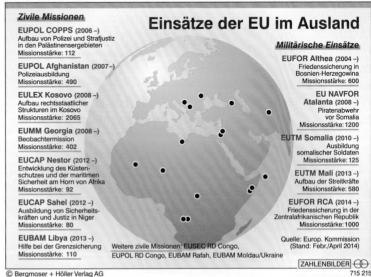

Der derzeit größte Einsatz der EU findet unter dem Namen „Atalanta" vor der Küste Somalias statt. Ziel der Mission ist der Schutz von humanitären Hilfslieferungen des Welternährungsprogramms (WFP)

nach Somalia, der Schutz der Handelsschiffe und die Bekämpfung der Piraterie am Horn von Afrika. Fünf bis zehn Kriegsschiffe überwachen dabei ein Gebiet, das etwa eineinhalb Mal so groß ist wie Europa. Deutschland beteiligt sich mit dem größten Schiff der Marine, der „Berlin" daran. Selbst Luftangriffe mit Hubschraubern gegen Piratenverstecke an Land sind seit 2012 begrenzt möglich. Bodeneinsätze der Bundeswehr sind jedoch nur im Notfall erlaubt, wenn zum Beispiel bei einem Hubschrauberabsturz die Besatzung gerettet werden muss.

Zusammenfassung

Die NATO ist ein Verteidigungsbündnis, das 1949 gegründet wurde. Seit Ende des Ost-West-Konfliktes sind viele ehemalige Ostblockstaaten der NATO beigetreten. Heute hat die NATO 27 Mitgliedsstaaten. Zudem hat die NATO weltweit Partnerschaften, zum Beispiel mit Russland.

Zur Friedenssicherung und Krisenbewältigung kann die NATO auch militärische Operationen außerhalb des NATO-Gebietes zur vorbeugenden Gefahrenabwehr durchführen („Out-of-Area-Einsätze"). Bei Einsätzen in internationalen Konflikten, bei denen kein Verteidigungsfall vorliegt, ist die Teilnahme der Mitgliedsstaaten freiwillig.

Die OSZE versucht auf europäischer Ebene den Frieden zu bewahren und Konflikte zu verhüten. Alle 57 Mitgliedsstatten der OSZE müssen einstimmig entscheiden. Dies erschwert ihre Arbeit.

Auch die Europäische Union hat ein eigenes Sicherheits- und Verteidigungskonzept entwickelt. 2003 wurde die EUFOR (Einsatzkräfte der Europäischen Union) mit dem Ziel friedensunterstützender Maßnahmen ins Leben gerufen. EU-Battlegroups sollen die Fähigkeit der EU verbessern, nach einer entsprechenden politischen Entscheidung auch schnell militärisch auf Krisen und Konflikte reagieren zu können.

Die Europäische Union sorgt somit auch mit militärischen Mitteln für mehr Stabilität in den Krisengebieten der Welt. Deutschland beteiligt sich seit Beginn an den Einsätzen.

Wissens-Check

1. Nennen Sie Gründe, die zur Entstehung der NATO führten.
2. Seit wann ist Deutschland Mitglied der NATO?
3. Gab es bereits Verteidigungsfälle, bei denen das Bündnis in Kraft gesetzt wurde? Wenn ja, welche?
4. Erklären Sie das Konzept von „Out of Area"-Einsätzen.
5. Stellen Sie die Aufgaben der OSZE dar.
6. Skizzieren Sie das Sicherheits- und Verteidigungskonzept der Europäischen Union.
7. Beschreiben Sie die militärischen Möglichkeiten, die der EU zur Verfügung stehen.

3.6　Die neue Rolle der Bundeswehr

Art. 73 GG
(1) Der Bund hat die ausschließliche Gesetzgebung über:
1. die auswärtigen Angelegenheiten sowie die Verteidigung einschließlich des Schutzes der Zivilbevölkerung; ...

Deutschland ist in internationale Bündnissysteme eingebunden. Der militärische Bereich der deutschen Friedenssicherung wird durch die Bundeswehr übernommen. Sie besteht aus dem Heer (Landstreitkräfte), der Marine (Seestreitkräfte) und der Luftwaffe. Im Frieden untersteht sie dem Verteidigungsminister, im Kriegsfall dem Bundeskanzler.

Entstehung der Bundeswehr

Das Eiserne Kreuz als Hoheitszeichen der Bundeswehr

Bereits seit der Gründung der Bundesrepublik Deutschland 1949 wurde die Frage nach einem eigenem Militär heftig diskutiert. Unter dem Eindruck des kalten Krieges wurde 1954 mit Zweidrittelmehrheit des Bundestags die Grundlage zur Schaffung der Bundeswehr gelegt. Am 9. Mai 1955, also fast genau 10 Jahre nach dem Zusammenbruch des Dritten Reiches, wird die Bundesrepublik Deutschland in das Nordatlantische Verteidigungsbündnis (NATO) aufgenommen. Am 12. November 1955 traten die ersten 101 Soldaten der neuen Bundeswehr ihren Dienst an.

Das 1956 verabschiedete Wehrpflichtgesetz schreibt für alle Männer zwischen dem 18. und 45. Lebensjahr die allgemeine Wehrpflicht vor (Art. 12a GG).

Zum einen konnte nur durch eine allgemeine Wehrpflicht die angestrebte Truppenstärke von einer halben Million aktiver Soldaten (plus 700.000 Reservisten) erreicht werden.

Daneben soll die Armee stärker mit der deutschen Gesellschaft verbunden werden. Die Bundeswehrsoldaten sollen „Staatsbürger in Uniform" sein. Bis 2011 leisteten mehr als acht Millionen Deutsche den Grundwehrdienst ab.

> **Artikel 12a GG**
>
> (1) Männer können vom vollendeten achtzehnten Lebensjahr an zum Dienst in den Streitkräften, im Bundesgrenzschutz oder in einem Zivilschutzverband verpflichtet werden.
>
> (2) Wer aus Gewissensgründen den Kriegsdienst mit der Waffe verweigert, kann zu einem Ersatzdienst verpflichtet werden. Die Dauer des Ersatzdienstes darf die Dauer des Wehrdienstes nicht übersteigen. Das Nähere regelt ein Gesetz, das die Freiheit der Gewissensentscheidung nicht beeinträchtigen darf und auch eine Möglichkeit des Ersatzdienstes vorsehen muss, die in keinem Zusammenhang mit den Verbänden der Streitkräfte und des Bundesgrenzschutzes steht.

Seit dem Ende des kalten Krieges haben sich die Anforderungen an die Bundeswehr völlig verändert.

Aussetzung der Wehrpflicht – Freiwilligenarmee

Nicht mehr die Anzahl, sondern die Ausbildung der Soldaten entscheidet über den Einsatzerfolg. Deshalb wurde die Wehrpflicht zum 01.07.2011 ausgesetzt, sie bleibt aber weiter im Grundgesetz (Art 12a GG). Die Soldaten werden immer mehr zu Krisenvermittlern, die kulturelle Kompetenz haben müssen.

Die Möglichkeiten des Einsatzes der Bundeswehr im Innern haben sich geändert. Am 17. August 2012 hat das Bundesverfassungsgericht den Beschluss gefasst, dass die Bundeswehr bei schwerwiegenden Terrorangriffen innerhalb der BRD tätig werden kann.

© Claus

Die Bundeswehr wird kleiner

Immer mehr NATO-Partnerländer haben die Wehrpflicht zugunsten einer Freiwilligenarmee abgeschafft. Erörtern Sie Vor- und Nachteile.

Hilfeleistungen der Bundeswehr

Bei Unglücksfällen und Katastrophen steht die Bundeswehr seit 1962 den Bürgern zur Seite. So helfen Soldaten bei Hochwasser-, Waldbrand- und Schneekatastrophen. Im Sommer 2013 kämpften ca. 20.000 Soldaten gegen die Flut an Elbe und Donau. Die Soldaten sicherten die Deiche mit Sandsäcken, versorgten die Bevölkerung und evakuierten Menschen. Hubschrauber und Schiffe waren gleichzeitig im Einsatz, um die Bevölkerung in Sicherheit zu bringen. In 50 Jahren Katastrophenhilfe hat die Bundeswehr mehr als 160 solcher Hilfseinsätze im In- und Ausland durchgeführt. Viele Bürger haben daher ein positives Bild der deutschen Streitkräfte.

© dpa

Die Bundeswehr im Hilfseinsatz

1. Diskutieren Sie im Partnerinterview, was Ihrer Meinung nach die wichtigsten Aufgaben der Bundeswehr sind. Nennen Sie drei Beispiele und begründen Sie diese.
2. Erörtern Sie, was für die Aussetzung der Wehrpflicht spricht.
3. Skizzieren Sie die Aktivitäten der Bundeswehr während der Flutkatastrophe in Hamburg im Jahre 1962 (Internetrecherche).

Frauen in der Bundeswehr

Das Grundgesetz sieht eine allgemeine Wehrpflicht (momentan ausgesetzt) nur für Männer vor. Frauen können zu nicht militärischem Dienst verpflichtet werden.

In einigen NATO-Staaten leisten Frauen Dienst mit der Waffe und werden zu Kampfeinsätzen herangezogen.

Soldatin der Bundeswehr

> **Art. 12a GG**
>
> (4) Kann im Verteidigungsfall der Bedarf an zivilen Dienstleistungen, im zivilen Sanitäts- und Heilwesen ... nicht auf freiwilliger Grundlage gedeckt werden, so können Frauen vom vollendeten achtzehnten bis zum vollendeten fünfundfünfzigsten Lebensjahr ... zu derartigen Diensten herangezogen werden. Sie dürfen auf keinen Fall zum Dienst mit der Waffe verpflichtet werden.

Ende Juni 1999 hat der Europäische Gerichtshof in Luxemburg darüber verhandelt, ob der Ausschluss der Frauen vom Waffendienst bei der Bundeswehr rechtmäßig ist. Einer Elektroingenieurin aus Hannover wurde das Recht zugesprochen, in der Wartung von Waffensystemen arbeiten zu dürfen.

Seit 2001 sind alle Laufbahnen der Bundeswehr für Frauen offen. Der Dienst mit der Waffe ist seitdem zulässig.

1. Diskutieren Sie, ob der „Dienst mit der Waffe" für Frauen in der Bundeswehr gerechtfertigt ist.
2. Analysieren Sie, welche Gründe für und welche gegen die Teilnahme von Frauen an Kampfeinsätzen sprechen.
3. Immer mehr NATO-Partnerländer haben die Wehrpflicht zugunsten einer Freiwilligenarmee abgeschafft. Erörtern Sie Vor- und Nachteile dieses Vorgehens.

Staatsbürger in Uniform

In der Bundesrepublik Deutschland sind die Streitkräfte in die demokratischen Strukturen der Gesellschaft integriert. Sie unterliegen der Kontrolle des Bundestages. Das Grundgesetz der Bundesrepublik Deutschland unterscheidet nicht zwischen Soldaten und zivilen Bürgern. Dies war nicht immer so. In der Weimarer Republik waren die Grundrechte der Soldaten grundsätzlich eingeschränkt, zum Beispiel hatten sie kein Wahlrecht und durften nur mit Erlaubnis des vorgesetzten Offiziers heiraten.

Auch die Art der Truppenführung ist auf dieses Miteinander von Staat, Gesellschaft und Militär ausgelegt. Das Prinzip der Inneren Führung in der Bundeswehr versucht die Funktionsbedingungen einsatzfähiger Streitkräfte mit den Regeln eines demokratischen Rechtsstaates in Einklang zu bringen. Es gilt das **Primat** der Politik: Die zuständigen politischen Institution bestimmen und kontrollieren die Aktivitäten der Bundeswehr. Der Verteidigungsminister und der Bundeskanzler (im Verteidigungsfalle) sind die einzigen Zivilisten, die den Soldaten Befehle erteilen können. Der Verteidigungsfall, also die Tatsache, dass das Bundesgebiet mit Waffengewalt angegriffen

Primat:
Vorrang

Modul 9

wird oder dieser Angriff unmittelbar bevorsteht, muss nach Art. 115a GG vom Bundestag festgestellt werden. Auch der Bundesrat muss zustimmen.

1. Weshalb kam es nach dem 2. Weltkrieg zum NATO Beitritt und zur Gründung der Bundeswehr?

2. Warum ist es erforderlich, als Staatsbürger in Uniform die freiheitlich demokratische Grundordnung aktiv anzuerkennen?

3. Überlegen Sie, in wieweit sich die Bundeswehr und ihre Grundlagen im Grundgesetz von früheren deutschen Armeen unterscheidet.

Aufgaben der Bundeswehr

Die Aufgabe der Bundeswehr ist laut Grundgesetz die Verteidigung der Bundesrepublik.

Während des kalten Krieges wurde die Bundeswehr aufgebaut, sich dem drohenden Angriff der Sowjetunion und der restlichen Mitgliedern des Warschauer Paktes entgegenzustellen. Zur Abschreckung und als Reaktion wurde das Konzept der „Flexiblen Erwiderung" (flexible response) entwickelt. Gemeinsam mit den NATO-Verbündeten sollte im Fall eines Angriffs dem Gegner mit der Härte und den Waffengattungen begegnet werden, die der Angreifer selbst gewählt hat. Das führte zu einem „Gleichgewicht des Schreckens": Ende der 1980er-Jahre standen sich ca. 100.000 Panzer, 12.000 Kampfflugzeuge und über 10 Millionen Soldaten gegenüber. Dazu kamen über 50.000 nukleare Gefechtsköpfe, die eine vielfache Übertötungskapazität (Overkill) darstellten und im Falle eines Atomkrieges auch zur völligen Vernichtung beider Seiten geführt hätte. Mit dem Ende des Ost-West-Konfliktes hat sich das Aufgabenspektrum der Bundeswehr stark verschoben. Die klassische Verteidigung der Landesgrenzen ist in den Hintergrund getreten. Heute ist das Hauptziel der Bundeswehr die internationale Krisenbewältigung. Die Bundeswehr hat als Instrument einer umfassend angelegten Sicherheits- und Verteidigungspolitik den Auftrag,

- Deutschland und seine Bürgerinnen und Bürger im In-und Ausland zu schützen,

- die außenpolitische Handlungsfähigkeit der Bundesrepublik zu sichern,

- zur Verteidigung der Verbündeten beizutragen,

- einen Beitrag zur Friedenssicherung, Stabilität und Partnerschaft im internationalen Rahmen zu leisten und

- die multinationale Zusammenarbeit und europäische Integration zu fördern.

© dpa

Bundeswehr im Einsatz

Art. 87a GG

(1) Der Bund stellt Streitkräfte zur Verteidigung auf.

...

(4) Zur Abwehr einer drohenden Gefahr für den Bestand ... des Bundes oder eines Landes kann die Bundesregierung ... Streitkräfte ... beim Schutze von zivilen Objekten und bei der Bekämpfung organisierter und militärisch bewaffneter Aufständischer einsetzen. ...

Art. 26 GG

(1) Handlungen, die geeignet sind und in der Absicht vorgenommen werden, das friedliche Zusammenleben der Völker zu stören, insbesondere die Führung eines Angriffskrieges vorzubereiten, sind verfassungswidrig. Sie sind unter Strafe zu stellen.

Vor diesem Hintergrund sind auch die Aufgaben der Bundeswehr vielseitiger geworden:

- Unterstützung aller NATO-Partner im Bündnisfall
- Internationale Konfliktvermeidung und Krisenbewältigung
- Kampf gegen den internationalen Terrorismus
- Beteiligung an militärischen Einsätzen im Rahmen der Gemeinsamen Sicherheits- und Verteidigungspolitik der EU
- Hilfe bei Naturkatastrophen und schweren Unglücksfällen
- Schutz kritischer Infrastruktur und bei innerem Notstand
- Rettung und Evakuierung im Ausland, z. B. bei Geiselnahmen
- Partnerschaft und Kooperation als Teil einer multinationalen Integration und globalen Sicherheitszusammenarbeit
- Humanitäre Hilfe im Ausland

© dpa

Bundeswehrsoldat in Afghanistan

© Dave Vaughan

1. Auf welche Probleme weist das Bild hin?
2. Beschreiben Sie die Veränderung des Bundeswehrauftrags seit ihrer Gründung.
3. Der frühere Verteidigungsminister Peter Struck sagte am 5.12.2002: „Die Sicherheit der Bundesrepublik wird auch am **Hindukusch** verteidigt". Nehmen Sie Stellung zu dieser Aussage.

Hindukusch:
Gebirge in Afghanistan

Auslandseinsätze der Bundeswehr

Seit ihrer Gründung im Jahre 1955 haben sich die Einsatzmöglichkeiten der Bundeswehr grundlegend geändert.

Einsätze im Ausland waren anfangs auf humanitäre Aufgaben beschränkt, meist in Form von finanzieller und materieller Hilfe.

Doch bereits unmittelbar nach dem Ende des kalten Krieges und der Wiedervereinigung Deutschlands begann eine heftige Debatte über den Einsatz der Bundeswehr **„out of area"**.

Out of area:
Außerhalb des NATO-Verteidigungsgebietes

Durch die direkte Beteiligung deutscher Soldaten am UN-Einsatz im Bürgerkrieg in Somalia 1993 wurde das Gebot des Nichteinsatzes in

Modul 9

Kampfhandlungen erstmals gebrochen. Weil die Bundesregierung für diesen Einsatz nicht die Zustimmung des Bundestages eingeholt hatte, klagten die Oppositionsparteien. So kam es zu dem Grundsatzurteil des Bundesverfassungsgerichts von 1994.

Auszug aus dem Urteil des Zweiten Senats des Bundesverfassungsgerichts von 1994:

„Art. 87a GG steht der Anwendung des Art. 24 Abs. 2 GG ... für den Einsatz bewaffneter Streitkräfte im Rahmen eines Systems gegenseitiger kollektiver Sicherheit nicht entgegen. ...“

Dieses Urteil erlaubt die Teilnahme der Bundeswehr an bewaffneten militärischen Einsätzen auch außerhalb des NATO-Verteidigungsgebietes. Voraussetzung ist, dass der Einsatz unter dem Mandat der UNO oder der NATO steht und der Bundestag – mit einfacher Mehrheit – zustimmt.

Kehrseite der Auslandseinsätze?
Gefallener Bundeswehrsoldat

Die Bundeswehr im internationalen Einsatz
Aktuell sind rund **3400 deutsche Soldaten** im Ausland eingesetzt.

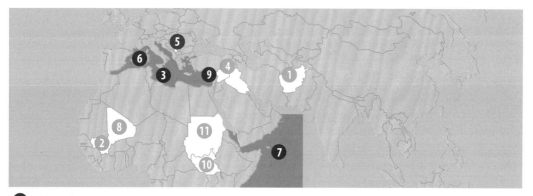

● = *Marine-Einsatz*

	Einsatzgebiet	Einsatz	aktuelle Truppenstärke	Mandatsobergrenze*	Auftrag (u. a.)
①	Afghanistan	Resolute Support	1141	1300	Ausbildungsunterstützung
②	Mali	MINUSMA	881	1100	Stabilisierung des Landes
❸	Mittelmeer	Operation Sophia	99	950	EU-Mission: Einsatz gegen Schleuser
④	Syrien, Irak	Anti-IS-Einsatz	399	800	Luftaufklärung, Ausbildung
❺	**Kosovo**	**KFOR**	**362**	**800**	**Überwachung der Entmilitarisierung**
❻	Mittelmeer	Sea Guardian	210	650	Patrouille gegen Terrorismus
❼	Ind. Ozean	Atalanta	21	600	EU-Mission: Einsatz gegen Piraten
⑧	Mali	EUTM Mali	143	350	Beratung/Ausbildung der malischen Armee
⑨	Libanon	UNIFIL	115	300	Seeraumüberwachung
⑩	Südsudan	UNMISS	14	50	UN-Friedensmission, Schutz der Zivilbevölkerung
⑪	Sudan	UNAMID	8	50	Überwachung des Dafur-Friedensabkommens

dpa-Story • 0070   *jeweils bezogen auf das aktuelle Mandat des Deutschen Bundestages   Stand: 6.8.18   Quelle: Bundeswehr

Auslandseinsätze der Bundeswehr

Modul 9

Nation Building (Nationenbildung):
Politischer Entwicklungsprozess, der aus Gemeinschaften (gleiche Sprache, Traditionen, Gebräuche, Abstammung) einen Staat werden lässt

Es befinden sich ca. 3 300 deutsche Soldaten zur internationalen Krisenbewältigung in den Einsatzgebieten, mehr als die Hälfte davon in Afghanistan. Dort bildet die Bundeswehr die Polizei und die Armee aus. Wie auch in allen anderen Krisengebieten unterstützt sie beim Aufbau von Sicherheitsinstitutionen. Dies ist ein wesentlicher Teil des **Nation Building**. Die Staaten sollen selber für ihre Sicherheit sorgen können und so eine Ausbreitung des Terrorismus auf ihrem Gebiet selbstständig verhindern. Bis zu diesem Ziel ist es oft ein langer und blutiger Weg.

> Tragen Sie Argumente für und gegen Auslandseinsätze der Bundeswehr zusammen.

Zusammenfassung

1955 wurde die Bundeswehr gegründet. Seit Juli 2011 die Wehrpflicht ausgesetzt, bleibt aber im Grundgesetz verankert.

Die zuständigen politischen Institutionen bestimmen und kontrollieren die Aktivitäten der Bundeswehr. Die deutsche Verfassung unterscheidet nicht zwischen zivilen Bürgern und Soldaten, sie sind „Staatsbürger in Uniform".

Heute ist das Hauptziel der Bundeswehr die internationale Krisenbewältigung.

Ca. 3 300 deutsche Soldaten sind derzeit in Krisengebieten weltweit im Einsatz.

Wissens-Check

1. Nennen Sie das Gründungsjahr der Bundeswehr.

2. „Die Soldaten der Bundeswehr sind Staatsbürger in Uniform". Interpretieren Sie diese Aussage.

3. Beschreiben Sie Aufgaben, die die Bundeswehr heute übernimmt.

4. Seit wann kann die Bundeswehr auch außerhalb des NATO-Bündnisgebiets militärisch aktiv werden?

5. Recherchieren Sie, in welchen Staaten die Bundeswehr momentan im Auslandseinsatz ist.

4 Persönliche Handlungsmöglichkeiten für eine friedliche Welt

Das Siegel für Fairen Handel

Fairtrade Kennzeichen

*Verantwortung in einer globalen Welt für das eigene Leben zu über-
nehmen bedeutet, über den heutigen Tag hinaus zu denken und auch
räumlich nicht an der Gemeindegrenze halt zu machen. Aus den
vorhergehenden Seiten ist ersichtlich, dass das Leben mehr denn je von
Einflüssen bestimmt wird, die nicht so einfach zu durchschauen und
zu beeinflussen sind.*

Doch auf der Grundlage der Menschenrechte ist eine faire, nachhaltige Welt für alle Menschen machbar. Sich dafür einzusetzen ist wahrscheinlich die einzige Möglichkeit, ein friedliches Überleben auf
diesem Planeten zu gewährleisten. Das beginnt mit ganz kleinen
Schritten. Bewusst leben, sich für Umwelt und Mitmenschen engagieren, von der eigenen Power etwas abgeben. Im eigenen Konsumver-
halten bewusst handeln. Natürlich spielt beim Einkauf das Preis-
Leistungsverhältnis eine Rolle. Doch ein nicht zu unterschätzender
Aspekt ist auch, wer mein Geld bekommt.

Wen unterstütze ich durch meinen Einkauf? Wird das Produkt, das
ich kaufe, durch Kinderarbeit hergestellt oder zu annähernd fairen
Arbeitsbedingungen? Haben die Produzenten bei dem gezahlten Preis
eine faire Entwicklungschance?

> „Die nächsten Generationen zu mündigen Bürgern zu erziehen, ihnen
> Möglichkeiten der friedlichen Konfliktbeilegung zu lehren, sie zum kriti-
> schen Denken zu ermutigen – all dies sind Ziele der Friedenspädagogik."
>
> Dr. Gerald Mader, Friedensaktivist (1982–2010)

4.1 Fairtrade als Friedensmotiv

Seit einigen Jahren gibt es die fairtrade Bewegung, die hauptsächlich
Waren aus den Entwicklungsländern importiert. Dabei werden folgende
Grundsätze unterstützt:

- Chancen für wirtschaftlich benachteiligte Produzenten schaffen,
  Zahlung eines fairen Preises, der unabhängig von den Schwankun-
  gen des Weltmarktes die Produktionskosten deckt und die Existenz
  der Produzenten sichert,
- sozialverträgliche Arbeitsbedingungen und Gleichberechtigung
  der Frauen,
- Aufbau von Kapazitäten und Know-how sowie Transparenz, Verantwortung und Umweltschutz.

Mit dem Verkauf der meist landwirtschaftlichen Produkte, also überwiegend Kaffee, Tee, Bananen, Honig, Schokolade, Zucker, Wein usw.,
wird in der Regel auch eine Produktinformation geliefert. Sie erläutert
die Situation der Produzenten und klärt über die Grundsätze der fair-

© Ludwig

*Eine Welt Laden – Fachgeschäft
für fairen Handel*

Modul 9

trade Bewegung (Fairhandelsbewegung) auf. Die Erfüllung all dieser Vorgaben verlangt vom Käufer einen höher angesetzten Preis als den jeweils üblichen Weltmarktpreis. Dafür aber gibt es die weitgehende Garantie, dass die vorgegebenen Grundsätze eingehalten werden. Die Einhaltung der Vorgaben wird durch die Fairtrade Labelling Organisation International überwacht, die die Gütesiegel vergibt und die Zertifizierung von Produkten und Produzenten überwacht.

Inzwischen werden fair gehandelte Produkte europaweit zusehends auch in Großhandelsketten verkauft.

 Diskutieren Sie den fairen Handel als Beitrag für eine friedliche Welt.

4.2 Unterstützung internationaler Hilfsorganisationen

„Gewaltlosigkeit kann man nicht lernen, wenn man zu Hause sitzt, man muss sie erproben."

Mahatma Gandhi (1869–1948), indischer Rechtsanwalt und Politiker

PRESSESCHAU

Der Zivile Friedensdienst (ZFD)

Die Idee war Anfang der 1990er-Jahre in der Friedensbewegung, in kirchlichen Kreisen und in Entwicklungsorganisationen als Alternative zur gewaltsamen Konfliktaustragung entstanden: Durch zivile Konfliktbearbeitung einen Beitrag zum Frieden leisten. Das Bundesministerium für wirtschaftliche Zusammenarbeit und Entwicklung griff diese Idee auf. Gemeinsam wurden die inhaltlichen und strukturellen Grundlagen für dieses neuartige Programm deutscher Friedenspolitik geschaffen. 1999 wurden die ersten speziell ausgebildeten Fachkräfte entsendet. Seitdem sind es über 1 200 geworden. Sie wirken in Krisenregionen darauf hin, Gewalt zu verhindern, bevor sie ausbricht, Konflikte friedlich zu regeln, Versöhnungsprozesse anzustoßen, Strukturen und Institutionen aufzubauen, die den Frieden langfristig sichern. Vor Ort arbeiten sie grundsätzlich mit lokalen Partnerorganisationen zusammen. Das können alle zivilgesellschaftlichen Kräfte sein, die für ein friedliches Miteinander eintreten, zum Beispiel Menschenrechts- und Umweltorganisationen, Gewerkschaften oder auch kirchliche Einrichtungen ...

Quelle: http://tinyurl.com/z78fmjz, Zugriff: 01.09.2016

1. Informieren Sie sich über die Aufgabenfelder des ZFD (Internetrecherche).
2. Diskutieren Sie die Auswirkungen eines solchen Engagements für den Frieden.
3. Nennen Sie weitere Friedensorganisationen, die mit dem ZFD zusammenarbeiten

4.3   Wehrdienst als Friedensdienst

Müller antwortete, Entwicklungsarbeit benötige ein Mindestmaß an Sicherheit und bedürfe gegebenenfalls auch der militärischen Flankierung. „Die Bundeswehr leistet Friedensdienst", so der Minister. Besonders dankte er daher der Bundeswehr für ihre Leistung in Afghanistan. Müller stellte in Königsbronn eine „zivil-humanitäre schnelle Einsatztruppe" zur Diskussion. Der Minister schlug vor: Nicht nur „Blauhelme" seien nötig, sondern auch „Weißhelme".

Quelle: http://tinyurl.com/oyfuvb6, Zugriff: 06.10.2016

Friedensdienst von Soldaten

„Soldaten, die ihren Einsatz richtig verstehen, sind Diener der Sicherheit und der Freiheit der Völker." Das sagte Erzbischof Hans-Josef Becker bei der Gelöbnisfeier der Rekruten der Generalfeldmarschall-Rommel-Kaserne am Donnerstag in Augustdorf. Soldaten leisteten einen „wirklichen Friedensdienst", da sie in instabilen Staaten oder Regionen der Erde den Aufbau von rechtsstaatlichen Strukturen fördern und zur Sicherung der grundlegenden Menschenrechte beitragen würden.

Quelle: http://www.erzbistum-paderborn.de/index.phtml?ber_id=38&inh_id=9606, Zugriff: 01.09.2016

Zusammenfassung

Die Zahl der Kriege und bewaffneten Konflikte hat sich stark verstärkt.

Zu neuen Kriegsformen gehören neben dem asymmetrischen Krieg noch der hybride Krieg und der Terrorismus.

Bei vielen innerstaatlichen Konflikten ist eine ethnische Komponente zu erkennen.

Tiefergreifende Ursachen sind oft der Zugang zu Ressourcen unterschiedlichster Art.

Bei religiösen Begründungen für Kriege lässt sich oft eine politische Ebene der Machtansprüche und der Ressourcenkonflikte erkennen.

Bei vielen, auch kriegerischen, Konflikten ist Unterentwicklung, somit mangelnder Zugang zu Ressourcen, ein wichtiger Aspekt.

Entwicklungszusammenarbeit von staatlicher, nichtstaatlicher und privater Seite versucht, Unterentwicklung zu beheben.

Die Vereinten Nationen als oberste Weltgemeinschaftsorganisation setzt sich mit der Agenda 2030 für Frieden und Entwicklung auf der Welt ein.

Ihre Unterorganisationen setzten die Ziele der UN um.

Der UN-Sicherheitsrat bemüht sich um den Frieden der Welt mit unterschiedlichen Mitteln.

Die Bundeswehr ist im Rahmen der UN, der NATO und der EU an friedenssichernden Maßnahmen im Ausland beteiligt.

Über die OSZE wird versucht, auf friedlichem Wege Frieden zu sichern.

Wir alle können durch unser politisches Verhalten, unser persönliches Engagement und durch unseren Konsum Einfluss auf das Geschehen in der Welt nehmen.

Wissens-Check

1. Beschreiben Sie die Folgen gewalttätiger oder kriegerischer Auseinandersetzungen für unser Leben in Deutschland.

2. Beschreiben Sie einen aktuellen kriegerischen Konflikt.

3. Unterscheiden Sie zwischen Krieg und bewaffnetem Konflikt.

4. Erläutern Sie, weshalb ethnische Faktoren bei innerstaatlichen Konflikten oft eine Rolle spielen.

5. Erläutern Sie, inwieweit Religion eine Rolle bei kriegerischen Auseinandersetzungen spielt.

6. Stellen Sie den wirtschaftlichen Aspekt, also Zugang zu Ressourcen, im Zusammenhang mit Kriegen dar.

7. Stellen Sie die unterschiedlichen Akteure der deutschen Entwicklungszusammenarbeit vor.

8. Erläutern Sie die Möglichkeiten eines Freiwilligendienstes im Ausland für Sie selbst.

9. Erläutern Sie die Aufgaben der Vereinten Nationen.

10. Beschreiben Sie die Zusammensetzung des Sicherheitsrates.

11. Stellen Sie die friedenssichernden Möglichkeiten der UN dar.

12. Stellen Sie die Bedeutung des Art. 24 GG für die Bundeswehr dar.

13. Erklären Sie den Begriff ‚out of area‘ des NATO Sicherheitskonzeptes.

14. Stellen Sie eigene Handlungsmöglichkeiten dar, wie Sie persönlich zu einem gerechteren und friedlicheren Miteinander in der Welt beitragen können.

Anhang

Operatoren: Arbeitsaufgaben richtig verstehen und bearbeiten

Im Schulalltag, bei Prüfungen und in diesem Buch begegnet Ihnen eine Vielzahl unterschiedlichster Arbeitsaufgaben. Um die Arbeitsanweisungen richtig und vollständig bearbeiten zu können, muss Ihnen klar sein, welche Anforderungen jeweils an Sie gestellt werden, denn je nach Aufgabenstellung werden andere Fähigkeiten, Handlungsschritte und Vorkenntnisse von Ihnen verlangt.

Der Schlüssel zum Verständnis der Arbeitsaufgaben sind die verwendeten *Operatoren* (Verben). Sie sind Bestandteil jeder Aufgabenstellung und beinhalten den entscheidenden Hinweis auf die Handlungsschritte, die zur Lösung der Aufgaben notwendig sind. Somit werden Anspruchsniveau, Qualität und Quantität der zu erbringenden Leistung in einer Aufgabe durch die Operatoren genau festgelegt.

Hinsichtlich der Komplexität und des Umfangs der zu erbringenden Leistung werden die Operatoren in drei Anforderungsbereiche (Schwierigkeitsgrade) eingeteilt.

Die folgende tabellarische Übersicht der wichtigsten Operatoren soll Ihnen helfen, die Arbeitsanweisungen exakt erfassen und einordnen zu können, um sie so rationell und erfolgreich zu bearbeiten.

Anforderungsbereich I (Reproduktion von Kenntnissen) Das Wiedergeben, Beschreiben, Darstellen von Sachverhalten in einem begrenzten Lernzusammenhang oder auf der Basis eines gegebenen Materials unter Anwendung bekannter, gelernter und geübter Arbeitsformen und Verfahrensweisen	**Anforderungsbereich I** z. B. beschreiben
Anforderungsbereich II (Anwenden von Kenntnissen) Selbstständiges Bearbeiten, Erklären, Ordnen, Vergleichen, Analysieren von Sachverhalten und deren Übertragung auf andere vergleichbare, neue Zusammenhänge, Materialien und Situationen unter bewusster Anwendung der fachspezifischen Methoden und Arbeitstechniken	**Anforderungsbereich II** z. B. analysieren (Schritte: beschreiben, vergleichen, deuten)
Anforderungsbereich III (Werten und Problemlösen) Selbständiges Bewerten, Beurteilen sowie Problemlösen auf der Basis des angeeigneten Wissens Zielgerichtete Auseinandersetzung mit Sachverhalten und Strukturen in ihren weitreichenden Zusammenhängen in Form von selbständigen Begründungen, Folgerungen, Deutungen, Bewertungen Vorschlag von Lösungswegen, angewendeten Fachmethoden und Vorgehensweisen durchdenken	**Anforderungsbereich III** z. B. interpretieren (Schritte: beschreiben, analysieren, begründen, bewerten)

Staffelung (Taxonomie) der Anforderungsbereiche

Operator (Verb)	Handlung/Anforderung
(be-)nennen	Wesentliche Informationen, Sachverhalte (Kernaussagen) zusammentragen, ohne diese zu erläutern oder zu kommentieren
beschreiben	Einen Sachverhalt aus vorgegebenem Material geordnet, genau, fachlich angemessen darstellen, ohne Bewertung
wiedergeben/ zusammen- fassen	Informationen, Sachverhalte aus Materialien oder aus Vorwissen stichwortartig wiederholen oder zusammenfassend aufzählen, bei Texten, den Inhalt mit eigenen Worten formulieren
darstellen	Wesentliche Ergebnisse/Erkenntnisse mittels Text, Diagrammen, Skizzen etc. eingehend und präzise formulieren
skizzieren	Komplexe Sachverhalte in ihrer Struktur knapp und prägnant beschreibend darstellen
überlegen	Wesentliche Merkmale, Eigenschaften, Erscheinungsformen von Sachverhalten, Strukturen, Prozessen unter Berücksichtigung eines bestimmten Aspekts oder Fragestellung beschreiben
gliedern/ ordnen	Aussagen nach Merkmalen (Ordnungsmerkmale) differenzieren, kategorisieren oder in eine Reihenfolge/Rangfolge bringen
einordnen	Einen Sachverhalt, Prozess, Struktur, Ereignis auf der Grundlage einer vorgegebenen Betrachtung in einen Zusammenhang stellen
gegenüber- stellen	Informationen, Sachverhalte beschreibend gegenüberstellen, ohne Ergebnisformulierung
vergleichen	Informationen, Sachverhalte beschreibend gegenüberstellen, mit dem Ziel, eine tiefere Einsicht in einen komplexen Zusammenhang zu erlangen (mit Ergebnisformulierung)
erklären	Einen Sachverhalt benennen und ihn mit bereits vorhandenen Vorkenntnissen so darstellen, dass Inhalt und Zusammenhänge verständlich werden
erläutern	Einen Sachverhalt benennen und erklären, wobei durch hinzu- fügen von Beispielen und weiteren Informationen die Aussagen noch stärker veranschaulicht werden
untersuchen	An einen Sachverhalt gezielte Fragen stellen und deren Ergebnis aufzeigen
analysieren	Einen Sachverhalt nach vorgegebenen oder selbst gewählten Gesichtspunkten in seine Einzelaspekte zerlegen und untersuchen mit dem Ziel, kausale Beziehungen/Strukturen aufzuzeigen
auswerten	Einen Sachverhalt in seine Einzelaspekte zerlegen und auf seine Wechselwirkungen hin untersuchen (analysieren) Wichtige Ergebnisse und kausale Beziehungen zu einer neuen Gesamtaussage zusammenfassen und damit Hintergründe, die zunächst nicht offensichtlich erschienen, transparent machen
interpretieren	Einen Sachverhalt selbständig nach allen Aspekten und Metho- den, die gemäß der Themenstellung zentral sind, erläutern und analysieren, um ein tieferes Verständnis des Beziehungsgefüges sowie eine kritische Betrachtung/Vertiefung der selbst erarbeite- ten Gesamtaussage zu erreichen
beurteilen	Auf der Grundlage von vorhandenen Kenntnissen selbstständig eine sachliche, vorurteilsfreie Position zu einem Sachverhalt, Behauptung, Problem formulieren

Operator (Verb)	Handlung/Anforderung
bewerten	Beurteilen eines Sachverhalts, Problems ergänzt durch die persönliche Sichtweise, basierend auf den eigenen Wertmaßstäben, die offen gelegt werden
Stellung nehmen	Beurteilen und bewerten eines Problems, Behauptung mit klarer persönlicher Positionierung mit Hilfe einer differenzierten, überzeugenden Argumentation (Stellungnahme)
begründen	Zusammenhänge zwischen Ursachen, Folgen und Wirkungen aufzeigen, die eigene Aussage, Position, Meinung wird mit Sach- und Fachkenntnissen sowie mit Beispielen und Belegen gestützt
sich auseinandersetzen mit/ diskutieren	Intensives Beschäftigen mit einer Behauptung, Problem, Sachverhalt, wobei unterschiedliche Aspekte und Perspektiven berücksichtigt werden Auf diesen Überlegungen aufbauend eine schlüssige Argumentation formulieren
erörtern	Sich mit einer Diskussion zu einem Sachverhalt, Problem auseinandersetzen und die vorgebrachten Argumentationen auf ihre Stichhaltigkeit hin beurteilen und bewerten und dadurch eine eigene Stellungnahme bzw. Lösungsvorschlägen formulieren
(über)prüfen	Mit Hilfe von zusätzlichen Materialien einen Sachverhalt (Problem, Vermutung) hinsichtlich seiner Stichhaltigkeit untersuchen, angewandte Methoden auf ihre Leistungsfähigkeit und Aussagegrenzen hin untersuchen und bewerten
erstellen/ entwickeln/ entwerfen/ gestalten	Auf der Grundlage einer Arbeitsvorgabe und unter Berücksichtigung der fachmethodischen Vorgehensweise (Arbeitsschritte) selbständig ein Produkt (Wandzeitung, Plakat, Schaubild, Diagramm, Skizze, Bericht, Text) anfertigen und kritisch reflektieren
Lösungsvorschläge entwickeln	Auf der Basis eines Gesamtergebnisses zu einem umstrittenen Sachverhalt wird unter Berücksichtigung möglichst aller Perspektiven ein begründeter eigenständiger Lösungsentwurf/ -vorschlag ausgearbeitet und vorgestellt

Karte Baden-Württemberg

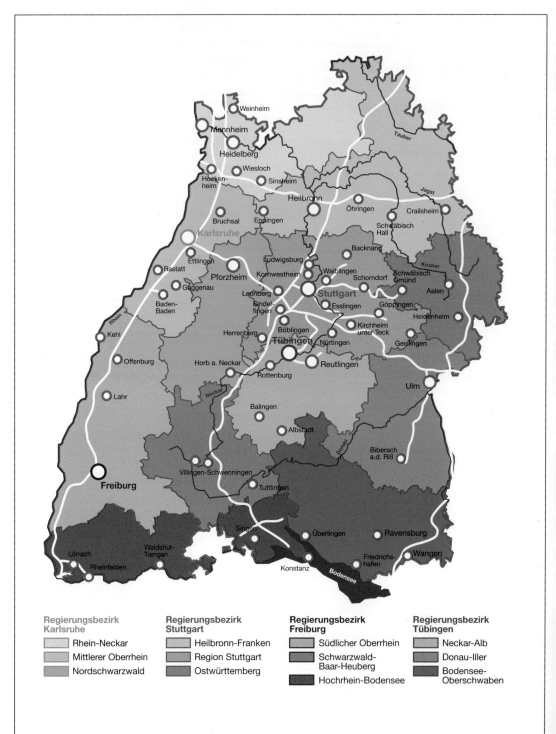

Regierungsbezirk Karlsruhe
- Rhein-Neckar
- Mittlerer Oberrhein
- Nordschwarzwald

Regierungsbezirk Stuttgart
- Heilbronn-Franken
- Region Stuttgart
- Ostwürttemberg

Regierungsbezirk Freiburg
- Südlicher Oberrhein
- Schwarzwald-Baar-Heuberg
- Hochrhein-Bodensee

Regierungsbezirk Tübingen
- Neckar-Alb
- Donau-Iller
- Bodensee-Oberschwaben

Karte Deutschland

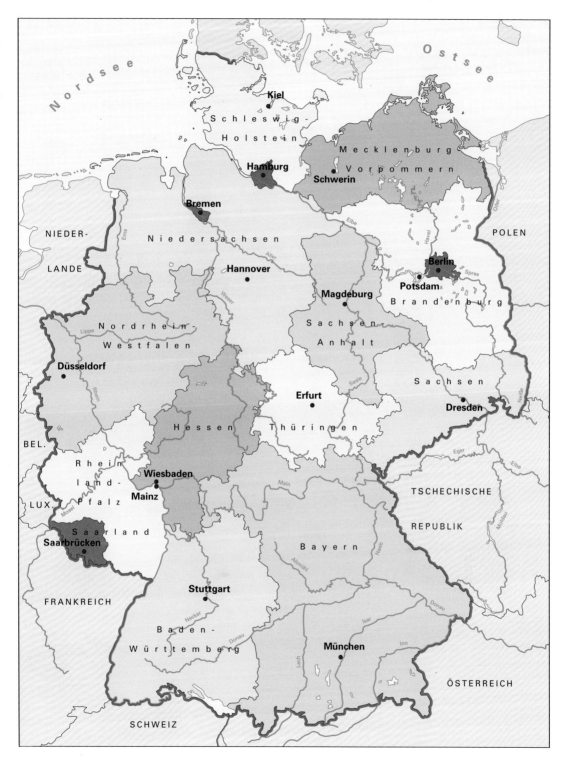

Karte Europa

Karte Welt

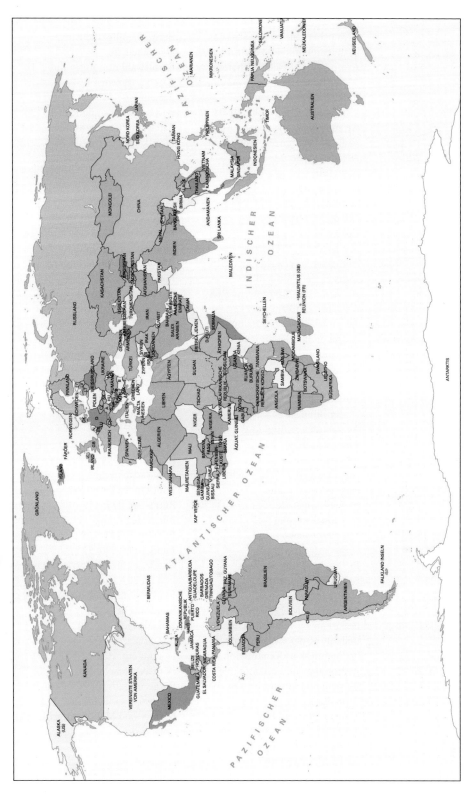

Sachwortverzeichnis